古典文獻研究輯刊

二十編

潘美月・杜潔祥 主編

第4冊

《永樂大典》本江蘇佚志研究（下）

崔 偉 著

國家圖書館出版品預行編目資料

《永樂大典》本江蘇佚志研究（下）／崔偉 著 -- 初版 -- 新北市：
花木蘭文化出版社，2015〔民 104〕
目 4+168 面；19×26 公分
（古典文獻研究輯刊 二十編；第 4 冊）
ISBN 978-986-404-085-8（精裝）
1. 永樂大典 2. 校勘學 3. 輯佚學
011.08   103027396

ISBN-978-986-404-085-8

9 789864 040858

古典文獻研究輯刊
二十編 第 四 冊   ISBN：978-986-404-085-8

《永樂大典》本江蘇佚志研究（下）

作　　者　崔偉
主　　編　潘美月　杜潔祥
總 編 輯　杜潔祥
副總編輯　楊嘉樂
編　　輯　許郁翎
企劃出版　北京大學文化資源研究中心
出　　版　花木蘭文化出版社
社　　長　高小娟
聯絡地址　235 新北市中和區中安街七二號十三樓
　　　　　電話：02-2923-1455／傳真：02-2923-1452
網　　址　http://www.huamulan.tw 信箱 hml 810518@gmail.com
印　　刷　普羅文化出版廣告事業
初　　版　2015 年 3 月
定　　價　二十編 24 冊（精裝）台幣 42,000 元

《永樂大典》本江蘇佚志研究（下）

崔 偉 著

第五章 揚州地區《大典》本佚志及其佚文研究(下)

第一節 《大典》本紹熙《儀眞志》及其佚文研究

一、儀徵建置沿革及紹熙《儀眞志》纂修情況

儀徵縣,明代稱儀眞縣,元末爲眞州,洪武二年 (1369) 改爲縣,屬揚州府。《明一統志》記載:「在府城西七十五里,本漢江都縣地。唐爲揚州揚子縣地,五代時楊吳爲永正縣地,南唐置迎鑾鎮,宋初升爲建安軍。大中祥符間升軍爲眞州,治揚子縣。政和中號郡曰儀眞,元至元中改眞州路,後復爲眞州。本朝洪武二年改爲儀眞縣,以揚子縣省入,編戶四十一里。嘉慶《重修揚州府志》中記載:「國朝雍正元年,改縣名曰儀徵。」〔註1〕由此知,儀徵在明代及其以前稱眞州或儀眞,至清雍正元年方改名爲儀徵,儀徵之名遂沿用至今。

關於儀徵志書的編修源流,據道光《儀徵縣志》中記載:「儀徵志乘,修於宋南渡以後者,有紹熙、嘉定兩志,今皆散失不存。修於明中葉以前者有永樂、正德、嘉靖三志。永樂志七卷,縣學教諭胡彥成修;正德志二十四卷,知縣李文瀚修;嘉靖志六十四卷;知縣楊仲修。據嘉靖志序,則正德志未及刊行,嘉靖志即因此增輯。今亦尋訪不獲。胡志序例言及永樂志、嘉靖志,陸志亦屢引嘉靖志,是康熙間其書尚存,今則闔邑藏書家皆無之矣。良以未經薈萃遂致淹沒無傳耳。」〔註2〕

〔註 1〕 （明）李賢等:《明一統志》卷十二,文淵閣《欽定四庫全書》本。
〔註 2〕 （清）王檢心修、劉文淇、張安保纂:道光《儀徵縣志》卷首,《中國地方志集成‧江蘇府縣志輯45》,江蘇古籍出版社1991年6月第1版。

　　阮元在道光《重脩儀徵縣志序》中曰：「嘉慶己巳冬，余在翰林院檢《永樂大典》，見其中有紹熙《儀眞志》、嘉定《眞州志》，命小史抄一副本藏諸篋笥。道光癸卯春，里第爲鄰火所焚，此書遂遺失。惟門下士摘錄之本僅存，殊堪惋惜。」（同前）

　　由此可知宋代南渡後，眞州有紹熙、嘉定兩部志書，至於清道光癸卯年春失傳。張氏《輯本》亦收錄了紹熙《儀眞志》，並案道：

　　　　《大典》引紹熙《儀眞志》凡三條。《宋史・藝文》二：「韓挺《儀眞志》七卷。」據《隆慶儀眞縣志》前志《序》：「宋《紹熙眞州志》七卷，知眞州韓挺、州學博士蔣祐纂。」是此志亦曰《眞州志》。《文淵閣書目・舊志》：「《儀眞志》五冊」，當即是志。〔註3〕

　　張先生此議可從，關於此志作者，隆慶《儀眞志》卷首、卷五《官師考》以及道光《重脩儀徵縣志・藝文志》均記載爲「韓挺」，《宋史・藝文三》、張氏《中國古方志考》記載爲「韓挺」，與佚文相同，今兩存之。韓梃（挺），《宋史》無傳，隆慶《儀徵志・官師考》載：「紹熙中任，嘗葺州志七卷，修學校、甃講堂，繪三禮之制於壁，又舉劉宰充練達科，其眞識治體者。」〔註4〕可知韓梃（挺）知眞州時，除修州志外，興文教，舉賢才，頗諳於政事。另一纂者蔣祐生平事蹟不詳。

二、《大典》本紹熙《儀眞志》佚文研究

　　《大典》本紹熙《儀眞志》共收錄佚文3條，其中【寺廟】2條、【人物】1條。（案：《輿地紀勝》引該志7條，而《大典》佚文與之並無重複）佚文考釋如下：

　　【寺廟】：

　　　　六合縣西南，有慈濟龍王廟，父老相傳，池龍一日忽見夢於靈巖寺主僧。以爲池房居民多不潔，願徙居岩下，冀聽法音。且率衆西望迎至。果起雷雨，今山中立白龍祠。〔冊一百三六卷一三一三九頁六　一送〕（《輯佚》五一一頁）

　　佚文載六合縣慈濟龍王廟故事，此廟不見載於後志。隆慶《儀眞志》中有「靈巖山」條載：「靈巖山，在縣西七十里。舊志云唐僧神建傳法於四祖，有『逢（應爲「逢」之誤）岩即止』之語，後至此山遂止。因建道場曰靈巖寺，後更爲法義禪院，山嶺高峻，南爲偃月岩，前有鳳凰臺，左有鹿跑泉、白龍

〔註3〕張國淦：《永樂大典方志輯本》，《張國淦文集四編》，北京燕山出版社2006年5月第1版，第68頁。

〔註4〕（明）申嘉瑞修，李文、陳國光等纂：《隆慶儀眞志》卷五，《天一閣方志選刊》，上海古籍書店據寧波天一閣藏明隆慶藏本影印，1963年9月版。

池、萬山亭，又有龍闊澗、瑪瑙澗。」（同前，卷二）其中提到的白龍池，應即是佚文中所言之池。

六合漁人以江中網得香木，刻成夫人像。夜夢云：「五丁氏也。」因此，置小祠於江岸，禱祈即應。後崇福寺建，乃更大其祠宇，奏請加封安濟夫人。紹興賜給廟額順應。〖冊一百七十一卷一萬八千二百二十三頁十三　十八漾〗（《輯佚》五一二頁）

道光《重脩儀徵縣志‧祠祀志》載：「申志又云，以上祠廟寺觀，但志其顯有靈慧，於昭一方，民所依崇者第存之。若舊志有所謂沙水大王、沙河龍母、安濟夫人、司徒四聖、二聖、五后三壇諸廟，……今並爲丘墟矣。」〔註5〕「申志」即明代申嘉瑞，其所修隆慶《儀眞縣志》說明此安濟夫人廟在明代隆慶以前就已經不存，故後志中不載此廟，紹熙《儀眞志》中介紹了此廟的來歷和興旺。中稱「後崇福寺建，乃更大其祠宇」說明祠廟曾經香火頗省。而由《紹熙志》「紹興賜給廟額」的記載，可知「安濟夫人」廟應是得名於宋紹興年間以前。

【人物】：

吳敏字元忠。廟齡秀發。政和初，上庠釋謁，授浙東學事司幹官，後遷給事中。以言事落職，退居惟揚，遂歸白沙，數年不以一事干人。宣和五年，復還召舊物，兼直禁林。製詞溫厚，人多誦之。蔡京罷相，麻云：「再圖揆路之崇，本予德意；三告師臣之老，乃爾令名。」河北德音云：「桑麻千里，皆祖宗涵養之休；忠義百年，亦父老訓誨之德。」〖冊一百三十八卷一萬三千四百九十六頁十一　二眞〗（《輯佚》五一二頁）

吳敏，《宋史》載：「字元中，眞州人。大觀二年，辟雍私試首選。蔡京喜其文，欲妻以女，敏辭。因擢浙東學事司幹官，爲秘書省校書郎，京薦之充館職。」又載：「敏主和議，與太宰徐處仁議不合，紛爭上前。御史中丞李回劾之，與處仁俱罷，爲觀文殿大學士、醴泉觀使。頃之，言者論其茈蔡京父子，出知揚州，再貶崇信軍節度副使，涪州安置。建炎初，移柳州。俄用范宗尹薦，起知潭州，敏辭免，丐宮祠，乃提舉洞霄宮。紹興元年，復觀文殿大學士，爲廣西、湖南宣撫使，卒於官。」〔註6〕

隆慶《儀眞志‧人物考》中載：「吳敏，字元中，大觀元年試辟雍，首選方敏爲諫議，時徽宗將內禪，計定東幸，命向書李梲先出守金陵。敏曰：『朝廷何以棄京師？』不奉詔。梲亦止。七年冬，敏欲太子監國，授太常少卿李

〔註5〕（清）王檢心修、劉文淇、張安保纂：道光《儀徵縣志》卷二十，《中國地方志集成‧江蘇府縣志輯》，江蘇古籍出版社1991年6月第1版。
〔註6〕《宋史》卷三百五十二，中華書局1977年11月第1版。

綱以意，帝召綱入議，遂決拜敏輔太子。命草詔禪位。又嘗奏重臺諫以察大臣之奸，又乞下詔立春秋學官，三歲貢舉遂以取士子。以王安石廢春秋也。帝皆從之，仕至觀文殿學士人。」〔註7〕可知吳敏還是頗有才學，但因附蔡京，故史書對其頗有刺詞。但《宋史》又載：「方蔡京、王黼用事，附麗者多援引入政府，若余深、薛昂、吳敏、王安中、趙野，史皆逸其事，因附著於此云。」末尾論曰：」當是時，王、蔡二黨，階京者芘京，締黼者右黼，援麗省臺，迭相指嗾，徼功挑患，汴、洛既震，則惟縮無策，苟生丐和。彼邦彥、安中、深、敏輩誤國之罪，當正其僇，而欽、高二君徒從竄典，信失刑矣。」（同前）對其評價還是比較嚴厲的，佚文中的記載可爲正史之補充。

第二節 《大典》本《儀眞志》與《揚州府儀徵志》及其佚文研究

一、《大典》本《儀眞志》、《揚州府儀眞志》的編纂情況

《永樂大典》中收錄的另外兩部儀眞方志爲：《儀眞志》和《揚州府儀眞志》。關於《大典》本《儀眞志》的成書年代和作者，張國淦先生《輯本》案語云：

> 《大典》引用《儀眞志》十二條，又《揚州府儀眞志》凡一條。萬曆《揚州府志》二十四：「《儀眞新志》二十二卷，嘉定間郡守吳機修，寶慶間錄事參軍張端義重補。」本其新倉條「寶慶元年」云云，知寶慶重補志也。曰：『揚州府』，或修《大典》時所加。」〔註8〕

張氏認爲《大典》中的《儀眞志》是宋嘉定年間吳機所撰、寶慶間張端義重補的《儀眞新志》。張先生此議可從，今試補證之。

該志【宮室】佚文中有「蓬齋，在添差通判廳。」（《輯佚》五一三頁）「通判」爲宋代官制，從其行文來看，該志不會作於元代或明代。又【倉廩】類佚文中有「廣惠倉」條云：「舊在州東，今揚子縣西南。靖康後廢。淳熙八年，運判錢沖之奏請移置竹架巷舊船場地。開禧丙寅兵火蹂踐，片瓦不存。」（《輯佚》五一二頁）其敘事止於宋代，張氏所言之「新倉」條所記，也止於寶慶元年，無元明記錄，亦說明《大典》本《儀眞志》應是宋代方志。又【倉廩】類「轉運司新倉」條中有「十一間，嘉定八年運判王大昌建。二十一間，十一年運

〔註7〕（明）申嘉瑞修，李文、陳國光等纂：隆慶《儀眞志》卷十，《天一閣方志選刊》，上海古籍書店據寧波天一閣藏明隆慶藏本影印，1963 年 9 月版。

〔註8〕張國淦：《永樂大典方志輯本》，《張國淦文集四編》，北京燕山出版社 2006 年 5 月第 1 版，第 69 頁。

判方信孺建之。」（《輯佚》五一三頁）說明此《大典》本《儀眞志》，只會是宋嘉定《眞州志》而非紹熙《儀眞志》，且應修撰於嘉定八年以後。（紹熙爲宋光宗趙惇年號，元年爲 1190 年；而嘉定爲宋寧宗趙擴年號，嘉定元年爲 1208 年。）該志「新倉」條佚文記載：「寶慶元年十二月，權漕上官渙酉關東牆之外空地，別創廠屋二十間，廳三間，門四間，爲米料倉，以舊倉爲錢物庫，仍糶米一萬五千石，椿積爲循環平糶之用。」（《輯佚》五一三頁）印證了萬曆《揚州府志》關於寶慶間補修該志的記載。

嘉定《眞州志》雖已佚失，但後代方志中保留有該志作者的詳細信息，以及該志的序文。如道光《儀徵縣志》中記載其「撰人名氏」云：「朝議大夫司農寺丞淮南轉運判官兼知眞州，天台吳機、從政揚子縣令主管勸農營田公事兼義武民兵軍政南徐丁宗魏修。鄉賢進士州學正兼掌御書兼六合縣主學郡人薛洪、免解進士州學正郡人劉雲同修。修職郎眞州錄事參軍張端義補修。」〔註9〕

作者吳機，嘉定中以運判兼任儀眞，除編纂《眞州志》外，於任中頗有政績，詳見下面佚文解析。

丁宗魏，《宋史》無傳，道光《儀徵縣志・名宦》載：「金壇人，進士。嘉定中揚子令。陸志云以從政郎再令揚子縣兼義武兵民軍政時金人犯境，眾欲渡江以避。宗魏謂守禦之臣當死封疆陸志下有敵至而避，孰爲之守不聽，久之事定，建同愛堂，修州志二十卷陸志下有累官朝奉大夫，知廣德軍。」（同前，卷二十六）光緒《金壇縣志・人物志一》載：「丁宗魏，字景舒，嘉定四年進士第授蘭溪尉，調揚子縣令。金人進攻儀眞，人情洶洶欲渡江。宗魏獨不肯，曰：『守禦之臣，職死封疆，敵至而爲之守』，卒不聽。累官至朝奉大夫，知廣德軍。」〔註10〕金人犯境，宗魏謂守禦之臣「當死封疆」，忠節可見一斑。該志補修者張端義，寶慶間任眞州錄事參軍，《四庫全書》中收錄有其作《貴耳集》，該書《提要》載：「臣等謹案《貴耳集》三卷，宋張端義撰。端義字正夫，自號荃翁。鄭州人，居於蘇州。端平中應詔三上書，坐妄言，詔州安置。此書即在韶州所作。……然所載頗有軼聞，足資考證，其論詩論文論時事皆往往可取。」〔註11〕可知其梗概，但《四庫》所記較爲簡略，未記其於眞州任職修志之事。《全宋詩》

〔註 9〕　（清）王檢心修、劉文淇、張安保纂：道光《儀徵縣志》卷四十八，《中國地方志集成・江蘇府縣志輯》，江蘇古籍出版社 1991 年 6 月第 1 版。

〔註10〕　（清）丁兆基修，汪國鳳纂：《金壇縣志》卷九，國家圖書館藏清光緒 11 年本（數字方志）。

〔註11〕　（宋）張端義：《貴耳集》卷首，文淵閣《欽定四庫全書》本。

中有李昂英《送荃翁張端義之惠陽》詩，亦收錄張端義詩二首，句二聯。

嘉定《眞州志》吳機與丁宗魏序尙存，明代隆慶與康熙、嘉慶、道光等縣志均有收錄。由丁序可略知該志大略：「《眞州志》者，宗魏等稟府命即舊志而增修者也。舊爲卷七，今演爲三十有二，列圖八於其首……，凡城池備禦之目，宜加詳焉，故於記載，雖纖不遺。至財計歲入，蓋不足江南之十一二，姑誌其稅額之新舊」

萬曆《揚州府志》的著錄與上述序文不同，其《文苑志・經籍》載：「《儀眞新志》，二十二卷。明清時縣志也都著錄爲「嘉定《眞州志》二十二卷。」〔註12〕嘉定《眞州志》，何以會由宋代的三十二卷變爲明清時的二十二卷，而且名稱又易爲《儀眞新志》，這些問題均値得進一步研究。

《大典》本《揚州府儀眞志》，僅存一條佚文：

> 鹽倉，舊在小南門外西洲之上，廢於兵火。隆興二年，郡守曾懷請於朝復之。後江沙漲塞，舟行甚堅，淳熙三年，提舉司徙其倉於州東運河之北，今在翼城內東側。〖冊八一卷七五一六頁十二 十八陽〗（《輯佚》五三五頁）

張國淦先生認爲此志即是《大典》本《儀眞志》，也即嘉定《眞州志》，「揚州府」三字爲《大典》編纂者所加，今從其說。

二、《大典》本《儀眞志》、《揚州府儀眞志》佚文研究

《大典》本《儀眞志》共收錄佚文【山川】1條、【倉廩】2條、【宮室】2條、【人物】4條、【詩文】4條，《揚州府儀眞志》收錄【倉廩】類佚文1條，因二志實爲一書，現一併考釋如下：

【山川】：

> 漩渦嶺，在六合縣保德山北。〖冊一百二二卷一一九八一頁十五 十九梗〗（《輯佚》五一二頁）

隆慶《儀眞志》、道光《重脩儀徵縣志》中均未見記載。光緒《六合縣志・山川》載：「保得山在縣西南二十五里，漩渦嶺在保得山北，距縣三十八里。」〔註13〕較佚文記載爲詳。宋志佚文中「保德山「，《光緒志》中稱「保得山」，無意義，當以宋志「保德山」爲正。

〔註12〕（明）楊洵修、徐鑾纂：《揚州府志》卷二十四，《北京圖書館古籍珍本叢刊25》，書目文獻出版社2000年7月版。

〔註13〕（清）謝延庚、賀廷壽《六合縣志》卷一，國家圖書館藏光緒9～10年刻本（數字方志）。

【倉廩】：

揚子縣常平倉，舊在州東，今縣西南，與其廣惠倉相直，後附於州倉。〔冊七九卷七五○七　十八陽〕（《輯佚》五一二頁）

廣惠倉，舊在揚子縣西南。靖康後廢。淳熙八年，運判錢沖之奏請移置竹架巷舊船廠地。開禧丙寅兵火蹂踐，片瓦不存。〔冊八一卷七五一三頁十八　十八陽〕（《輯佚》五一二頁）

隆慶《儀真縣志・建置考》「廢迹」載：「州倉，舊在東門內，靖康後徙判廳之東，為廠十五座。州守吳機增置其三。州常平倉，舊在附郭揚子縣西南，即舊船廠居，前有大池，天寧寺塔影倒印於其中。淳熙間運判錢沖之奏請移置竹架巷舊船廠地，開禧間盡毀於兵火。」〔註14〕道光《重脩儀徵縣志・建置》中載：「宋廣惠倉，舊在揚子縣西南，靖康後廢。淳熙間運判錢沖之，奏徙竹架巷，即舊船廠地。開禧間毀於兵火又云廣惠倉即故船廠，在南樓及天寧寺後，中有大池天寧寺塔影倒印於其中，又引劉宰題壁詩云：『漸漸風搖叢□，霏霏雨弄新晴，坐對江南出色，往來無限離情。塔影參差波面，歌聲宛轉樓頭。已負少年行樂，更輸衲子清幽。』」〔註15〕

嘉慶《重修揚州府志・公署》載：「州倉，舊在東門內，即神霄宮舊址。廣惠倉，舊在揚子縣西南，後毀於火。常平倉舊與廣惠倉對。」〔註16〕佚文中對「揚子縣常平倉」的記述較《嘉慶志》詳細一些，且「廣惠倉」條中，嘉慶《重修揚州府志》與道光《重脩儀徵縣志》所但是所記年代均不如《大典》本《儀真志》準確，佚文應當是現存關於此倉最早的記載，而且有補充後世志書的價值。

轉運司新倉三十七間，在天慶觀西。十一間，嘉定八年，運判王大昌建。二十一間，十一年運判方信孺建之。後米料倉與錢物庫混為一所。寶慶元年十二月，權漕上官渙酉闢東牆之外空地，別創廠屋二十間，廳三間，門四間，為米料倉，以舊倉為錢物庫，仍糴米一萬五千石，椿積為循環平糶之用。〔冊八一卷七五一六頁十三　十八陽〕（《輯佚》五一三頁）

鹽倉（《揚州府儀徵志》），舊在小南門外西洲之上，廢於兵火。隆興二年，郡守曾懷請於朝復之。後江沙漲塞，舟行甚艱，淳熙三年，提舉司徙其倉於州東運河之北，今在翼城內東側。〔冊八一卷七五一六頁二十　十八陽〕（《輯佚》五三五頁）

〔註14〕　（明）申嘉瑞修，李文、陳國光等纂：隆慶《儀真志》卷三，《天一閣藏明代方志選刊》，上海古籍書店據寧波天一閣藏明隆慶藏本影印，1963年9月版。

〔註15〕　（清）王檢心修、劉文淇、張安保纂：道光《儀徵縣志》卷二，《中國地方志集成・江蘇府縣志輯45》，江蘇古籍出版社1991年6月第1版。

〔註16〕　（清）阿克當阿修，姚文田等修纂：《重修揚州府志》卷十八，《中國方志叢書》據嘉慶十五年刊本影印，臺北成文出版社。

　　隆慶《儀眞縣志‧建置考》載：「司新倉在天慶觀西，嘉定間運判王大昌、方信孺相繼建，而米料倉與物庫淯焉。寶慶初，權漕上官奐酉闢地別建廠，並廳事以爲米倉，以舊倉爲錢庫，糶米萬餘爲平糶之需。鹽倉舊志在小南門外西洲，廢於兵火。隆興初，郡守曾懷請求復之，後江沙障塞，舟行艱滯，淳熙間徙於運河，比在翼城之東。」〔註17〕

　　道光《重脩儀徵縣志》中所載與《隆慶志》相同，應是錄自《隆慶志》。但此二志所記之倉，均不及《大典》本《儀眞志》詳細具體。司新倉條中，後者云「嘉定間運判王大昌方信孺相繼建」，而閱佚文可知，確切的時間是「嘉定八年，王大昌所建爲十一間」，而「嘉定十一年，方信孺所建爲二十一間」。而權漕上官奐酉別創倉廠的確切時間爲寶慶元年十二月，數量爲廠屋而二十間，廳三間，門四間，用途是米料倉。所糶米的具體數量爲一萬五千石。由此我們可以瞭解到南宋儀眞倉儲及糶糧的確切資料。可見明清方志的記載均比較的含混，而《大典》中《儀眞志》，即《嘉定儀眞志》的記載，均有具體的數字可以參考，說明《大典》佚文所具有重要的價値。

　　【宮室】：

蓬齋，在添差通判廳。【冊三十卷二五四○頁八　七皆】（《輯佚》五一三頁）

　　《宋史‧高宗三》載：「（建炎四年六月辛巳）罷諸州添差通判職官。」《宋史》中載吳淵，嘉定七年舉進士，「知武陵縣，改揚子縣兼淮東轉運司幹辦公事，添差通判眞州。」說明高宗以後，又曾恢復諸州添差通判職官。

舫齋，在眞州郡治，頗深廣。【冊三十卷二五四○　七皆】（《輯佚》五一三頁）

　　道光《重脩儀徵縣志‧名迹》中載有「涉齋」與「密齋」，此舫齋不見載，佚文中的記載，在現存資料中，應當是有關宋代眞州名迹的最早記錄。

　　【人物】：

孫錫，字昌齡，世爲廣陵巨室。父再榮，悉推田宅與諸兄弟，獨攜錫居建安軍楊子縣，遂爲眞州人。千里迎師，立學舍，市書至六七千卷，錫刻意誦習。年十九，舉開封進士第二。【冊十一卷九百二十二　二支】（《輯佚》五一三頁）

　　孫錫，《宋史》無傳，隆慶《儀眞志‧人物考》載：「孫錫，字昌齡，進士，任溧陽、無爲巢縣主簿，部使者及兩制以御箚舉者十餘人，改鎭江軍節度，推知杭州仁和縣事籍。取兇惡，戒以不悛，必窮極案治，後其餘一以仁恕，故人愛之。後提典淮南路刑獄二年，所活大辟十三人。考治行第一，知

〔註17〕　（明）申嘉瑞修，李文、陳國光等纂隆慶《儀眞志》卷三，《天一閣方志選刊》，上海古籍書店據寧波天一閣藏明隆慶藏本影印，1963年9月版。

舒州發常平、廣惠倉以賑陳許潁蔡流民。及歸，量遠近給食。歸者，聚錢買香焚祝至或涕泣焉。仕至尚書司封郎中。」〔註18〕

　　道光《重脩儀徵縣志》中的記載與《隆慶志》同，但以小字列出清代康熙年間胡崇倫等修纂以及陸師修纂的《儀眞縣志》中的有關內容。頗有一些增補完善之處，如「孫錫，字昌齡，進士」，胡《志》中爲「天聖二年進士」，時間較《隆慶志》和《大典》中《嘉定志》爲確切。由此可知孫錫爲北宋人，陸《志》中載：「其先江都人」，「曾祖□祖易從父再榮，皆弗仕。」皆爲他志所未載。且閱道光《重脩儀徵縣志》可知，陸《志》、胡《志》中對孫錫的經歷，記述較《大典》本《儀眞志》詳細的多。但佚文中的記載如：「千里迎師，立學舍，市書至六七千卷，錫刻意誦習。年十九，舉開封進士第」，亦可與後志相互補充。

　　崔子方，字彥直，涪陵人也，徙家居於縣南遠城之西。通《春秋》學，與東坡、山谷諸名士交遊，嘗爲知滁州。曾子開作《茶仙亭記》，刻石醉翁亭側。又嘗與歐陽文忠辨《芳草澗詩》。〔卷二千七百四十一　八灰〕（《輯佚》五一三頁）

　　隆慶、道光《儀徵縣志》均不見載。《宋史‧藝文一》記有：「崔子方，《春秋經解》十二卷。」《清史稿‧藝文一》載：「宋崔子方《春秋經解》十二卷、《春秋例要》一卷。」〔註19〕《四庫全書》中收錄其書爲《春秋經解》十二卷，《春秋本例》二十卷。《四庫全書》中收錄之《春秋經解》前有四庫館臣所撰《提要》云：「臣等謹案：《春秋經解》十二卷，宋崔子方撰。子方，涪陵人，字彥直，號西疇居士。晁說之集又稱其字伯直，蓋有二字也。朱彝尊《經義考》稱其嘗知滁州，曾子開爲作《茶仙亭記》。《經解》諸書皆罷官後所作。考子方，《宋史》無傳，惟李心傳《建炎以來繫年要錄》稱其於紹聖間，三上疏乞置春秋博士，不報，乃隱居眞州六合縣，杜門著書者三十餘年。陳振孫《書錄解題》所載大略相同。朱震進書箚子亦稱爲東川布衣。彝尊之說不知何據，《永樂大典》引《儀眞志》一條云，子方與蘇黃遊嘗，爲知滁州曾子開作《茶仙亭記》，刻石醉翁亭側，黃庭堅稱爲六合佳士。彝尊誤記是事，故云然與？」〔註20〕

〔註18〕　（明）申嘉瑞修，李文、陳國光等纂：隆慶《儀眞志》卷十，《天一閣方志選刊》，上海古籍書店據寧波天一閣藏明隆慶藏本影印，1963年9月版。
〔註19〕　《清史稿》卷一百四十五，中華書局1977年8月重印本。
〔註20〕　（宋）崔子方：《春秋經解》卷首，文淵閣《欽定四庫全書》本。

據《四庫全書》之《提要》可知,《輯佚》一書錄入佚文「與東坡、山谷諸名士人交遊,嘗爲知滁州。曾子開作《茶仙亭記》,刻石醉翁亭側」,斷句有誤,應作「與東坡、山谷諸名士人交遊,嘗爲知滁州曾子開作《茶仙亭記》,刻石醉翁亭側」。東坡爲蘇軾號,而山谷者,山谷道人之省,爲北宋詩人、書法家黃庭堅號。

晉方爲諸胡擾亂,又陳敏割據江東,晉望臣顧榮等僞從其用,華潭遺榮書曰:「一旦皇輿東軒,行即紫館,發荊州武旅,順流東下。徐州銳鋒,南據堂邑;征東勁卒,耀威歷陽。飛橋越橫江之津,泛舟涉瓜步之渚,威震丹陽,擒寇建鄴,而諸賢何顏見中州之士耶!」於是顧榮等斬敏,江東平。【卷一萬三千四百五十三 二眞】(《輯佚》五一三頁)

顧榮,《晉書》本傳載:「字彥先,吳國吳人也,爲南土著姓。祖雍,吳丞相。父穆,宜都太守。榮機神朗悟,弱冠仕吳,爲黃門侍郎、太子輔義都尉。吳平,與陸機兄弟同入洛,時人號爲「三俊。」例拜爲郎中,歷尚書郎、太子中舍人、廷尉正。恆縱酒酣暢,謂友人張翰曰:「惟酒可以忘憂,但無如作病何耳。……元帝鎮江東,以榮爲軍司,加散騎常侍,凡所謀畫,皆以諮焉。榮既南州望士,躬處右職,朝野甚推敬之。」〔註21〕

佚文中顧榮斬陳敏事,《晉書》本傳亦載之甚詳:「屬廣陵相陳敏反,南渡江,逐揚州刺史劉機、丹陽內史王曠,阻兵據州,分置子弟爲列郡,收禮豪傑,有孫氏鼎峙之計。假榮右將軍、丹陽內史。榮數踐危亡之際,恆以恭遜自勉。會敏欲誅諸士人,榮說之曰:『中國喪亂,胡夷內侮,觀太傅今日不能復振華夏,百姓無復遺種。江南雖有石冰之寇,人物尚全。榮常憂無竇氏、孫、劉之策,有以存之耳。今將軍懷神武之略,有孫吳之能,功勳效於已著,勇略冠於當世,帶甲數萬,舳艫山積,上方雖有數州,亦可傳檄而定也。若能委信君子,各得盡懷,散蒂芥之恨,塞讒諂之口,則大事可圖也。』敏納其言,悉引諸豪族委任之。敏仍遣甘卓出橫江,堅甲利器,盡以委之。榮私於卓曰:『若江東之事可濟,當共成之。然卿觀事勢當有濟理不?敏既常才,本無大略,政令反覆,計無所定,然其子弟各已驕矜,其敗必矣。而吾等安然受其官祿,事敗之日,使江西諸軍函首送洛,題曰逆賊顧榮、甘卓之首,豈惟一身顛覆,辱及萬世,可不圖之!』卓從之。明年,周玘與榮及甘卓、紀瞻潛謀起兵攻敏。榮廢橋斂舟於南岸,敏率萬餘人出,不獲濟,榮麾以羽扇,其眾潰散。事平,還吳。」(同前)

〔註21〕《晉書》卷六十八,中華書局 1974 年 11 月第 1 版。

佚文中華譚遺顧榮之書，《晉書・陳敏傳》載有全文：「……，東海王軍諮祭酒華譚聞敏自相署置，而顧榮等並江東首望，悉受敏官爵，乃遺榮等書曰：「……昔吳之武烈，稱美一代，雖奮奇宛葉，亦受折襄陽。討逆雄氣，志存中夏，臨江發怒，命訖丹徒。賴先主承運，雄謀天挺，尚內倚慈母仁明之教，外杖子布廷爭之忠，又有諸葛、顧、步、張、朱、陸、全之族，故能鞭笞百越，稱制南州。然兵家之興，不出三世，運未盈百，歸命入臣。今以陳敏倉部令史，七第頑冗，六品下才，欲躡桓王之高蹤，蹈大皇之絕軌，遠度諸賢，猶當未許也。諸君垂頭，不能建翟義之謀；而顧生俯眉，已受羈絆之辱。皇輿東軒，行即紫館，百僚垂纓，雲翔鳳闕，廟勝之謨，潛運帷幄。然後發荊州武旅，順流東下，徐州銳鋒，南據堂邑；征東勁卒，耀威歷陽；飛橋越橫江之津，泛舟涉瓜步之渚；威震丹陽，擒寇建鄴，而諸賢何顏見中州之士邪！……。」〔註22〕知《大典》本《儀眞志》中此段內容來源於《晉書》，掇其要而用之。

正史對顧榮的評價頗佳，《陳書・列傳第十二》載：「史臣曰：昔鄧禹基於文學，杜預出自儒雅，卒致軍功，名著前代。晉氏喪亂，播遷江左，顧榮、郗鑒之輩，溫嶠、謝玄之倫，莫非巾褐書生，晉紳素譽，抗敵以衛社稷，立勳而升臺鼎。自斯以降，代有其人。但梁室沸騰，懦夫立志，既身逢際會，見仗於時主，美矣！」〔註23〕也就是說，顧榮與溫嶠、謝玄等東晉名臣一樣，以一介清譽書生，而保衛社稷，建功立業，令人稱歎。

豐清，字敏稷，嘗爲六合主簿，有遊永定寺聯句詩。載池澗門。〔冊一百五四卷一四六零九頁七　六暮〕（《輯佚》五一三頁）

此條佚文中所提人物，後世志書如《隆慶志》、《道光志》、嘉慶《重修揚州府志》等書中均不見載，且佚文內容也很少。但由佚文中末云「載池澗門」，對於瞭解嘉定《儀眞志》的類目設置也是一條難得的資料。

【詩文】：

李道傳《祭瓜步山神文》：維嘉定七年，歲次甲戌，九月壬戌朔十五日丙子，朝奉郎權知眞州軍州事新除江東提舉李道傳，謹遣武翼郎添差眞州聽候使喚權監瓜步鎮王福，告於瓜步山神。大江爲南北之限，東流至於秣陵京口之間，其狀極矣。連山雄秀，橫列江南，而其地則平原曠野蘆葦之場也。惟此山獨立北岸，孤特峻峭，四面平絕，下臨無際，若可與南山之雄，大

〔註22〕《晉書》卷一百，中華書局1977年11月第1版。
〔註23〕《陳書》卷十二，中華書局1972年3月第1版。

江之壯，相爲賓主者，故其甚高且大，而實地氣所鍾也。是以出雲致雨，利澤下民，其見祀宜也。然今所祀者，乃南北分裂時所祝胡鬼之像。夫以中國之人，相率事夷狄之鬼，已甚不可，況元嘉之盛，人物繁阜，自其飲馬於江，邑里爲之蕭條，此山正其駐兵之地，受害最烈，而千載之後方且廟而祀之，像而嚴奉之，豈不大謬哉！道傳繼守此州，欲正其祠久矣。今忽被命移官，念不可不一正之而去，用遣鎮官撤神之像投諸江，而以其地祀山之神。道傳將告於新守此州者，以事上於朝。秩神之祀，神其鑒之，謹告。〖冊三七卷二九五一頁一　九眞〗（《輯佚》五一四頁）

　　《宋史·儒林六》載：「李道傳，字貫之，隆州井研人。父舜臣，嘗爲宗正寺主簿。道傳少莊重，稍長，讀河南程氏書，玩索義理，至忘寢食，雖處暗室，整襟危坐，肅如也。擢慶元二年進士第，調利州司戶參軍，徙蓬州教授。……時薛拯、胡榘等皆以新進用事，賄賂成風，道傳言：『今名憂儒臣，實取材吏，刻剝殘忍、誕謾傾危之人進矣。』遂求補郡，於是出知眞州。城圮弗治，道傳甓之，築兩石壩以護並江居民，益濬二壕，又堤陳公塘，有警，則決之以爲阻，人心始固。除提舉江東路常平茶鹽公事。初至，即按部劾吏之貪縱者十餘人，胥吏爲民害者，大黥小逐百餘人，釋獄之濫繫者二百餘人，弛負錢一十餘萬緡。夏大旱，道傳應詔言楮幣之換，官民如仇；鈔法之行，商賈疑怨；賦斂增加，軍將推剝，皆切中時病。遂條上荒政，朝廷多從之。與漕臣眞德秀振饑，道傳分池、宣、徽三州，窮冬行風雪中，雖深村窮谷必至，賴以全活者甚眾。攝宣州守，行朱熹社倉法，上饒、新安、南康諸郡翕然應命，人蒙其利。〔註24〕其中記錄了不少其在眞州從政事蹟。其爲人不僅自己愼獨修身，而且多行利民之事，《宋史》稱其「居官以惠利爲本，振荒遺愛江東，人久而思焉。」（同前）其事蹟隆慶《儀眞縣志·官師考下》亦有記載，內容與正史中所載基本相同，應是取自正史。

　　據《宋書·文帝紀》，元嘉二十七年十二月，北魏太武帝拓跋燾率領大軍南侵劉宋至瓜步，後人竟於拓跋燾在瓜步的駐軍之地建廟以祀拓跋燾。南宋嘉定七年知眞州軍政官李道傳認爲不當祀「胡鬼」，於是毀舊廟，重建新廟以祀瓜步山神。《祭瓜步山神文》即其重建新廟後，在瓜步山重建祠堂時所撰的一篇祭文，亦見載於隆慶《儀眞縣志·雜識》，題爲《李道傳告瓜步山神撤拓拔燾像》，內容基本相同，但《隆慶志》中開頭記錄時間僅曰「嘉定七年月日」，不及佚文中所載具體，應是錄入此文時，作了簡略。且佚文中「然今所祀者，乃南北分裂時所祝胡鬼之像」一句，《隆慶志》中李改爲「然今所祀者，乃南

――――――――――――――
〔註24〕　《宋史》卷四三六，中華書局1974年11月第1版。

北分裂時魏主拓跋燾之像」，清《道光儀眞縣志》中所載此篇與《隆慶志》同，應是繼承《隆慶志》而來。《寶祐志》編纂於宋代，其所載《祭瓜步山神文》當是此文原貌。

《過南沙》：幽意樂云水，輕舠拂浪花。晴沙臥林影，遠日在天涯。驚颸激頹波，歲月已崢嶸。玉梅行犯臘，江柳欲回春。南山浮霽色，飛翠入江城。豪賈不知愁，湮渚發行舟。高帆掛落日，疊鼓下汀州。樽中山影度，波上夕陽流。簫聲轉前浦，餘恨滿倡樓。〔冊六〇卷五七七〇頁九　十六麻〕（《輯佚》五一五頁）

《落花詩》：落花隨雨聚堦傍，濯破春江錦一張。寄興東君休悵恨，明朝贏得燕泥香。雨積香庭淺綠，風搖綠樹殘花。阿母親曾剪綵，瑤池猶泛紅霞。〔冊六一卷五八三九頁七　十六麻〕（《輯佚》五三四頁）

這兩首詩明隆慶《儀眞縣志》與清嘉慶《重脩儀徵縣志》中均未見記載。究竟出自何人之手，已難以尋考。但佚文收錄此二首詩，仍可爲後志之補充。又，佚文中《過南沙》，《永樂大典》原文題爲《過沙南》。

吳機《西宮祭錢政叔知府文》：惟我叔父，昔守是邦。政本利民，厥聲洋洋。歲在己未，我來侍傍。建政立事，得之頗詳。江流際天，其險莫當。新河滔滔，萬桅穩航。時雖寢兵，國威欲張。營寨翼翼，邊城以強。利所必興，謀深計良。害所必除，既勇且剛。一時顯設，璀璨焜煌。中更兵革，變遷靡常。後二十年，時方外攘。機也無似，嗣縮郡章。訪公故迹，雲空草荒。唯此殿宇，歸如靈光。公姓公名，猶存屋梁。義也竹林，情也愷棠。立祠像公，邦人不忘。寫我感愴，侑以豆觴。〔冊一〇九九九頁七　六姥〕（《輯佚》五三四頁）

吳機，《宋史》無傳，但《宋史・藝文志》載有其《吉州記》三十四卷。隆慶《儀眞縣志・官師考》中載：「吳機，字子發，天台人。嘉定中以運判兼任，創閱武亭，設抵當庫，鑿橫河，濬重濠，道塘水，置堰閘。穿地爲網，匝濠三隅，結屋爲營。分兵五等，補尺籍，備械器，畫城捍禦，部分井然，而翼城工費尤巨。凡前守經畫未備者，咸克成之。初，載運悉用客艘，機慮擾民，乃捐官錢，置舟數百，自是民旅帖然。又建大成殿，由禮亭，百廢俱舉之，民立生祠。」〔註25〕

隆慶《儀眞縣志・藝文考》有盧祖臯所撰《固圉記》，其中記載吳機出守眞州時，鞏固城防的舉措和經歷，文中載：「嘉定十二年季冬，詔以司農丞吳公守眞州。乃即僚屬謀之……，閱三年而告成，周防重複，布置精深，金湯之雄緩急可恃。邦人謂南渡且百年，儀眞無此壯觀增重，邊寄進窺中原得人

〔註25〕　（明）申嘉瑞修，李文、陳國光等纂：隆慶《儀眞縣志》卷五，《天一閣方志選刊》，上海古籍書店據天一閣藏隆慶刻本影印，1963 年 9 月版。

蓋自公始。公名機，字子發，天台人。」(同前，卷十四) 從《隆慶志》記載可知吳機在眞州任職期間，鞏固城防、興修水利、便利交通，建造文化設施，爲當地作出了不少貢獻，以致民間爲其設立生祠，丁宗魏撰有《吳知州生祠記》以記其事。隆慶《儀眞縣志·藝文考》中載有其詩《煙雨奇觀樓》：此景儀眞亦有年，何人管領向樓前。江淮自昔雖南北，煙雨從來肯變遷。萬里孤帆遺根在，半空佳句至今傳。諸公欲會當時意，且對滄波泛酒船。」(同前) 此詩爲《全宋詩》所收錄。此外隆慶《儀眞縣志·藝文考》又有其《吳知郡祠堂記》一篇，《宋嘉定儀眞新志》序一篇。而佚文中吳機所撰的這篇《西宮祭錢政叔知府文》，明隆慶《儀眞縣志與清道光《儀眞縣志》均未見記載，由於吳機現存的作品並不多見，因此這篇佚文對於輯補後志，有者十分珍貴的價值。

第三節　《大典》本《泰州志》、《寶應志》及其佚文研究

一、《大典》本《泰州志》及其佚文研究

關於泰州的建置沿革，《明一統志》載：「泰州，在 (揚州) 府城東一百二十里。本漢海陵縣，屬臨淮郡，東漢省入東陽縣，晉因之。梁置海陵郡，隋初郡罷，以縣屬江都郡。唐武德中改吳陵縣，置吳州，尋廢州，縣復故名，屬揚州。五代時楊吳置海陵制置院，南唐升爲泰州。後其地入於周，宋初改爲軍，元置泰州路，後爲州，屬揚州路。本朝仍爲州，以海陵縣省入，編戶一百八十七里，領縣一。」〔註26〕泰州原稱海陵、吳陵，南唐始陞爲泰州，宋爲軍，元爲泰州路，後爲州屬揚州路，明代仍爲州，屬揚州府。

明代泰州修有多部方志，正德、嘉靖、萬曆、天啓、崇禎年間均修有《泰州志》，但顯然均不是《永樂大典》中所輯錄的《泰州志》。

據《中國古方志考》與《江蘇舊方志提要》記載，宋代所編纂的方志有《泰州舊圖經》、《泰州圖經》、淳熙《吳陵志》、淳祐《吳陵志》等幾部志書。佚文中有「六祥符湖」的內容，「祥符」爲北宋眞宗趙恒年號，當是以年號名湖，說明此《泰州志》應當修於北宋祥符年間以後，很有可能是《泰州舊圖經》或《泰州圖經》當中的一部。宋代《輿地紀勝》卷四十《泰州沿革》中

〔註26〕　(明) 李賢等纂修：《明一統志》卷十二，文淵閣《欽定四庫全書》本。

曾引《泰州舊圖經》兩條，卷四十三《高郵軍沿革》與卷八十九《廣州・官吏下》中曾引《泰州圖經》兩條，《輿地紀勝》約成於南宋理宗寶慶年間，說明《泰州圖經》與《泰州舊圖經》二志應當作於南宋寶慶以前。因此，《泰州志》很可能成書於北宋祥符以後至南宋寶慶這一段時間之內，但由於佚文內容太少，目前尚難以斷定是《泰州舊圖經》還是《泰州圖經》，或者還另有一部《泰州志》存在。

　　《大典》收錄有泰州方志一部，即《泰州志》，張氏《輯本》無此志，馬氏《輯佚》亦僅有一條佚文：「六祥符湖，即今商楊蕩，在縣東南八十里。東通海，西通運河，北通掘港等鹽河。」〖冊二十卷二二七一頁十八　六模〗（《輯佚》五三五頁）

　　此湖後志雍正《揚州府志》、嘉慶《重修揚州府志》、道光《泰州志》均未見記載。佚文中稱，「六祥符湖，即今商楊蕩」，如果此《泰州志》修纂於宋代的話，那麼，六祥符湖應當在宋時就已改名爲「商楊蕩」了，清嘉慶《如皋縣志》卷二《疆域》中載：「高楊蕩，即六祥符湖」。〔註27〕知此湖後屬如皋縣。「商」字與「高」字，字形相似，至今，如皋縣仍有高楊蕩，疑」高楊蕩」爲「商楊蕩」之誤。

二、《大典》本《寶應志》及其佚文研究

1、《大典》本《寶應志》的編纂情況

　　明代寶應縣爲高郵州的屬縣，據《明一統志》記載該縣：「在（高郵）州北一百二十里，本漢平安縣，屬廣陵。東漢改爲安宜縣，梁置陽平郡。隋初廢郡，以縣屬江都郡。唐初於縣置倉州，尋廢州，以縣屬楚州。上元中，以獲定國寶，更爲寶應縣。宋初因之，寶慶中，升爲州，後又升爲軍。元初爲寶應軍路，改安宜府，後罷爲寶應縣，屬高郵府。本朝因之，編戶三十四里。」〔註28〕

　　今所見有關寶應縣志乘資料的記載，最早的是明代嘉靖年間聞人詮、宋佐修纂的《寶應縣志略》，《江蘇舊方志提要》與朱士嘉所編纂《中國地方志綜錄》中均是這樣著錄。《稀見地方志提要》一書中稱：「邑乘自嘉靖九年知縣聞人詮始修《志略》四卷，隆慶三年，湯一賢重纂縣志十卷，多簡略。」〔註29〕

〔註27〕（清）楊受延等修，馬汝州等纂：《嘉慶如皋縣志》卷二，《中國方志叢書》據嘉慶十二年刊本影印，臺北成文出版社1970年□月臺一版。

〔註28〕（明）李賢等纂修：《明一統志》卷十二，文淵閣《欽定四庫全書》本。

〔註29〕陳光貽：《稀見地方志提要》，齊魯書社1987年8月第1版，第四〇二頁。

也認爲寶應志乘始於明嘉靖九年，聞人詮所纂之《寶應志略》。

但《大典》中錄有《寶應志》一部，現存五條佚文，均爲【湖泊】類資料。這說明在明代永樂六年以前，寶應就修有志書，嘉靖《寶應縣志略》並非是寶應志書的始修。據明萬曆《寶應縣志》所引唐刺史鄭轂《寶應錄》載：「唐天寶間，有尼曰眞如，先後得寶玉十三，如楚州往謁刺史崔侁以進獻。」《唐書·五行志》載此事，《太平寰宇記》、《西陽雜俎》諸書皆有所述及。寶應得名當與此事有關。從其建置沿革來看，知道寶應縣得名於唐代上元年間。因此，《大典》本寶應縣志應修纂於唐代上元至永樂六年之間。張氏《輯本》案語曰：《大典》引《寶應志》凡一條，茲據錄作明志。並無確證，尚待進一步研究。

2、《大典》本《寶應志》佚文研究

張氏《輯本》所輯《寶應志》僅有 1 條佚文「白馬湖」條，馬氏《輯佚》一書還有「范光湖」、「郭眞湖」、「廣洋湖」、「灑火湖」4 條，可爲張氏《輯本》之補充。佚文考釋如下：

【湖泊】：

白馬湖，在寶應縣北一十五里，西通三角村，東北會於運河，至黃莆。〚冊十八卷二二六一頁二十三〛（《輯佚》五三五頁）

嘉靖《寶應縣志·地理志》載：「白馬湖在縣北十里，連官河。」〔註30〕民國《寶應縣志》中載：「白馬湖，在縣北十五里，東西長十五里，南北闊三里，西連三角村，東北會運河，北接黃浦。按白馬湖南曰寶應湖，曰清蕩湖、曰黃蕩湖、曰丁老湖，皆隨地立名，實一水也。」〔註31〕《嘉靖志》稱在縣北十里，《民國志》所記與《大典》本相同，此湖從明至清至民國時，面積或有增減變化。《民國志》中「北接黃浦」，《大典》佚文中作「黃莆」，《雍正志》中亦作「黃浦」。

廣洋湖，縣東南五十里，支流東北三十里，入射陽湖。〚冊二十卷二二七一頁十二〛（《輯佚》五三六頁）

嘉靖《寶應縣志·地理志》載：「廣洋湖，在縣東南五十里，東通沈垛港，入博支湖。」（同前）載民國《寶應縣志》中載：「廣洋湖，在縣東南五十里，

〔註30〕 （明）聞人詮修、宋佐纂：《寶應縣志》卷一，上海古籍書店據天一閣藏嘉靖刻本影印，1962 年 4 月版。

〔註31〕 戴邦楨等修，馮煦等纂：《寶應縣志》卷三，《中國方志叢書》據民國二十一年鉛印本影印，臺北成文出版社 1970 年□月臺一版。

東西長十里，南北闊三里。東南通沈垛港，入博支湖，接潼河北連獐獅蕩，東北會三王溝。」（同前）與《大典》本佚文記載的方位相同，但佚文中稱「入射陽湖」，而嘉靖、民國《寶應縣志》中記載「入博支湖」，有所不同。民國《寶應縣志》有「博支湖」條，其中載「北通廣洋湖」，而「射陽湖條」卻未記載與「廣洋湖」相通。但據清劉寶楠所撰《寶應圖經》中之圖載，「博支湖」與「射陽湖」相通連，「博支湖」在「射陽湖」東北，因此佚文中的記載應當也是正確的。

范光湖，在寶應縣西南三十里，闊二十餘里，西接安宜溪。【冊二十卷二二七○頁五】（《輯佚》五三六頁）

嘉靖《寶應縣志・地理志》載：「湖，有清水湖在縣南、范光湖在縣南十五里、灑火湖在范光湖之西、近衡陽，又西為津湖。魏書作精湖，文帝伐吳滯舟處。接連高郵四湖，彙而為一，俗總呼為范光湖道，路人稱寶應湖，所謂鐵寶應者是已。西望浩淼無際，東障以堤。西風間作，怒濤卷地相推。而直奔東岸，橫激堤石，掀湧潰薄，漕舟一觸而碎。堤之東，地畢皆民腴田，歲每有湖決之患。」（同前）民國《寶應縣志》中載：「氾光湖，在縣西南十五里，東西長三十里，南北闊十里，東北連清水湖，南會津湖，西通灑火湖。明吳敏道有氾光湖賦，寶應湖即氾光湖說，詳圖經。」（同前）後志對此湖記載較為詳細，《嘉靖志》不僅記載范光湖方位，對此湖的水利狀況亦詳加描述。嘉靖、民國《志》記錄方位均為「縣西南十五里」，佚文中的記載在「縣西南三十里」，或此湖面積時有增減。佚文所記「西接安宜溪」，後志中未載，是很好的補充資料。

郭眞湖，在寶應縣東南八十里，南鄰高郵縣界，支流東北三十里，入射陽湖。【冊二十卷二二七○頁五】（《輯佚》五三六頁）

清劉寶楠《寶應圖經》，道光《重修寶應縣志》，民國《寶應縣志》中均不見有關此湖的記載。清嘉慶《高郵州志・山川》中載有此湖：「郭眞湖，在州治東北一百四十里中臨村，通鹽城縣河。《舊志》引東漢《郡國志》，射陽故屬臨淮縣。今《寶應志》有博支湖，在縣東南九十里，若云郭眞為博支之訛。則此湖非屬郵矣，博支與郭眞恐是二名。又按郭眞湖在時堡西，或與寶邑接壤，姑闕疑以俟考證。」〔註32〕清《寶應縣志》與劉寶楠《寶應圖經》

〔註32〕（清）楊宜侖修，夏之蓉、沈之本纂：嘉慶《高郵州志》卷一，《中國地方志集成・江蘇府縣志輯 46》據道光二十五年刻本影印，江蘇古籍出版社 1991年 6 月第 1 版。

以及民國《寶應縣志》中均載有「博支湖」，卻獨不見「郭眞湖」。嘉慶《高郵州志》稱：「若云郭眞爲博支之訛。則此湖非屬郵矣，博支與郭眞恐是二名」，（同前）今《大典》本《寶應志》佚文中收錄有「郭眞湖」，說明此湖其時屬寶應，而非屬高郵，恰證明了「郭眞」爲「博支」之誤，非是二名。嘉慶《高郵州志》編纂者殆未見《大典》，因此闕疑。

　　灑火湖，在縣西南四十里，南接安宜溪，北入范光湖。【冊二十卷二二七○頁五】（《輯佚》五三六頁）

　　萬曆《揚州府志·河渠考》「寶應縣」下載：「灑火湖，縣志西南四十里，入范光湖。」〔註33〕雍正《揚州府志·河渠》「寶應縣」下載：「在縣西南四十里，西通衡陽河。南接安宜溪，東北入范光湖。」〔註34〕相對而言清代記載較爲詳細。

第四節　《大典》本《江都縣志》、《江都志》及其佚文研究

　　江都縣，明代爲揚州府附郭。《明一統志》載江都縣：「本秦廣陵縣地，漢置江都縣屬廣陵國。晉屬廣陵郡，隋屬江都郡，唐始以爲揚州治所，復析置江陽縣。南唐以江陽省入廣陵，宋復省廣陵入江都，治州域東南隅。元徙治北關外，元末毀，本朝辛丑復置江都縣，編戶一百一十九里。」〔註35〕

　　張氏《輯本》無《江都志》與《江都縣志》。明清時期有嘉靖《江都縣志》、萬曆《江都縣志》及乾隆《江都縣志》等也沒有永樂以前江都縣方志的編纂信息。馬氏《輯佚》收錄了兩部江都方志，一部是《江都縣志》，另一部是《江都志》，均只保留下來一條佚文，而這兩條佚文也沒有關於這兩部方志編纂的具體信息。因此，我們暫時只能作出這兩部江都志皆編纂於明永樂六年以前的結論，但這也說明嘉靖《江都縣志》並非江都縣方志的始修。

　　《江都志》僅收錄【人物】類佚文1條：

　　評曰：呂蒙、呂範、王舒，雖食所封邑，要亦瓜分之世，郡當中流，士大夫便於經理。

〔註33〕（明）楊洵修、徐鑾纂：《揚州府志》卷六，《北京圖書館古籍珍本叢刊25》，書目文獻出版社2000年7月版。

〔註34〕（清）尹會一修、程夢星等纂：雍正《揚州府志》卷八，《中國方志叢書》據雍正十一年刊本影印，臺北成文出版社1957年□月臺一版。

〔註35〕（明）李賢等纂修：《明一統志》卷，文淵閣《欽定四庫全書》本。

而朝廷亦利以能臣居之耶？因是以知先王分封之意深矣。〖冊六六卷六八二九頁十八　十八陽〗（《輯佚》五三六頁）

　　《三國志・呂蒙傳》載：「魯肅卒，蒙西屯陸口，肅軍人馬萬餘盡以屬蒙。又拜漢昌太守，食下雋、劉陽、漢昌、州陵。與關羽分土接境。」〔註36〕《三國志・呂範傳》載：「曹公至赤壁，（範）與周瑜等俱拒破之，拜裨將軍，領彭澤太守，以彭澤、柴桑、歷陽爲奉邑。劉備詣京見權，範密請留備。後遷平南將軍，屯柴桑。權討關羽，過範館，謂曰：『昔早從卿言，無此勞也。今當上取之，卿爲我守建業。』權破羽還，都武昌，拜範建威將軍，封宛陵侯，領丹楊太守，治建業，督扶州以下至海，轉以溧陽、懷安、寧國爲奉邑。」（同前，卷五十六）《晉書・王舒傳》載王舒：「賊平，以功封彭澤縣侯。」〔註37〕三人皆以軍功裂土封侯，其封地皆爲國之要地，故朝廷以能臣居之。

　　而《大典》所輯另一部志，《江都縣志》收錄【宮室】類佚文 1 條，內容如下：

　　五賢堂：忠獻韓公琦、文忠歐陽公修、集賢劉公敞、正獻呂公公著，文忠蘇公軾，皆繪像設祠於平山堂。淳熙十六年，鄭公興裔別築屋於堂之東，扁以是名。嘉泰元年趙公一新繪像，春秋祀之。紹定間，以兵燼廢。五年，史公岩之重建平山堂，繪像堂上，今存。〖冊六九卷七二三六頁二十七　十八陽〗（《輯佚》五三六頁）

　　嘉靖《惟揚志・禮樂志》中有「五賢堂七賢堂思賢堂一條」敘述了從「五賢堂」到「七賢堂」再到「思賢堂」的延續、增祀的過程。

　　前文提到寶祐《惟揚志》記載：「思賢堂，堂在州學。嘉定戊辰，教授彭方嘗建七賢堂，以祠忠獻韓公琦，文忠歐陽公修、集賢劉公敞、正獻呂公公著、文忠蘇公軾，忠肅陳公謹，忠敏任公伯雨。寶慶元年，岳公珂攝守是邦，撤而宏大之，以內翰王公禹偁，正獻杜公衍、孝肅包公拯，質肅唐公介、忠穆呂公頤浩，學術名節亦七賢之亞，並附益焉，扁曰思賢堂。今繪像凡十有六，元憲宋公庠、侍郎鄒公浩、侍御李公衡、清獻崔公與之，皆端平以後所增也。」

　　前文《廣陵續志》佚文中有彭方《七賢堂記》一篇，文章開頭云：「惟揚自國朝慶曆以來，忠獻爲王韓公、參政文忠歐陽公、集賢學士劉公、申國正獻呂公、內翰文忠蘇公皆嘗鎮守，既去，人思立五賢祠於平山堂。」

〔註36〕《三國志》卷五十四，中華書局 1959 年 12 月第 1 版。
〔註37〕《晉書》卷七十六，中華書局 1974 年 11 月第 1 版。

　　《寶祐志》、嘉靖《維揚志》未述及「五賢堂」的來歷。而《廣陵續志》中雖有述及，但並不具體。《廣陵續志》詳於「七賢堂」、《寶祐志》詳於「思賢堂」而《大典》本《江都縣志》關於「五賢堂」的來龍去脈則記述的比較詳盡。該堂的建造人、時間、地點，以及後來的毀廢、重修的過程均準確地記錄了下來，可爲揚州諸志的補充。

第五節　《大典》本《高郵志》及其佚文研究

一、《大典》本《高郵志》的編纂情況

　　明代高郵州屬揚州府，領興化、寶應二縣。據《明一統志》記載：「高郵州，在（揚州）府城北一百二十里。春秋時吳邗溝地，秦爲高郵亭。漢代置高郵縣，屬廣陵，晉屬臨淮郡，宋屬廣陵郡。隋屬江都郡，唐屬揚州。宋開寶中以縣置高郵軍，後罷軍，縣屬揚州。元祐中，復置軍。建炎中升承州、紹興末復爲軍。元至元中置高郵路，後改爲府，屬揚州路。本朝丙午年改爲州以縣省入，編戶八十六里，領縣二。」〔註 38〕由其建置沿革知高郵宋以前稱高郵縣，宋稱高郵軍（縣）、承州，元稱高郵路（府），明稱高郵州。

　　嘉慶《高郵州志》前有嘉慶十八年知州馮馨所撰《增修高郵州志》，記述了高郵編修的源流情況。《序》曰：「舊志昉於宋淳熙間，《直齋書錄解題》載有孫祖義《高郵志》三卷，續修十卷。嘉定中，汪綱再修，惜其不傳。明正統成化二志，亦無可考。後一修於隆慶六年，再修於國朝康熙十一年。三修於雍正二年，四修於乾隆四十八年，距今又三十餘年矣。」〔註 39〕嘉慶《高郵州志・藝文志》中附有「州志考」記載高郵歷代志書：「宋嘉定時教授魯穎秀著《高郵郡志》十卷。嘉熙時教授孫祖儀撰《高郵圖經》四卷。按《書錄解題》云：《高郵志》三卷，續修十卷，興化縣主簿孫祖儀撰。郡守趙不憖刻之淳熙四五年間也。其書在圖志中最疏略，嘉定中守汪綱再修，稍詳定矣。據此則祖儀所撰在穎秀前，而宋志牧守題名所載前後亦倒置矣，存俟再考。」（同前，卷十一）

　　《宋史・藝文三》載：「孫祖儀，《高郵志》三卷。」〔註 40〕

〔註38〕　（明）李賢等：《明一統志》卷十二，文淵閣《欽定四庫全書》本。
〔註39〕　（清）楊宜侖修，夏之蓉、沈之本纂：嘉慶《高郵州志》卷首，《中國方志叢書》據道光二十五年刻本影印，臺北成文出版社版社 1970 年 8 月臺一版。
〔註40〕　《宋史》卷二百○四，中華書局 1977 年 11 月第 1 版。

　　從上面的記載可知，宋代高郵主要有三部方志，即淳熙間趙不懲修，孫祖儀纂的《高郵志》三卷、嘉定間汪綱所纂《高郵續志》以及嘉定間魯穎秀所纂的《高郵郡志》十卷。

　　張氏《輯本》與馬蓉《輯佚》均收錄有《高郵志》與《高郵州志》兩部方志。張氏考述如下：

　　　案：《大典》引《高郵州志》凡一條，又《高郵志》凡五條。《直齋書錄解題》八：《高郵志》三卷，續修十卷，興化縣主簿孫祖義撰，郡守趙不懲刻之，淳熙四五年間也。其書在圖志中最爲疏略，嘉定中守汪綱再修，稍詳定矣。又隆慶《高郵州志・凡例》：「郵舊有州志十卷，圖經四卷，宋教授魯穎秀、孫祖義撰也。」〔註41〕

　　張氏引《直齋書錄解題》斷定《大典》本《高郵志》即是宋淳熙年間之《高郵志》，基本可從。但如果結合《大典》佚文分析，則更具說服力。《大典》本《高郵志》共收錄六條佚文（《輯本》收錄五條），均爲湖泊資料。其中有一條曰：「平阿湖，去城八十里，東至平阿村，西至平新村，北至谷清村，並陸路至天長縣同城鎮，連接盱眙軍，南至父子灣。」其中提到地名「盱眙軍」。此地明代稱盱眙縣，屬中都鳳陽府。《明一統志》中記載其沿革稱：「春秋時爲吳善道地，漢置盱眙縣，屬臨淮郡，東漢屬下邳國。晉北譙州，唐屬楚州，宋置盱眙軍，後仍爲縣。紹定中，改招信軍。元升招信路，尋改臨淮府。後仍爲盱眙縣，屬泗州。本朝因之，編戶三十七里。」佚文中稱「盱眙軍」，說明此志應當編纂於宋代，且編纂時間應當在宋紹定以前。如此看來，《大典》本《高郵志》應當就是淳熙四五年間興化縣主簿孫祖義撰，郡守趙不懲所刻之《高郵志》，《輿地紀勝》與《明一統志》中均曾引用此志。嘉定中守汪綱續修《高郵志》，《直齋書錄解題》稱該志繼《高郵志》後，比前志「稍詳定」。

　　該志撰者孫祖儀，其生平事蹟不詳。咸豐《重修興化縣志・秩官一》「嘉定」年下載：「孫祖儀，高郵守壽春王君辟爲教授，著《高郵圖經》，歐志（萬曆《興化縣新志》）儀作義。舊志皆脫高郵守並君字，今從金府志（康熙《揚州府志》，康熙14年刻本）及高郵志。」〔註42〕嘉慶《高郵州志・秩官志》「嘉熙」年下載：「孫祖儀，先爲興化縣簿。高郵守壽春王君聞其賢辟爲教授，嘗撰《高郵圖

〔註41〕張國淦：《永樂大典方志輯本》，北京燕山出版社2006年5月第1版，第73頁。

〔註42〕（清）梁園棣，鄭之僑，趙彥俞纂：《重修興化縣志》卷六，國家圖書館藏咸豐2年刻本（數字方志）。

經》四卷。」〔註43〕二志記載基本一致，從上面的記載來看，孫祖儀嘉定年間尙爲興化縣主簿，嘉熙年間因其賢辟爲高郵教授。二志均記載其所撰《高郵圖經》爲四卷，與《宋史・藝文志》與《直齋書錄解題》所載略有不同。

《直齋書錄解題》稱孫祖儀所撰之《高郵志》「郡守趙不惠刻之，淳熙四五年間也」，嘉慶《高郵州志・秩官志》「宦績」下載：「趙不惠，字幾聖，淳熙四年（1177）以承議郎知軍事，興水利以便民，祠三賢以勸士，稱一時賢守云。同前記載其生平事蹟的文字雖不多，但足以瞭解大概。其在高郵軍任職期間，修水利、崇德教，頗有口碑，而淳熙《高郵志》的編刻工作，他也功不可沒。從前文所述高郵建置沿革看，淳熙年間編修的《高郵志》當是一部軍志。

二、《大典》本《高郵志》佚文研究

《大典》本《高郵志》收錄【湖泊】5條，現考釋如下：

> 吳公湖，在縣北三十里，南至七郡縣，東西北俱至八郡，昔有吳公隱於傍，故得名。【冊二十卷二二七○頁五　六模】（《輯佚》五三七頁）

萬曆《揚州府志・河渠》「興化縣」下載有「吳翁湖」，應當即是此湖，但記載十分簡略，且現存刊本已模糊不清，僅能見「縣北□□□里」。因此，佚文不僅記載了吳公湖的方位，至到，還記載了此湖得名的由來，對於傳世方志有補充的價值。又《明一統志》載：「吳公湖，在興化縣北二十三里，昔有吳尙隱居湖側因名。」〔註44〕《江南通志》載：吳公湖，在興化縣北三十五里，西入海陵溪。舊志云，昔有吳公隱此，因以名湖。」〔註45〕此湖清嘉慶《高郵州志》不見記載。

> 淥洋湖，去城東南三十里，東至即裴村，西至南陵，南至江都縣艾陵村，北至本州公田村。【冊二十卷二二七○頁五　六模】（《輯佚》五三七頁）

萬曆《揚州府志・河渠》中亦有載，但字迹模糊，且內容較佚文簡略，僅云「在州□南三十里」，清雍正《揚州府志・河渠》載：「淥洋湖，在州南三十里，通小京溝西南，屬於甘泉縣界。」〔註46〕甘泉縣，清雍正九年析江

〔註43〕（清）楊宜侖修，夏之蓉、沈之本纂：嘉慶《高郵州志》卷八，《中國方志叢書》據道光二十五年刻本影印，臺北成文出版社版社 1970 年 8 月臺一版。
〔註44〕（明）李賢纂修：《明一統志》卷十二，文淵閣《欽定四庫全書》本。
〔註45〕（清）趙宏恩等監修：《江南通志》卷十四，文淵閣《欽定四庫全書》本。
〔註46〕（清）尹會一修、程夢星等纂：雍正《揚州府志》卷八，《中國方志叢書》據雍正十一年刊本影印，臺北成文出版社 1957 年□月臺一版。

都縣置。《雍正志》的記載據清制，《大典》佚文記錄了南宋漾洋湖的四至情況，是有一定價值的地理類資料。

　　平阿湖，去城十八里，東至平阿村，西至平新村、北至谷清村，並陸路至天長縣同城鎮，接連盱眙軍，南至父子灣。〖冊二十卷二二七○頁五　六模〗（《輯佚》五三七頁）

　　嘉慶《高郵州志・山川》中載：「平阿湖，在州治西八十里，通天長縣桐城河。」〔註47〕如前所述，盱眙軍是南宋建置。《大典》佚文所記之平阿湖四至，當爲南宋地理形勢。

　　馳潭湖，去城東北九十里，東至興化縣界海陵溪，有港，相通鹽城縣射陽湖、西南至中臨村。〖冊二十卷二二七○頁五　六模〗（《輯佚》五三七頁）

　　嘉慶《高郵州志・山川》中載：「鼉潭湖，在州治東北九十里，通海陵溪，宋張榮拒敵，積荻爲城，即此。並見三湖下。」萬曆《揚州府志》中亦只「鼉潭湖」而沒有「馳潭湖」。名稱不同，但方位一致，疑爲一湖。

　　鯽鯉湖，在興化縣三十里〖冊二十卷二二七○頁十　六模〗（《輯佚》五三八頁）

　　清嘉慶《高郵州志》等書中並不見載。雍正《揚州府志・河渠》「興化縣」下載：「在縣東北二十三里，多產鯽。」〔註48〕《咸豐重修興化縣志・河渠一》中載：「鯽魚湖，（城東北）三十六里。見鹽城志。」〔註49〕佚文稱在「在興化縣三十里」語義不明，從後志的記載來看，估計「興化縣」後脫「東北」二字。佚文與後志中所記鯽鯉湖距縣城的距離均不同，或不同年代此湖大小有所不同，亦有可能是縣城變遷的原因。

第六節　《大典》本《高郵州志》及其佚文研究

　　《永樂大典》收錄的另一《高郵州志》，張國淦先生亦有簡要考釋如下：

　　案：《大典》引《高郵州志》凡一條。宋高郵軍，元高郵路，後改府；明高郵州。茲據錄作明志。〔註50〕

〔註47〕（清）楊宜崙修，夏之蓉、沈之本纂：嘉慶《高郵州志》卷一，《中國方志叢書》據道光二十五年刻本影印，臺北成文出版社版社1970年8月臺一版。

〔註48〕（清）尹會一修、程夢星等纂：雍正《揚州府志》卷八，《中國方志叢書》據雍正十一年刊本影印，臺北成文出版社1957年□月臺一版。

〔註49〕（清）梁園隸等纂修：《重修興化縣志》卷二，《中國方志叢書》據咸豐二年刊本影印，臺北成文出版社1970年8月臺一版。

〔註50〕張國淦：《永樂大典方志輯本》，《張國淦文集四編》，北京燕山出版社2006年5月第1版，第855頁。

據高郵建置沿革可知，至明代方稱爲州，明代以前或稱軍或稱路或爲縣。因此《大典》中的《高郵州志》應是明代作品，張氏結論是正確的。此志編纂時間在明永樂六年以前，嘉慶間知州馮馨所撰《增修高郵州志》序中，並未提到此《高郵州志》，只說「明正統成化二志，亦無可考。均未見到有關《高郵州志》的記載，實際上，明代高郵修纂最早的一部方志應即此《大典》本《高郵州志》。此志，《文淵閣書目》中亦未收錄，蓋亦未見也。

《高郵州志》佚文一條，亦是湖泊：

五湖，去城六十里。東至沛城村；北至平阿兩伍村，並陸路往北阿鎮至天長縣固城，及盱眙界；南至創江湖；東至礜社湖。《紀勝》引用舊圖經云「去郡城六十里。」山谷黃庭堅詩：「九陌黃塵烏帽底，五湖春水白鷗前。」蔣之奇詩云：「三十六湖水所瀦，其尤大者爲五湖。」〔冊十八卷二二六○頁四　六模〕（《輯佚》五三八頁）

嘉慶《高郵州志·山川》載：「五湖，在州治西六十里平阿東村，通天長縣桐城河，蔣之奇詩云：三十六湖水所瀦，其尤大者爲五湖。」（同前）相比較而言，佚文詳細記載了此湖四至，對於瞭解明初高郵州五湖的情況有一定的價值。佚文引黃山谷詩，原題爲《呈外舅孫莘老二首》，《全宋詩》均有收錄，詩全文是：「九陌黃塵烏帽底，五湖春水白鷗前。扁舟不爲鱸魚去，收取聲名四十年。」〔註51〕佚文中兩句詩與此全同，中提到礜社湖，亦在高郵，說明黃庭堅曾到過此地。佚文蔣之奇詩，《全宋詩》未見收錄，具有輯佚的價值。

第七節　《大典》本《海門縣志》、《興化縣志》及其佚文研究

一、《大典》本《海門縣志》及其佚文研究

海門縣，明代屬揚州府通州。《明一統志》載：「海門縣，在州東一百里，本海陵縣東境之東洲鎮。五代置海門縣，屬通州，以僻在海隅，因名。宋元仍舊，本朝因之，編戶三十七里。」〔註52〕《明史·地理一》載：「海門，州東。舊治禮安鄉圮於海，正德七年徙治餘中場。嘉靖二十四年八月遷於金沙場以避水患。海在東，大江於此入海。又西有張港、東有吳陵、又有安東壩

〔註51〕北京大學古文獻研究所編：《全宋詩》卷九八八，北京大學出版社1991年第1版。

〔註52〕（明）李賢等纂修：《明一統志》卷十二，文淵閣《欽定四庫全書》本。

上、又有白塔河四巡檢司。東南有料角嘴。」〔註53〕知海門縣自五代時始置，屬通州。

海門縣志方志的纂修，順治《海門縣志》稱「創始於尹君壽昌。」該志《纂修縣志前後姓氏》載：「弘治間有原任壽昌縣令邑人尹璽著縣志遺稿。」〔註54〕嘉靖《海門縣志》纂者崔桐序載：「鄉先生尹壽昌有遺稿矣而弗竟，責在鄙人，於是乎襲故有、摭輿見，統紊昭晦，剔蕪綴遺，列以是綱，屬以群目。」可知弘治間邑人尹璽所撰之志稿，未完成，故有嘉靖《海門縣志》。〔註55〕《永樂大典》收錄的《海門縣志》，當編纂於永樂六年以前，此志的編纂在尹璽志稿之前，是現知最早的《海門縣志》。

張氏考釋此志如下：

> 案：《大典》引《海門縣志》凡一條，茲據錄作明志。〔註56〕

張氏《輯本》與馬氏《輯佚》均收錄有《海門縣志》佚文一條。由於佚文內容太少，加之現存的明清方志以及《江蘇舊方志提要》、《中國古方志考》、《稀見地方志提要》等書均未見有關此志的記錄，因而有關此志的編纂情況難以考證，今姑從張國淦說，斷為明志。《大典》的著錄對現存方志著述是一個很好的補充，有一定的文獻學價值。

《海門縣志》佚文曰：

> 白茆湖，在邵伯鎮西南角。昔置斗門一所，遇運河涸，則引湖水以注焉。〔冊十八卷二二六一頁二十四　六模〕（《輯佚》五三八頁）

佚文中所述白茆湖，嘉靖、道光《海門縣志》均未見載，明萬曆《揚州府志·河渠下》載：「（府治）東北四十五里，在邵伯西，舊建斗門橋。官河水涸，則引用湖水濟漕。」〔註57〕所述與佚文基本相同，不過，佚文稱湖在邵伯鎮西南，而萬曆《揚州府志》稱在鎮西，略有不同。

〔註53〕《明史》卷四十，《中華書局》1974 年 4 月第 1 版。
〔註54〕（清）莊泰弘修，李兆星纂：《海門縣志》卷首，國家圖書館藏清順治 13 年（1656）刻本（數字方志）。
〔註55〕（明）吳宗元修、崔桐纂：《海門縣志》卷首，《天一閣方志選刊》，1964 年上海古籍書店據寧波天一閣藏明嘉靖原刻萬曆增刻本影印。
〔註56〕張國淦：《永樂大典方志輯本》，《張國淦文集四編》，北京燕山出版社 2006 年 5 月第 1 版，第 856 頁。
〔註57〕（明）楊洵修、徐鑾纂：《揚州府志》卷六，《北京圖書館古籍珍本叢刊 25》，書目文獻出版社 2000 年 7 月版。

二、《大典》本《興化縣志》及其佚文研究

興化縣，明代屬高郵州。據《明一統志》載：「在州東一百二十里，本唐海陵縣地，楊吳始置興化縣，屬揚州，南唐屬泰州。宋建炎中隸承州，紹興初改為鎮，屬海陵。後復為縣，屬高郵軍。元仍舊，本朝因之，編戶六十二里。」〔註58〕《明史·地理一》：「興化，（高郵）州東。南有運河。東有得勝湖。東北有安豐巡檢司。又東北有鹽場。」〔註59〕

關於《興化縣志》的編修源流，咸豐《重修興化縣志》卷首有萬曆十九年興化知縣歐陽東鳳（字千仞）所纂《序》曰：「東鳳承乏茲土，獲睹舊志，世代沿襲，碌落錯陳，爰起世宗末裸，以抵萬曆三四十年，文獻凋謝，往迹疏闊失時，不修將成缺典，竊有憾焉。……胡志久佚，序無從錄。」《序》中所言舊志，應即嘉靖間縣令胡順華所撰之嘉靖《興化縣志》。但同書卷首邑人李清《康熙興化縣志序》載：「興化舊志有二，一出縉紳胡公時可手，一出邑父母歐陽千仞手，猶前志也。自茲以還沈閣不修者近百裸矣。」胡順華，據《宦績傳》載：「字賓甫，湖廣武陵進士。嘉靖中知縣。」因此，他與胡時可應非同一人，且其為知縣，李清《序》中稱「縉紳」胡時可，亦說明此胡非彼胡。胡時可生平不詳，不過《全宋詩》收錄有詩人胡時可《賦滕王閣謁辛稼軒》一首，李清《序》所言之胡時可，是否即南宋詩人胡時可，俟考。《永樂大典》收錄的《興化縣志》其編纂時間應當在明永樂六年以前，或即「縉紳胡公時可所撰」。〔註60〕

張氏《輯本》無此志，馬氏《輯佚》輯錄佚文1條：

省倉，在縣治之西，常平倉附焉。〔冊八一卷七五一六頁十一〕（《輯佚》五三八頁）

佚文所載之省倉，萬曆、康熙、咸豐《興化縣志》均未見載，雖內容很少，亦不失為明永樂以前興化縣的一條經濟資料。

〔註58〕 李賢等纂修：《明一統志》卷一，文淵閣《欽定四庫全書》本。

〔註59〕 《明史》卷四十，《中華書局》1974年4月第1版。

〔註60〕 （清）梁園棣等纂修：《重修興化縣志》卷首，《中國方志叢書》據咸豐二年刊本影印，臺北成文出版社1970年8月臺一版。

第六章　鎮江地區《大典》本佚志及
其佚文研究

第一節　鎮江建置沿革及其方志編修源流

　　《明一統志》載鎮江建置沿革云：「禹貢揚州之域，天文斗分野。春秋時為吳地，後屬越，越敗屬楚。秦屬會稽郡，漢初為荊國，後屬江都國，國除復屬會稽郡。東漢屬吳郡，三國吳初都於此。及遷都秣陵，乃遷置京口鎮。晉屬毗陵郡，東晉僑置徐兖二州，號為北府。劉宋以南徐州治京口，又置南東海郡。隋廢州及郡為延陵鎮，屬蔣州，開皇中置潤州；大業初，州廢，以其地屬江都郡。唐初，復置潤州，治丹徒，天寶初改丹陽郡，乾元初復為潤州，又升丹陽軍；建中初改號鎮海軍。南唐以為重鎮。宋開寶末，改鎮江軍；政和中升鎮江府。元改鎮江路，屬江浙行省。本朝初為江淮府，後改鎮江府，直隸京師，領縣三：丹徒縣、丹陽縣、金壇縣。」〔註1〕由此可知，由於建置的變更，鎮江地名隋代以前稱南徐州，其沿用舊稱者稱京口；唐代稱潤州；宋代未改府以前稱潤州，改府以後稱鎮江府；元代稱鎮江路，明清兩代皆稱鎮江府。張國淦《中國方志考》考出劉宋至清代鎮江諸方志的志目，其中永樂以前鎮江方志十二種，其目如下：

　　《南徐州記》二卷宋山謙之纂，《隋書・經籍志》二、《舊唐書・經籍志》上、《唐書・藝文志二》，佚。金�王氏《漢唐遺書鈔》輯本。

〔註1〕（明）李賢等纂：《明一統志》卷十一，文淵閣《欽定四庫全書》本。

《京口記》二卷宋劉損纂,《隋書‧經籍志》二,《舊唐書‧經籍志》上,《唐書‧藝文志》二,佚。

《潤州圖注》二十卷唐孫處玄纂,《唐書‧藝文志》二,佚。

《□□圖經》《太平寰宇記》八十九,江南東道引,佚。

《□□舊圖經》《輿地紀勝》七,鎮江府引,佚。

《潤州圖經》宋大中祥符□年,《輿地紀勝》七,鎮江府引,佚。

《鎮江志》十卷,乾道□年,教授熊克纂。《宋史‧藝文志》二,佚。

《鎮江志》二十二卷卷首一卷,嘉定六年,知鎮江府史彌堅修,教授盧憲纂。儀徵阮文選樓焦山書藏鈔本,丹徒包氏道光校刊本,丹徒陳氏宣統重刊本。

嘉定《鎮江志續》□卷嘉定十六年,知鎮江府趙善湘修,教授何澹纂,佚。嘉定《鎮江志》附錄輯十二條。

《咸淳鎮江志》□卷咸淳元年,知鎮江府陳均,趙汝楳等修,西廳通判方逢辰、永嘉黃國用纂。

,佚,嘉定《鎮江志》附錄輯六十條。

至順《鎮江志》二十一卷卷首一卷,元至順□年,丹徒俞希魯纂。儀徵阮氏文選樓焦山書藏鈔本,丹徒包氏道光校刊本,國學圖書館景鈔本,金陵圖書館、燕京圖書館傳鈔本。

《鎮江府志》□卷明永樂三年,知府羅觀修,丹徒丁禮纂,佚。嘉定《鎮江志》附錄輯二十二條。〔註 2〕

從建置沿革來看,鎮江得名始於宋開寶末,則以「鎮江」名志,當皆為宋代開寶以後修纂。

第二節 《大典》本《鎮江志》、《鎮江府志》及其佚文研究

一、《大典》本《鎮江志》、《鎮江府志》的編纂情況

馬氏《輯佚》收錄以鎮江命名的方志共有兩部,即《鎮江志》、《鎮江府志》和《京口續志》。張氏《輯本》無《鎮江志》,馬氏《輯佚》【倉廩】佚文中,「大軍倉」條末有「至元十二年改置,以受本路官民租糧。」(《輯佚》五四五頁) 的記載,「香糯倉」條中有「至元十二年,改置以受本路,及常州路上供

〔註 2〕張國淦:《中國方志考‧舊蘇州府》,《張國淦文集三編》,北京燕山出版社 2004 年 10 月北京第 1 版,第 176 頁。

香糯。」（《輯佚》五四六頁）的記載，說明此志應爲元代至元十二年以後所修。

　　《大典》本《鎮江志》【倉廩】類佚文中，還有這樣的記載：「常平倉，在府治南。潤之有倉，自齊始。」（《輯佚》五四三頁）以及「都倉，在府治之東南，即學宮故址也。」（《輯佚》五四五頁）鎮江在元代稱鎮江路，佚文中稱府，應非元代所纂。由鎮江建置沿革可知，宋、明均曾設有鎮江府，但既然由佚文得知此志爲至元十二年以後所修，則此志只會是纂於明代，而非宋志，其纂修時間應在明代洪武初至永樂六年之間，從上鎮江府志的編修源流來看，此志應當即是明永樂三年，知府羅觀修，丹徒丁禮纂的《鎮江府志》。

　　《大典》本《鎮江府志》，張氏《輯本》收錄，且考釋曰：

　　案：《大典》引《鎮江府志》凡二條。宋鎮江軍，後升府；元鎮江路；明初江淮府，洪武四年改鎮江府。《大典》引嘉定《鎮江志》，又《鎮江志》，錄入後編，見存宋、元《鎮江志》刊本。此《鎮江府志》今刊本不見，茲據綠作明志。《文淵閣書目・新志》：「《鎮江府志》」，當即是志。〔註3〕

　　張國淦先生根據鎮江建置沿革，唯有宋、明有鎮江府，且宋、元《鎮江志》刊本中無《鎮江府志》，遂將《大典》本《鎮江府志》錄爲明志，其說可從。此《鎮江府志》與上述《鎮江志》當是一志。《大典》中稱《鎮江志》或《鎮江府志》，應當是《大典》錄入時採用不同名稱所造成的，其規範名稱當是永樂《鎮江府志》。

　　永樂《鎮江府志》的修者羅觀，據乾隆《鎮江府志》卷三十四及光緒《丹徒縣志》轉錄康熙《丹徒縣志》之「羅觀傳」，初爲丹徒令，治績稱最。永樂初，擢知鎮江府，聲績益著。學宮等頹圮，悉加完葺。羅觀知鎮江時「郡志久散佚」，他曾「纂輯梓行」。按舊志《職官志》未記羅觀在任之年，而繼任者鄭恒以永樂五年來任。據此推測永樂《鎮江府志》當修於永樂五年之前。乾隆《鎮江府志・舊志序》所收明丁元吉成化《鎮江府志序》稱：「《鎮江府志》勝過俞用中至順《鎮江志》，例加精密，而國朝永樂中先伯考蘭室先生續修之者，於茲百年，卷帙亦散逸矣。（元吉）深懼一郡可傳之事泯滅，於編殘簡脫風聲消歇之餘，慨然欲續先人之遺書而未及也。」成化後期熊祐，丁元吉重新纂修府志時，永樂《鎮江府志》雖然「編殘簡脫」、「卷帙散逸」，但尚有殘本，還沒有完全亡佚。丁元吉之「先伯考蘭室」即丁禮，是永樂《鎮江府

〔註3〕張國淦：《永樂大典方志輯本》，《張國淦文集四編》，北京燕山出版社2006年5月第1版，第867頁。

志》的實際執筆者，字思敬，號蘭室，明丹徒人，耽吟詠，工書箚。以耆年辟知南陽府，著作有《周禮補注》、《三餘集》、《蘭室吟稿》。據丁元吉《序》稱，永樂《鎮江府志》係續修元俞希魯至順《鎮江志》之作。〔註4〕

　　至順《鎮江志》的修纂人均可考。修者脫因是蒙古兀羅鱘人，亞中大夫。至順元年十一月至三年九月任鎮江路總管府總管，後以憂去職。纂者俞希魯，字用中，溫州平陽人，其父德鄰僑居京口，因家於此。初以茂才任處州獨峰書院、饒州長菇書院山長，擢慶元路儒學教授、歸安縣丞，歷官江山縣尹、永康縣尹。至正十六年以儒林郎、松江府判官致仕。希魯學識淵博、見聞宏肆，工古文，著作《竹素鈎玄》二十卷、《聽雨軒集》二十卷。據《江蘇舊方志提要》記載，此志成於至順三年（1332），原本久佚，民國重刻至順《鎮江志》卷首之至順《鎮江志二十一卷提要》稱：「此書自明以來藏書家絕無著錄之者，洵為罕觀之秘笈。」〔註5〕傳本為後人輯自《永樂大典》，其編纂體例多從嘉定《鎮江志》。

二、《大典》本永樂《鎮江府志》及其佚文研究

　　前文已述《大典》本《鎮江志》與《鎮江府志》實際上為同一部志書，即永樂《鎮江府志》。《鎮江志》佚文最多，包含了【山川】、【宮室】、【物產】、【倉廩】、【人物】、【詩文】、【古蹟】、【遺事】八個方面的內容，共53條佚文，其佚文數量，在現存《大典》本江蘇方志當中是比較多的。《鎮江府志》佚文3條，為湖泊與水利方面內容。現將二志佚文一併考釋如下。

　　《大典》本《鎮江志》【山川】中有三條佚文：龍目湖、練湖與練湖十二函。《大典》本《鎮江府志》【湖泊】佚文兩條均為「寺湖」，但內容不同。《大典》本《鎮江府志》收錄【水利】佚文1則，鎮惡經函。

　　【山川】、【湖泊】、【水利】：

　　龍目湖，在京峴山，秦時所拓。《潤州類集》或云梁武帝所拓，《寰宇記》：梁武帝望京峴盤紆似龍，拓其左右為龍目二湖。今失其所。矗齋周孚詩：「平湖認龍目，斷嶺記蜂腰。」注：《南徐州記》有龍目湖，今失其所，鶴林寺前山有名湖蜂腰者。〔冊二十卷二二七○頁二十　六模〕（《輯佚》五三九頁）

〔註4〕徐復、季文通主編：《江蘇舊方志提要》，江蘇古籍出版社1993年10月第1版，第729頁。

〔註5〕（元）脫因修，俞希魯纂：至順《鎮江志》卷首，《中國方志叢書》據民國十二年丹徒冒廣生重刊本影印，臺北成文出版社1975年□月臺一版。

此湖宋嘉定《鎮江志》未載，至順《鎮江志》中龍目湖條記載與佚文完全相同。宋《太平寰宇記》中記載了此湖，佚文中所載與之相合。但佚文中注曰，《南徐州記》中記載有龍目湖，《南徐州記》一書《舊唐書·經籍志》著錄爲劉宋山謙之所撰，《太平寰宇記》記載此湖爲梁武帝所拓。山謙之大約卒於公元 454 年後不久，而梁武帝生於公元 464 年，如果《寰宇記》中所載正確的話，即龍目湖爲梁武帝所開，佚文注《南徐州記》中有龍目湖的記載令人費解，況且《寰宇記》中並未載《南徐州記》有此記錄。故當以「秦時所拓」爲正，所謂「梁武帝所拓」乃是梁武帝重加修治耳。

練湖，在丹陽縣北，晉陳敏引水爲之，又號曲阿後湖。《世說》：謝中郎經曲阿後湖，問左右此是何水，答曰：「曲阿湖。」謝曰：「故當淵注淳者，納而不流。」〖冊二十卷二二七一頁十八　六模〗（《輯佚》五三九頁）

練湖十二函：戴家函，伍伯婆函，張函，堯函，胡函，已上並在上湖。洪家函，新函，觀松函、龍城後函、南石函、秋函，並在下湖。皆舊所置，宋淳熙重修。詳見練湖。〖冊一百卷九七六二頁十　二十二覃〗（《輯佚》五三九頁）

佚文介紹了練湖的位置，開鑿人以及別名，同時還記載了練湖上下湖各函的名稱。宋《太平寰宇記》載：「後湖亦名練湖，在縣北一百二十步。《南徐州記》云：晉時陳敏所立。《輿地志》云：曲阿出名酒，皆云後湖水所釀。故淳冽也。今按：湖水上承丹徒高驪覆船山馬林溪水，水色白，味甘。《輿地志》云：練塘，陳敏所立，過高陵水。以溪爲後湖。」〔註6〕佚文中《世說》云云，事見《世說新語》卷二，此「謝中郎」即謝萬。萬，字萬石，晉太傅謝安之弟，傳見《晉書》卷七十九。

宋嘉定《鎮江志·山川》中載：「練湖，《水經注》曰：晉陵郡之曲阿縣下，晉陳敏引水爲湖，周四十里，號曰曲阿後湖。《元和郡縣圖志》，練湖在縣北百二十步，周迴四十里，晉時陳敏爲亂，據有江東，務修耕織。令弟諧遏馬林溪以溉雲陽，亦謂之練塘，溉田數百頃。按《新唐書·地理志》：練塘周八十里。數與《水經注》、《元和郡縣圖志》及劉晏狀多寡不同」。〔註7〕後志的纂修基本上是繼承《嘉定志》中的記載而來。嘉定《鎮江志·山川》中還保留有其他文獻對此湖的記載：「蔡祐《雜記》云：湖之作，本緣運河，又有上湖在高印處京口諸山之南，水自馬林橋下，皆歸練湖。湖之底，高運河

〔註6〕（宋）樂史纂：《太平寰宇記》卷八十九，文淵閣《欽定四庫全書》本。
〔註7〕（宋）盧憲纂：嘉定《鎮江志》卷六，《中國方志叢書》據道光二十二年刊本影印，臺北成文出版 1983 年 3 月臺一版。

丈餘。昔年遇歲旱，運河淺，即開練湖斗門放水入河。古有石記言放湖水一寸，則運河水長一尺。近歲練湖淺澱，上湖皆爲四近民田所侵，畜水不多，隄岸斗門多不修治，若遇旱，則練湖不足以濟運河夾崗之淺。」（同前）蔡祐《雜記》記載了練湖的發源，湖與運河的相對位置以及遇旱時放湖水入運河的消漲狀況等，也是十分難得的水利資料。

關於練湖的水利設施，《嘉定志·山川》中載：「淳熙二年秋旱，文惠錢良臣時爲總領，請以縣官緡錢及粟，募民力濬湮湖，治隄之圮而穴者，以助荒政。上命之詔使歸與郡太守，具聞大資沈復自蜀移守，相與計徒庸。度疆域集三邑少壯之可任者濬治之。教官陳伯廣爲記，其略曰：自長山，合八十四流而爲辰谿，自辰谿而爲湖，湖又自別爲重。湖隄環湖四十里，而築高於舊者六尺加厚四十尺，而半殺其上。舊疏爲斗門者五個，爲石墥者三，爲石函者十有三，皆以備蓄泄也。今加版於墥十有二寸，加函之管數倍之，而易十門之柱以石者。□函之數均用民力二十二萬六千二百九十有七，總爲米一萬八千八十石，爲錢二千一百三十一萬四千八百，皆有奇而錢出於郡帑者五之三。鳩工於冬十二月之戊寅粵明三月朔而班其役。湖分上下，上湖：橫壩、東西斗門、順濟斗門、橫壩石墥、涇州石墥、令公函、戴家函、伍伯婆函、張函、堯函。下湖：南北斗門、姚婆石墥、胡頭函、洪家函、新函、蔡陂函、觀松函、龍城後函、南石函、秋函。」（同前）

民國十二年丹徒冒廣生重刻本至順《鎮江志·地理》下有「函」門，「丹陽縣」下載：「 練湖令公函、戴家函、伍伯婆函、張函、堯函在上湖。胡頭函、洪家函、新函、蔡陂函、觀松函、龍城後函、南石函在下湖。皆舊所置，宋淳熙中重修。詳見練湖陳伯廣記文。」〔註8〕佚文雖稱練湖十二函，而實際上只錄有十一函。函是一種蓄泄水的水利設施，如下文「鎮惡經函」佚文中蔡祐雜記載：自郡城至丹陽中路謂之經函，東西貫於河底。河西有良田數十頃，乃江南名將林仁肇莊。地勢低於河底，若不置經函泄水，即瀦而爲湖，不可爲田。經函高四尺，闊亦如之，皆巨石磨琢而成，縫甚緻密，以鐵爲窗櫺，自運河泄水，東入於江。（《輯佚》輯佚五五一頁）可知所謂「函」之大概。嘉定《鎮江志》、至順《鎮江志》中」上湖」中均載有「令公函」，佚文中未見載，但佚文中卻載有「胡函」，故疑佚文中「胡函」爲「令公函」之誤，或永樂間續修《鎮江志》時，「令公函」已更名爲「胡函」。

〔註8〕（元）脫因修，俞希魯纂：至順《鎮江志》卷二，《中國方志叢書》據民國十二年丹徒冒廣生重刊本影印，臺北成文出版社1975年□月臺一版。

　　下湖，與宋嘉定《鎮江志》中相比，《至順正江志》中脫「秋函，」而《大典》佚文中脫「胡頭函」與「蔡陂函」，大概此二函至明代已經不存。

　　相比較而言，在現存鎮江方志中，關於明代以前練湖及其水利設施的記載，以宋嘉定《鎮江志》中所保留的記載最爲詳細。佚文「十二函」與《至順志》相近，當襲自《至順志》。

寺湖，在丹徒縣十八里。〔《輯佚》五五一頁）〕〔冊二十卷二二六七頁三十　六模〕（《輯佚》五五一頁）

　　此條語意不通，不知其方位所在。今檢至順《鎮江志》，此條爲：「寺湖，在城南十八里。」可知《大典》本中「寺湖」條佚文「丹徒縣」後脫一「南」字。

寺湖，在餘姚縣東北五十里，周八十餘里。北有土門。」〔冊二十卷二二六七頁三十　六模〕（《輯佚》五五一頁）

　　佚文中有「在餘姚縣東北五十里」，餘姚縣即今餘姚市，位於浙東寧波平原，秦時即置餘姚縣（一說漢建），屬會稽郡。東漢建安五年（200）始築縣城，爲浙東古縣城之一。《永樂大典》本《鎮江府志》此條關於「寺湖」的記載，應屬浙江方志內容，有可能是《大典》的誤收，致張氏《輯本》、馬氏《輯佚》誤輯。

鎮惡經函，在郡城至丹陽中路，橫貫河底。蔡祐《雜記》：京口漕河，自城中至奔牛堰一百四十里，皆無水源，仰給練湖。自郡城至丹陽中路謂之經函，東西貫於河底。河西有良田數十頃，乃江南名將林仁肇莊。地勢低於河底，若不置經函泄水，即瀦而爲湖，不可爲田。經函高四尺，闊亦如之，皆巨石磨琢而成，縫甚緻密，以鐵爲窗櫺，自運河泄水，東入於江。中門獻議者，欲自京口瀹河極深，引江水灌於毗陵，與太湖水相通，可省呂城、奔 牛二閘，其間別有利害，亦以經函不可開，其議竟不行。〔冊一百卷九七六二頁七　二十二覆〕（《輯佚》輯佚五五二頁）

　　經函實際即是一種水閘，可以泄水，防止良田被淹沒。至順《鎮江志・地理》之「函」門中亦有記載，在丹徒縣下，曰：「經函，在郡城至丹陽中路，橫貫河底。」與《大典》本《鎮江府志》佚文比對，「經函」前脫「鎮惡」二字，應是此函的名稱。〔註9〕佚文林仁肇爲五代南唐時名將，《馬氏南唐書》載：「建陽人也，剛毅有膂力，姿質偉岸，文身爲虎兒，因謂之林虎兒。」其

────────────

〔註9〕（元）脫因修，俞希魯纂：至順《鎮江志》卷二，《中國方志叢書》據民國十二年丹徒冒廣生重刊本影印，臺北成文出版社 1975 年□月臺一版。

爲將堪稱忠勇之士，後被宋太祖趙匡胤設反間計所殺。「初，仁肇見知於陳喬，喬曰：『仁肇將外，吾掌機務，國雖迫蹙，未易圖也。』及仁肇死，喬歎曰：『事勢如此，而殺忠臣，吾不知其死所矣。』」〔註10〕佚文中蔡祐記錄南唐林仁肇，當是宋或元人，而非北周大將蔡祐，《宋史》、《元史》皆無其人記錄，俟考。

【人物】：

《大典》本《鎮江志》中【人物】類佚文共 7 條，記錄有晉代、南朝、宋代時的人物。

有關宋代丞相陳升之的記載。其佚文內容如下：

陳升之。陳丞相升之自建來，從子禧、豫實與俱，以升之奏補，禧終員外郎，管當在京儀鸞司。子琳選調，豫中奉大夫。四子，機、桶最知名。機知信州、楚州、淮南漕、知衢州。桶敷文閣待制。三子皆升朝。禧之弟繼升之後即鎮也，今繼升之後者禧之元孫箕。詳見耆舊傳。鎮亦升朝。子耆，從政郎。禧之孫雅言、嘉言。嘉言之子應□，三舉於鄉。箕，應□之子也。又陳升之字暘叔，建安人，居丹徒。位至丞相，封秀國公。升之本由進士及第，然以其非茲郡所舉，故略而不載，至其子孫由此鄉舉而登第者則書之，後皆倣此。

閱，升之子，宣議郎，無子。

閎，閱弟，大理評事，蚤卒。

禧，升之從侄，員外郎，管當在京儀鸞司。

孫應（許），見科舉類。

豫，禧弟，中奉大夫。

鎮，亦禧之弟，升之命爲後，終宿州符離知州。

憬，升之孫，閎子，承務郎。

耆，鎮子，從政郎。

琳，禧子，迪功郎。

機，豫子，知信州、楚州、淮南漕、知衢州。

桶，機弟，敷文閣待制。

（晉），桶孫，朝散郎，知英州。

岍，（晉）弟，朝奉郎，通判和州。

（鈄），岍弟，通直郎，知江陰縣。【冊四五卷三一四一頁五　九眞】（《輯佚》五四六頁）

記載了陳升之子侄及其後人的宗族脈絡、仕宦情況，《大典》本《鎮江志》中保留的這些內容著類似於家譜與譜牒類的性質，爲《大典》本江蘇方志佚文所僅見。

〔註10〕　（宋）馬令：《南唐書》卷二十三，文淵閣《欽定四庫全書》本。

《宋史・神宗二》載：「（夏四月）潤月乙未，陳升之罷爲鎮江軍節度使、判揚州。」又載「元豐二年夏四月丁巳，陳升之以檢校太尉依前同中書門下平章事、鎮江軍節度使、上柱國、秀國公致仕。」〔註11〕陳升之於北宋神宗年間，出任過鎮江節度使。他雖曾位至丞相、封秀國公，但《宋史》中無傳。《大典》本《鎮江志》的記載可以作爲《宋史》的補充。

元至順《鎮江志・人才》「僑寓」載：「陳升之，字暘叔。建安人，居丹徒，位至丞相，封秀國公。升之本由進士及第，然以其非茲郡所舉。茲略而不載。至其子孫由此鄉舉而登第者，則書之後皆倣此。《輿地紀勝》：升之博學多能，景祐擢進士甲科，既而在言路以直道自任，多所彈擊。仁宗擢樞密副使，神宗居位拜相，後居於潤，薨葬於潤，子孫因家焉。《方輿勝覽》：升之後居於潤，神宗朝拜相。沈存中《筆談》云：秀公治第，於潤極爲宏壯。宅成已疾，惟肩輿一登西樓而已。爲詩云：丞相旌旗久不歸，虛堂寧止歎伊威。綠槐樓間山蟬響，青草池塘野燕飛。蓋謂是也。」〔註12〕後面內容與佚文所載相同，佚文與其相比省略了不少。

由《輿地紀勝》記載可知，陳升之博學多能，爲諫臣而以直道自任，多所彈擊，神宗時居位拜相，後居住於鎮江，且薨後也葬於鎮江，子孫因而在鎮江居住下來。《大典》本《鎮江志》佚文中類似家譜的這些內容，是《至順志》中所無的。由此亦可看出《大典》本《鎮江志》，即丁禮所續修之《永樂志》，在續修《至順志》時，對原志的繼承並非原文照搬，而是有所增刪的。

吳欣之，晉陵利城人。元嘉末，弟慰之爲武進縣史。隨王誕起義，元兇遣軍主華欽討之，吏人皆散，慰之獨留見執。將死，欣之詣欽乞代弟命，辭淚哀切，兄弟皆見原。齊建元三年，有詔蠲表之。〔冊一百二三卷一二○一五頁五　二十有〕（《輯佚》五四八頁）

《南齊書・孝義》載：「吳欣之，晉陵利城人也。宋元嘉末，弟尉之爲武進縣戍，隨王誕起義，太初遣軍主華欽討之，吏民皆散，尉之獨留，見執將死。欣之詣欽乞代弟命，辭淚哀切，兄弟皆見原。建元三年，有詔蠲表。」〔註13〕吳欣之弟起義後見執將死，欣之乞代其弟死，討軍爲其義氣所感，兄弟二人都得存，佚文顯然錄自《南齊書》。

〔註11〕《宋史》卷十五，中華書局 1977 年 11 月第 1 版。
〔註12〕（元）脫因修，俞希魯纂：至順《鎮江志》卷十九，《中國方志叢書》據民國十二年丹徒冒廣生重刊本影印，臺北成文出版社 1975 年□月臺一版。
〔註13〕《南齊書》卷五十五，中華書局 1972 年 1 月版。

韋鼎，字超盛，其先京兆杜陵人。博涉經史。侯景之亂，鼎兄昂於京口戰死，負屍求棺無所得到，鼎哀憤慟哭，見江中有物流至鼎所，竊異之。往視乃新棺也。因以充斂，元帝聞之，以爲精誠所感云。（同前）

韋鼎，正史有傳，《隋書・藝術》載：「韋鼎，字超盛，京兆杜陵人也。高祖玄，隱於商山，因而歸宋。祖睿，梁開府儀同三司。父正，黃門侍郎。鼎少通脫，博涉經史，明陰陽逆刺，尤善相術。仕梁，起家湘東王法曹參軍。遭父憂，水漿不入口者五日，哀毀過禮，殆將滅性。服闋，爲邵陵王主簿。侯景之亂，鼎兄昂卒於京城，鼎負屍出，寄於中興寺。求棺無所得，鼎哀憤慟哭，忽見江中有物，流至鼎所，鼎切異之。往見，乃新棺也，因以充殮。元帝聞之，以爲精誠所感。侯景平，司徒王僧辯以爲戶曹屬，歷太尉掾、大司馬從事、中書侍郎。」〔註14〕

韋鼎爲人不僅博涉經史，明陰陽相術，品行以孝友聞名，其事蹟《至順志・人才》「孝友」下有載，亦屬「僑寓」類，內容與《大典》本《鎮江志》佚文同。至順《鎮江志》中此條內容應是取自《隋書》，但較之《隋書》所載爲精簡，《大典》本《鎮江志》應是繼承至順《鎮江志》原文。

梁劉遵。晉安王刺南徐州，遵爲治中，甚見賓禮。大同元年卒，王爲皇太子，深悼惜之，令曰：「吾昔忝朱方，從容坐首，良辰美景，清風月夜。鷁舟乍動，朱鷺徐鳴，未嘗一日不追隨，一時不會遇，酒闌耳熱，言志賦詩，校覆忠賢，推揚文史。益者三友，此實其人。」〖冊一百二四卷一二○一七頁八 二十有〗（《輯佚》五四八頁）

劉遵，《梁書》無傳。然《梁書・文學上》附及劉遵：「初，太宗在藩，雅好文章士，時肩吾與東海徐摛、吳郡陸杲、彭城劉遵、劉孝儀、儀弟孝威，同被賞接。」其中提到「彭城劉遵」，知其爲彭城人。晉安王即後來的簡文帝蕭綱。其與梁代名士肩吾等人同被晉安王「賞接」，佚文中的這段資料，記述了晉安王對劉遵的追念惋惜之情和對他的評價，稱其「益者三友，此實其人」，這些記述可爲正史作很好的補充。佚文中此條內容《至順志》中未見載，因此也有輯補後志的作用。

宋丁明，閉門讀書二十年，家事坐廢。手編事類曰《千門萬戶》，凡百卷；《諸史通考》二十卷，著《直說》五十篇。兩舉於鄉，以特恩補充官，老不可仕，奉祠家居。年八十，卒。鄉里私諡博雅先生。〖卷八五七○頁二十八〗（《輯佚》五四八頁）

至順《鎮江志・人才》「科舉」載，列入「土著」下，內容與佚文相同。

〔註14〕《隋書》卷七十八，《中華書局》1973 年 8 月第 1 版。

丁明，《宋史》無傳，光緒《金壇縣志・人物志一》「文學」下載：「丁明，字子公權子，自少嗜學爲人曠達而廉清。自託閉戶讀書二十餘年，家事坐廢，時時窮空。幾不能自存，未嘗有不足之色。手編事類凡百卷，《讀史通考》二十卷，著《直說》五十篇，兩舉於鄉，淳熙丁未以特恩對策授迪功郎，監潭州南嶽廟，轉修職郎。年八十五，卒。鄉里私諡之曰博雅先生，太常寺丞漫塘劉宰爲之誄。」〔註15〕《金壇縣志》記載較《大典》本《鎮江志》略詳，但佚文載手編事類名爲《千門萬戶》，爲《金壇縣志》所無，略可輯補後志。

丁明嗜學不倦，家事坐廢，雖常窮空，生存都快成問題，卻未嘗有不足之色，仍以讀書著述爲務，可謂好學之士也。

宋張恪，七歲而孤，事母兄孝友。居母喪三年，不入私室。祥禫踰年，猶不禦酒肉。致甘露屢降，白鵲來巢，兄有奇疾，或云惟人肉可療，恪刺股以進，迄用有瘳。〖冊一百二三卷一二○一五頁十一　二十有〗（《輯佚》五四八頁）

張恪，《宋史》無傳，至順《鎮江志・人才》「孝友」下載：「宋張恪，七歲而孤，事母兄孝友。居母喪三年，不入私室。祥禫踰年，猶不禦酒肉。致甘露屢降，白鵲來巢，兄有奇疾，或云惟人肉可療，恪刺股以進，迄用有瘳。紹興甲戌，旨濬漕渠，兄部役，以疾諉未報而歸。主者怒追逮，峻甚。恪隨以往，號泣請代，主者義而釋之。兄死而姪欲分，恪不能拒。既分而姪有緣役破家者，復爲之築室以居。人有訴水失當，坐沒入產，以資贖還之。擇良田數頃爲義莊。戶宗族之貧者，日用所需與嫁娶喪葬者，皆取具焉。又建家塾，延名士以訓族之子弟。歲旱亂，出積穀平糶價，以惠鄉里。流離者眾，則作茇捨道傍，竭廩瘵之藏爲粥以食，日不減數千人。赤子之遺棄者，鞠養之；孕婦之產子者，別室護藏之。兵興中，鄉人有二女流落他郡，遣人贖歸以畀其父。一日買妾，詰所自來，曰吾邑士某人之也。，流落以至於此，即屬其妻待以家人禮，具資裝嫁之工。人有盜白金者，事覺，願償以女，並所盜金，釋不問。政和間，鄉里疏其行爲八曰：孝友、慈儉、睦端、任恤，上之官守令及部使者以聞，不報，卒。今上曎諸張皆其裔也，子體純見科舉類。」〔註16〕《大典》本《鎮江志》佚文與之相比，內容少了許多，但由於現存《永樂大典》爲殘卷，我們尚很難確定《大典》本《鎮江志》佚文內容是否爲原

〔註15〕（清）丁兆基修、汪國鳳纂：《金壇縣志》卷九，國家圖書館藏清光緒 11 年刻本（數字方志）。

〔註16〕（元）脫因修，俞希魯纂：至順《鎮江志》卷十九，《中國方志叢書》據民國十二年丹徒冒廣生重刊本影印，臺北成文出版社 1975 年□月臺一版。

志中關於張恪記載的全部。從至順《鎮江志》中的記載來看張恪的不僅有孝行，而且其輕財好施，扶危濟困的善行亦爲鄉里所稱道感念，這應當屬於其「友」的一面。

> 行大司農司提控。馬謙，字受益。劉恤方，字稷卿。〖冊一百三五卷一三〇八四頁二十　一送〗（《輯佚》五四九頁）

此二人，《元史》無傳。至順《鎮江志·刺守》「知事」下載：「劉卹方，字稷卿，大名人，將仕佐郎，大德三年四月二日至八年十一月十七日代。」（同前，卷十五）至順《鎮江志·寓治》下有「元行大司農司，至元二十四年立，元貞元年省」，其下有「提控令史」條載：「馬謙　字受益。劉卹方，字稷卿。」佚文中作「劉恤方」，「恤」與「卹」爲同字異體。一稱」提控令史」，一稱「行大司農提控」，內容與佚文相同，但行文略有差異。

> 晉樓梲，通直郎，淳祐十年四月至。〖冊二百卷七三二三頁十二〗（《輯佚》五四九頁）

《晉書》無傳，至順《鎮江志·參佐》「簽判」下有載，內容與佚文同。

【宮室】：

處士堂。龍華會在山麓有趙處士堂。〖冊六九卷七二三五頁十　十八陽〗（《輯佚》五三九頁）

嘉儒堂。總領所堂曰嘉儒，景定五年總領陸景思建。〖冊六九卷七二三五頁十二　十八陽〗（《輯佚》五四〇頁）

三賢堂。縣令徐文度立。郡豪校書陳模汜、國錄李琪製迎送神辭，蘇庠勉陳東赴京手帖在焉。〖冊六九卷七二三六頁十二　十八陽〗（《輯佚》五四〇頁）

眾賢堂。丹陽縣學有堂三間，舊在縣圃曰三賢堂。始祠蘇丞相頌、陳修撰東、蘇居士庠。或曰蘇丞相讀書堂也。宋嘉定間，徐宰文度遷於學之西廡，歲久弗葺。寶祐五年，趙宰與懍改建，增以濂洛諸儒，而易其名曰眾賢。〖冊七十卷七二三七頁七〗（《輯佚》五四〇頁）

佚文處士堂、嘉儒堂皆不見載於現存之至順《鎮江志》，宋元二《史》亦不見載，是難得的鎮江古代宮室資料。佚文「三賢堂」即後之「眾賢堂」，爲縣令丹徒縣令徐文度所立，始祠蘇頌、陳東、蘇庠三賢人，寶祐五年，縣宰趙與懍改建，增祀濂洛諸儒，易其名稱曰「眾賢」。

三賢堂所記三賢，《宋史》皆有傳，蘇頌，爲北宋名臣，《宋史》稱其「有德量」，傳載：「字子容，泉州南安人。……頌器局閎遠，不與人校短長，以禮法自持。雖貴，奉養如寒士。自書契以來，經史、九流、百家之說，至於圖緯、律呂、星官、算法、山經、本草，無所不通。尤明典故，喜爲人言，

亹亹不絕。朝廷有所製作，必就而正焉。嘗議學校，欲博士分經；課試諸生，以行藝爲升俊之路。議貢舉，欲先行實而後文藝，去封彌、謄錄之法，使有司參考其素，行之自州縣始，庶幾復鄉貢里選之遺範。論者韙之。」〔註17〕

陳東，傳曰：「字少陽，鎮江丹陽人。早有雋聲，俶儻負氣，不戚戚於貧賤。蔡京、王黼方用事，人莫敢指言，獨東無所隱諱。所至宴集，坐客懼爲己累，稍引去。以貢入太學。欽宗即位，率其徒伏闕上書，論：『今日之事，蔡京壞亂於前，梁師成陰謀於後。李彥結怨於西北，朱勔結怨於東南，王黼、童貫又結怨於遼、金，創開邊隙。宜誅六賊，傳首四方，以謝天下。』言極憤切。明年春，貫等挾徽宗東行，東獨上書請追貫還正典刑，別選忠信之人往侍左右。金人迫京師，又請誅六賊。時師成尙留禁中，東發其前後奸謀，乃謫死。」（同前，卷四百五十五）陳東爲人正直感言，不畏姦臣，終爲所害，可敬可歎！

蘇庠，《宋史‧隱逸下》載：「時又有蘇庠者，丹陽人。紳之後，頌之族也。少能詩，蘇軾見其《清江曲》，大愛之，由是知名。徐俯薦其賢，上特召之，固辭；又命守臣以禮津遣，庠辭疾不至，以壽終。」（同前，卷四百五十九）

宋盧憲修纂的嘉定《鎮江志‧公廨》下「丹徒縣」有「三賢堂」條載：「令徐文度立，郡貳校書陳謨紀，國錄李琪製迎送神辭，蘇庠勉陳東赴京手帖在焉。」佚文中「郡豪校書陳模汜」，《嘉定志》記載爲「郡貳校書陳謨紀」，前者恐爲傳抄之誤。

存心堂。通判廳南，在譙門外之西，堂曰存心，林中建。〔冊七一卷七二四○頁七　十八陽〕（《輯佚》五四○頁）

嘉定《鎮江志‧職官》「通判」下「南廳壁記」（即錄於通判廳南壁）載：「林中，未詳何年人，嘗建存心堂在潘友文之先，則開禧以前人也。」〔註18〕

修己堂。金壇縣廳事後有堂，曰修己。大德三年達魯花赤阿老瓦丁、尹徐克敏建，有記刻石。〔冊七一卷七二四○頁三十一　十八陽〕（《輯佚》五四○頁）

仁本堂。總領所堂曰仁本，淳祐九年總領余晦建。〔冊七一卷七二四一頁一　十八陽〕（《輯佚》五四○頁）

〔註17〕　《宋史》卷三百四十，中華書局 1977 年 11 月第 1 版。
〔註18〕　（宋）盧憲纂：嘉定《鎮江志》卷十六，《中國方志叢書》據道光二十二年刊本影印，臺北成文出版 1983 年 3 月臺一版。

余晦，《宋史》有載而無傳。《癸辛雜識》載：「余晦字養明，四明人，小有才，趙與之罷京尹，晦實繼之，此壬子四月也。」〔註19〕

至順《鎮江志》「宋總領所」下載：「余晦，通直郎，太府丞，淳祐九年五月至。」〔註20〕知此仁本堂應其任上所建。《大典》本《鎮江志》的記載與此合，當是沿襲《至順志》余晦淳祐九年就已至總領所任職，蓋此時尚未任總領一職也。

玉笈齋。通判南廳齋曰玉笈，乾道中陸游建。〖冊三十卷二五四〇頁二十三　七皆〗（《輯佚》五四〇頁）

嘉定《鎮江志·職官》「通判」下「南廳壁記」載：「陸游通直郎，乾道元年。」〔註21〕此齋應是陸游在鎮江任職時所撰。

妙高臺。龍遊寺在金山，有臺曰妙高。元祐初主僧了元立，蘇東坡有詩。〖冊三十卷二六〇三頁十一　七皆〗（《輯佚》五四〇頁）

妙高臺，《清一統志》載：「宋僧了元建，在金山上，一名曬經臺。有聖祖御製妙高臺詩，乾隆三十年四十五年。」〔註22〕《江南通志》載：「鎮江金山寺，在金山，晉時建，名澤心，宋時屢易名。自元以來，通謂金山寺，山後有塔，絕頂爲妙高臺。臺下爲楞伽室，宋蘇軾嘗書《楞嚴經》於此，凡樓閣亭軒及庵堂之屬，凡四十有四。」〔註23〕知此臺亦名曬經臺。佚文中之龍遊寺，即澤心寺，又名江天寺，金山寺，清《丹徒縣志·寺觀》載：「江天寺在金山，舊名澤心。《太平寰宇記》：金山澤心寺在城西北揚子江。《山水志》云：寺未詳創始，虞集《金山萬壽閣記》謂山有佛祠始建於晉明帝時，不知到所據，《嘉慶志》亦云。趙孟頫又謂創於晉元帝時，未知孰是。梁天監中水陸儀成，嘗即寺修設《嘉慶志》云：《祥符圖經》謂始於唐因頭陀開山，誤也。至順《鎮江志》：「宋祥符五年改山曰龍遊，天禧五年復名金山，而以龍遊名寺咸平初澤心寺僧幼聰獻山圖詔遣內侍藍維宗賜《大藏經》，祥符五年詔改山名曰龍遊。天禧五年又遣內侍江德明就飾佛像，給錢三百萬，市木修寺，寺僧求表舊名，詔山曰金山寺曰龍遊。政和四年改爲神霄玉萬壽宮，南渡後仍爲寺而

〔註19〕　（宋）周密撰，吳企明點校：《癸辛雜識》，中華書局1988年1月版本。

〔註20〕　（元）脫因修，俞希魯纂：至順《鎮江志》卷十七，《中國方志叢書》據民國十二年丹徒冒廣生重刊本影印，臺北成文出版社1975年□月臺一版。

〔註21〕　（宋）盧憲纂：嘉定《鎮江志》卷十六，《中國方志叢書》據道光二十二年刊本影印，臺北成文出版1983年3月臺一版。

〔註22〕　（清）徐乾學、方苞等纂：《清一統志》卷六十二，文淵閣《欽定四庫全書》本。

〔註23〕　（清）趙宏恩等監修：《江南通志》卷四十五，文淵閣《欽定四庫全書》本。

毀於火，淳熙中僧蘊衷重加修創。」〔註24〕

　　從至順《鎮江志》之記載可知，龍遊寺原名澤心寺，天禧五年「詔山曰金山寺曰龍遊」，方稱此名。而《江南通志》謂元以後通金山寺，佚文仍稱龍遊寺，蓋用舊名也。佚文載此臺爲僧人了元立，了元即佛印禪師，《佛祖歷代通載》載：「雲居佛印了元禪師，字覺老，生饒州浮梁林氏。世業儒，父祖皆不仕。元生二歲，琅琅誦論語諸家詩，五歲誦三千首。既長從師授五經，略通大義。」〔註25〕《續傳燈錄》載禪師：「年將頂角博覽典墳，卷不再舒洞明今古，才思俊邁風韻飄然，志慕空宗投師出家。試經圓具感悟夙習，即遍參尋投機，於開先法席，出爲宗匠。九坐道場，四眾傾向名動朝野。神宗賜高麗磨衲金鉢以旌師德。」〔註26〕，知爲當時高僧，住金山寺時，與東坡居士常有往來交流，東坡多蒙其化。二人一僧一俗，問答酬對，爲後世傳爲佳話。

　　佚文中提到的「蘇東坡有詩」，《全宋詩》亦見收錄，題爲《金山妙高臺》，其文如下：「我欲乘飛車，東訪赤松子。蓬萊不可到，弱水三萬里。不如金山去，清風半帆耳。中有妙高臺，雪峰自孤起。仰觀初無路，誰信平如砥。臺中老比丘，碧眼照窗幾。巉巉玉爲骨，凜凜霜入齒。機鋒不可觸，千偈如翻水。何須尋德雲，即此比丘是。長生未暇學，請學長不死。」〔註27〕東坡詩記述其往金山妙高臺參訪高僧的事蹟，詩中的「老比丘」應即佛印禪師。其「中有妙高臺，雪峰自孤起。仰觀初無路，誰信平如砥。」二句詩即是對妙高臺形勢的描述。

　　煉丹臺。普濟寺在焦山山頂，有臺曰煉丹。舊傳爲焦光煉丹之所。〖冊三十卷二六〇四頁二十　七皆〗（《輯佚》五四〇頁）

　　《江南通志》與《清一統志》亦多處記載煉丹臺，分別在高淳縣、太湖縣與海城縣等地，佚文中焦光之煉丹臺未見記載。普濟寺，又名普濟禪院，嘉定《鎮江志》載：「普濟禪院，在焦山，《祥符圖經》不載始建歲月，但云宋朝改今名。僧了元自序元祐三年春普濟庵乏主者，白太守楊公乞居於此院，

〔註24〕　（清）何紹章等修，楊履泰等纂：《丹徒縣志》卷六，《中國方志叢書》據清光緒五年刊本影印，臺北成文出版社 1970 年 5 月臺一版。

〔註25〕　（元）念常撰：《佛祖歷代通載》卷十九，《北京圖書館珍本古籍叢刊 77》，書目文獻出版社 2000 年 7 月版。

〔註26〕　（明）居頂撰：《續傳燈錄》卷五，《大正新修大藏經》（電子版），第 51 冊。

〔註27〕　北京大學古文獻研究所編：《全宋詩》卷八〇九，北京大學出版社 1991 年 7 月第 1 版。

舊有海雲堂、善財亭。」〔註28〕至順《鎮江志》載:「普濟寺在焦山,即焦光隱居之地《潤州類集》:舊經云,焦光所隱,故名。建寺之始舊失其傳,宋改今額。舊有海雲堂、善財亭。景定癸亥,寺燬於火,主僧德瞋復建,浮圖一。山頂有臺曰煉丹舊傳爲焦光煉丹之所。」〔註29〕佚文所載應承自前志。

焦光,至順《鎮江志・隱逸》「僑寓」下載:「魏焦光,皇甫謐《逸士傳》曰:世莫知焦光所出,或言生漢末,無父母兄弟。見漢衰,乃不言,常結草爲廬,冬夏袒露,垢污如泥。後野火燒其廬。光因露寢,遭大雪至。袒臥不移,人以爲死,就視如故。按魏書一作焦先。」(同前,卷十九)

正史中,焦光名焦先,《三國志・魏書》卷十一裴注載:「時有隱者焦先,河東人也。《魏略》曰:先字孝然。中平末,白波賊起。時先年二十餘,與同郡侯武陽相隨。武陽年小,有母,先與相扶接,避白波,東客揚州取婦。建安初來西還,武陽詣大陽占戶,先留陜界。至十六年,關中亂。先失家屬,獨竄於河渚間,食草飲水,無衣履。時大陽長朱南望見之,謂爲亡士,欲遣船捕取。武陽語縣:『此狂癡人耳!』遂注其籍。給廩,日五升。後有疫病,人多死者,縣常使埋藏,童兒豎子皆輕易之。然其行不踐邪徑,必循阡陌;及其捃拾,不取大穗;饑不苟食,寒不苟衣,結草以爲裳,科頭徒跣。每出,見婦人則隱翳,須去乃出。自作一瓜牛廬,淨掃其中。營木爲床,布草蓐其上。至天寒時,構火以自炙,呻吟獨語。饑則出爲人客作,飽食而已,不取其直。又出於道中,邂逅與人相遇,輒下道藏匿。或問其故,常言『草茅之人,與狐兔同群』,不肯妄語。」〔註30〕焦光的行迹雖然爲常人所難以理解,但其道德超然物表,不合俗流,常爲士人所稱羨,視其爲一代高隱。《三國志・魏書》裴注又載:「或問皇甫謐曰:『焦先何人?』曰:『吾不足以知之也。考之於表,可略而言矣。夫世之所常趣者榮味也,形之所不可釋者衣裳也,身之所不可離者室宅也,口之所不能已者言語也,心之不可絕者親戚也。今焦先棄榮味,釋衣服,離室宅,絕親戚,閉口不言,曠然以天地爲棟宇,闇然合至道之前,出群形之表,入玄寂之幽,一世之人不足以掛其意,四海之廣不能以回其顧,妙乎與夫三皇之先者同矣。結繩已來,未及其至也,豈群言

〔註28〕 (宋)盧憲纂:嘉定《鎮江志》卷八,《中國方志叢書》據道光二十二年刊本影印,臺北成文出版 1983 年 3 月臺一版。

〔註29〕 (元)脫因修,俞希魯纂:至順《鎮江志》卷九,《中國方志叢書》據民國十二年丹徒冒廣生重刊本影印,臺北成文出版社 1975 年□月臺一版。

〔註30〕 《三國志》卷十一,中華書局 1959 年 12 月第 1 版。

之所能彷彿，常心之所得測量哉！彼行人所不能行，堪人所不能堪，犯寒暑不以傷其性，居曠野不以恐其形，遭驚急不以迫其慮，離榮愛不以累其心，損視聽不以污其耳目，捨足於不損之地，居身於獨立之處，延年歷百，壽越期頤，雖上識不能尚也。自羲皇已來，一人而已矣！』《魏氏春秋》曰：故梁州刺史耿黼以先爲『仙人也』，北海傅玄謂之『性同禽獸』，並爲之傳，而莫能測之。」(同前) 從《高士傳》作者皇甫謐的描述來看，其行迹類似於《莊子》至德之世中的人物。

　　佚文記煉丹臺傳爲焦光煉丹之所，似與道家人物相彷彿，知鎮江焦山應爲佛道文化的薈萃之地。

　　上述幾條《大典》本《鎮江志》宮室類佚文價值很高，是珍貴的鎮江古蹟資料。佚文中所載堂、臺，民國十二年丹徒冒廣生重刻本至順《鎮江志》中所列諸堂、臺按先本府後屬縣的順序記載，其中「堂」門下，丹陽縣、金壇縣下均記爲「缺」，「臺」門下本府、丹徒縣、丹陽縣，均記爲「缺」，僅金壇縣下有「武功臺」一條記錄。檢《續修四庫全書》中之至順《鎮江志》也沒有也沒有佚文中所記載的上述諸堂、臺、齋。《中國地方志聯合目錄》中所載清嘉慶間《委宛別藏本》(現在臺灣) 即《續修四庫全書》所影印版本，此外尚有清張氏愛日精廬抄本、民國五年 (1916) 傳抄阮元藏鎮江焦山抄本、道光二十二年丹徒包氏刻本等，無法一一得見。但前兩種版本至順《鎮江志》沒有記載，估計現存其他版本至順《鎮江志》中也無上述諸堂的記載。那麼有兩種可能，一種是至順《鎮江志》原本中也載有這些內容，但由於《至順志》原本久佚，現存本亦是從《永樂大典》中輯出後的抄本，上述諸堂、臺、齋爲抄本所漏輯，或傳抄時所遺漏。《江蘇舊方志提要》稱此志，「因繫傳抄，故缺漏所在皆有。如卷七《山水》，並北固、金山而無之」，因而，並不能排除這種可能性。另一種情況即是因《大典》本《鎮江志》是續至順《鎮江志》而作，至順《鎮江志》本無這些內容，上述諸堂應爲明永樂時丁禮續修《至順志》時所補入的，同樣，其它類目下的佚文，爲現存至順《鎮江志》中所沒有的內容，也應當屬於這兩種情況。不管是那種情況，《大典》中的鎮江方志佚文對於現存至順《鎮江志》來說，都有難得的補闕價值。如果某條內容兩志都有載，但《至順志》與佚文相校，文字上有差異或有脫漏，則應是由於該志的傳抄造成的。

　　佚文中玉笈齋、妙高臺均爲宋嘉定以前所建，但嘉定《鎮江志·宮室》中「臺」下均未記載。可見《大典》本《鎮江志》對於前志也有一定的輯補價值。

東武關屯，吳置，《輿地志》未詳其地。〖冊五二卷三五八七頁十二　九眞〗（《輯佚》五四一頁）

此條《至順志》載於卷十一《兵防》「丹徒縣」下，佚文內容與之相同，但由此可知此東武關屯在丹徒縣。

斗門。呂城夾岡二斗門，宋紹興中置。練湖橫堨東西斗門、順濟斗門在上湖，南北斗門在下湖，唐刺史韋損置。唐李華《復練塘頌》序曰：「大江具區惟潤州，其藪曰練塘，幅員四十里，膏潤數州。其傍大族強家，洩流爲田，專利上腴，畝收倍鍾，富劇溢衍，自丹陽、延陵、金壇環地三百里，數闔五萬室，旱則懸耜，水則具舟，人罹其害，九十餘祀。永泰元年十一月二十二日，刺史京兆韋公損爲潤州，素知截湖開壞，災甚螟螽，乃白本道觀察使、御史丞韋公元甫戒縣吏帥徒辟之。人不俟召，相呼從役，奮鍤蓋野，濬皇成谿，增理故塘，繚而合之。水覆其所，若海彌望。所潤者元，原隰皆春。於是疏爲斗門，旣然其流，又支其澤，沃瘠均品。河渠通流，商悅奠價，人勇輸賦，遐邇受利，豈惟此州。時前相國彭城劉尚書晏，統東方諸侯，平其貢稅額，聞而悅之，白三事以聞，詔書褒異焉。丹陽令杜孟寅秉公之淸白，延陵令李令從如公之愛人，金壇令胡玘稟公之成規，丹陽耆壽周孝環、百姓湯淸源等拜而請爲頌」云云。碑間有缺字，其略如此。唐末兵亂廢，南唐知丹陽縣事呂延貞復作，至宋復廢。紹聖中，蘇京重置，南渡侯又廢。淳熙中，總領錢良臣重修，迄今類之。〖冊四九卷三五二六頁二十　九眞〗（《輯佚》五四一頁）

此條佚文記載鎮江（唐稱潤州）練湖自唐至宋修築水利設施即斗門廢興的大致經過。據唐李華《復習練湖頌》，練湖未治理之前，九十餘載，人罹其害，永泰元年刺史韋損，設斗門疏導此湖，河渠通流，遠近受利。此後至宋淳熙間，這些水利設施，總領錢良臣重修，並一直沿用至明代。

唐代練塘修水利設施的事蹟，《新唐書·地理五》載：「潤州丹楊郡，望。……有練塘，周八十里，永泰中，刺史韋損因廢塘復置，以漑丹楊、金壇、延陵之田，民刻石頌之。」〔註31〕刺史韋損，正史無傳，嘉定《鎮江志·刺守》載：「韋損，永泰元年十一月二十二日，領潤州刺史，聲如颷馳，先詔而至。吏人畏服，男女相賀。即日上無貪剋，下無冤憤。丹陽縣練塘被百姓築堤橫截，以利害白本道觀察使韋元甫率徒辟之，民刻石頌德以唐《地理志》練塘碑及李華《復練塘頌序》、招隱大律師碑參定。」〔註32〕可知韋達任潤州刺史期間，聲名與功績並舉，並非名不副實之輩。

〔註31〕《新唐書》卷四十五，中華書局 1975 年 2 月第 1 版。
〔註32〕（宋）盧憲纂：嘉定《鎮江志》卷十四，《中國方志叢書》據道光二十二年刊本影印，臺北成文出版 1983 年 3 月臺一版。

佚文中《復練塘頌》作者李華,《舊唐書·文苑下》載:「李華字遐叔,趙郡人。開元二十三年進士擢第。天寶中,登朝爲監察御史。累轉侍御史,禮部、吏部二員外郎。華善屬文,……」〔註33〕《大典》本《鎮江府志》所載《復練塘頌》,《全唐文》中亦有收錄,全名爲《潤州丹陽縣復練塘頌(並序)》,其文如下:

大蜡之祭辭曰:「土反其宅,水歸其壑。」先王因流下而導之,故曰九川滌源;因迤彙而瀦之,故曰九澤既陂,以疏天地之氣,以利元元之用。崇伯汩五行而殛羽山,臺駘障大澤而封汾川,《洪範》首之,《春秋》載之。地有廣狹,事無今古。大江具區惟潤州,其藪曰練湖。幅員四十里,菰蒲菱芡之多,龜魚鼈蜃之生,厭飫江淮,膏潤數州。其傍大族強家,泄流爲田,專利上腴,畝收倍鍾,富劇淫衍。自丹陽、延陵、金壇環地三百里,數合五萬室,旱則懸耜,水則具舟,人罹其害九十餘祀,凡經上司紛紛與奪八十一斷。鳴呼!曲能掩直,強者以得之,老幼怨痛,沈聲無告。

永泰元年,王師大翦西戎。西戎既兌矣,生人舒息,詔公卿選賢良,先除二千石,以江南經用所資,首任能者。是歲十一月二十三日,拜常州刺史京兆韋公損爲潤州。聲如飆馳,先詔而至,吏人畏伏,男女相賀,即日上無貪刻,下無冤憤。公素知截湖開壞,災甚螟蜮,臨事風生,指斯以復。群謗雷動,山鎮恬然,中明獨裁,文之以禮。乃白本道觀察使兼御史中丞韋公元甫,中丞撫手愜心,如公之謀,且曰:「興利除害,得其人而後行。非常之政,敢歸叔父。」公乃申戒縣吏卒徒辟之。人不俟召,相呼從役,畚鍤蓋野,濬皐成溪。增理故塘,繚而合之,廣湖爲八十里,象月之規,儔金之固。水覆其所,如鯨巽射,洶洶隱地,雷聞泉中。先程三日,若海之彌望,灝灝如吞吐日月,沉沉如韞蓄風雨。所潤者遠,原隰皆春,耕者飽,憂者泰,於是疏爲斗門。既殺其溢,又支其澤,沃脊均品,河渠通流。商悅奠價,人勇輸賦,遐邇受利,豈惟此州!每歲萌,陰乘陽,二氣相薄,大雨時行,群潦奔流,水得所入,盈而無傷,龍見方雩,稼蒙其渥。時前相國彭城公劉尙書晏統東方諸侯,平其貢稅,聞而悅之,白三事以聞,詔書褒異焉。彭城公宣命至江南,捧詔授公。公率元僚、掾吏、令丞以下,至於耆艾,西向拜手,忻戴皇明。人心上感,天降嘉澤,如有神祇,昭協厥志。公正直而和,專靜而斷,嫉惡宥過,惠人察奸。純鈎精堅,

---

〔註33〕《舊唐書》卷二百,中華書局 1975 年 5 月第 1 版。

百鍊不耗，伐冰之貴，降從士禮。《詩》云：「靖恭爾位，好是正直。」宜其享多福也。吏人入賀，公拱而謝之曰：「尚書劉公、觀察韋公，奉行王澤也，鄙何力之有焉？」丹陽令杜孟寅秉公之清白，延陵令李令從如公之愛人，金壇令胡螢稟公之成規，及丹陽耆壽周孝瑰、百姓湯源等，拜手而請曰：「兌爲澤，兌悅也。水歸於澤，而澤悅於人。百年侵塞，而公啓之。臣哉鄰哉！克諧帝休，永代是式，三縣無災。若不碣而刻之，則命不揚於厥後，後之人無以倚負也。」華嘗學古，見訪爲頌。曰：望□□兮視冥冥，鳥開魚樂葭□生。膏腴利倍起訟爭，斯人怨抑痛無聲。韋公正直動神靈，百年淤□演爲清。饑者飫兮病者寧，詔書光寵恩濡榮。劃然毛嗇復皎明，追琢刻□頌芳馨。〔註34〕

　　與《全唐文》此篇相比，顯然佚文中的這篇《序》是由原文縮略而來，原文記載此事更爲詳細。但《大典》佚文對唐代韋損後修築練塘水利設施的地方官均給予記錄，具備一定的水利史料價值。

　　至順《鎮江志·地理》下有「斗門」，此條內容在「丹陽縣」下。所記內容與佚文基本無二，但至順《鎮江志》中「呂城夾崗二斗門，宋紹興中置」下有小注曰「詳見呂城石壩注」，佚文並未注出。佚文末「淳熙中，總領錢良臣重修，迄今類之」，民國版《至順志》中爲「淳熙中，總領錢良臣重修，迄今賴之。」語意較爲通順，佚文中之「類」字，誤。且《至順志》中末尾，有「並詳見練湖注」，爲佚文所無。

　　朱方門。鎮江有朱方門，抵通吳門，六百五十丈。【冊四九卷三五二七頁十三　九眞】（《輯佚》五四一頁）

　　此門宋嘉定《鎮江志》與元至順《鎮江志》中均未見記載，《輿地紀勝·古蹟》中載：「陳升之宅，在今朱方門外，與蘇頌宅相近」，其中提到朱方門，〔註35〕但佚文中所載之「通吳門」，嘉定、至順二志中均有記載。嘉定《鎮江志·城池》「丹徒縣」下載：「羅城，……舊有一十門，……今僅存在八門，東曰青陽、西曰登雲還京，南曰鶴林、仁和、通吳，奉天號通吳。」至順《鎮江志》載：「宋嘉定甲戌，郡守史彌堅作新門七，……咸淳中已廢其五。今所存者仍有十二，東曰青陽，南曰南水、通吳、仁和、中土，四門並去府治八

〔註34〕　《全唐文》卷三百十四，《續修四庫全書》，上海古籍出版社2004年版，據清嘉慶內府刻本影印，第1634-50冊。

〔註35〕　（宋）王象之《輿地紀勝》卷七，《續修四庫全書》，上海古籍出版社2004年版，據北圖藏清影宋抄本（清抄本配補）影印，第584-85冊。

里。」〔註36〕通吳門在城南，佚文中稱朱方門抵通吳門六百五十丈，應距通吳門不遠，且其方位應當在城南一帶。

【倉廩】類佚文內容也充分說明了《大典》本《鎮江志》爲續至順《鎮江志》之作。其內容完全或基本相同者有「大軍倉」「香糯倉」「丹陽縣倉」「省倉」「丹陽縣常平倉」、「金壇縣常平倉」諸條。而《大典》中的其它佚文「戶部大軍三倉」、「大有倉」、「支移倉」、「都倉」「南倉」諸條，則爲至順《鎮江志》所無，對其起到補充的作用。

【倉廩】：

常平倉，在府治南。潤之有倉，自齊始。齊永明中，天下米、穀、布、帛賤，上欲擬常平倉，市積爲儲。六年下詔，尚書右丞李珪之等參議，出庫錢五千萬，於京師市米買絲、綿、絹布，揚州出錢千九百一十萬，南徐州二百萬，各於郡所市糴。〔冊七九卷七五〇七頁十九　十八陽〕（《輯佚》五四三頁）

《大典》本《鎮江志》佚文中所記常平倉內容與至順《鎮江志》相同，但佚文僅有《至順志》常平倉內容的三分之一，《至順志》此條大致內容如下：「常平倉，在府治。潤之有倉自齊始。齊永明中，天下米穀布帛賤，上欲擬常平倉市積爲儲，六年下詔，尚書右丞李珪之等參議出庫錢五千萬於京師市米絲綿絹布，揚州出錢千九百一十萬，南徐州二百萬，各於郡分所市糴。宋慶曆中，發倉粟以賑乏食。熙寧中，撥粟募饑民以興水利。紹興以後，置倉於都倉之北，歸附後廢。至元十九年復置。至大二年，奉詔起蓋倉廒。」〔註37〕佚文中缺少了對鎮江常平倉宋代至元代的興廢經歷的記載，但卻保存了南朝齊時始置常平倉和出庫錢與民和糴的內容。

金壇縣常平倉，在縣治東南五十步。

丹陽縣常平倉，在縣東北一里，普寧寺北。〔冊七九卷七五〇七頁十九　十八陽〕（《輯佚》五四四頁）

《至順志》中此二倉所載與佚文內容相同，但其後有「今廢」二字，《大典》本《鎮江志》中，此二條末尾均無「今廢」二字。或爲脫漏，或有可能丹陽縣常平倉與金壇縣常平倉入明後復置。佚文中的普寧寺，至順《鎮江志》「丹陽縣」下載：「在縣治南一里，晉咸康五年，內史王珣捨爲之，本名顯陽，

〔註36〕　（元）俞希魯纂：至順《鎮江志》卷二，《中國方志叢書》據民國十二年丹徒冒廣生重刊本影印，臺北成文出版社1975年□月臺一版。
〔註37〕　（元）俞希魯纂：至順《鎮江志》卷十三，《中國方志叢書》據民國十二年丹徒冒廣生重刊本影印，臺北成文出版社1975年□月臺一版。

唐改名朝陽，開元天寶間重修，咸通中建僧伽塔，宋祥符中賜今額。至和中，僧守全載加繕葺，建炎庚戌殘毀，寶祐丁巳，僧福山乃大興，咸淳甲戌殿爲雷火所焚。附後至元二十九年僧傳謙始撤鐘樓而新之，浙西道勸農營田副使永嘉陳鈞爲記。大德間重建大殿，泰定甲子創法堂，丁卯又建方丈，舊有十六院，宋嘉定中尚餘其半，曰釋迦、曰三聖、曰華嚴、曰尊聖、曰大聖、曰地藏、曰藥師、曰熾盛光，今止存釋迦、大聖、三聖而已。」從志書記載可知普寧寺是一座有著悠久歷史的寺廟，《鎮江志》「丹陽縣」下首載此寺，亦足以說明對此寺的重視。

戶部大軍三倉：南倉在范公橋東，北在子城西，西倉在江津，歲久弗葺。嘉定壬申總領錢仲彪次第修蓋，閱再月而三倉一新，積貯充牣。〔冊八十卷七五一二頁二十三　十八陽〕（《輯佚》五四四頁）

此三倉內容與嘉定《鎮江志》所載相同，應是繼承嘉定《鎮江志》而來。佚文中稱「嘉定壬申，總領錢仲彪，次第修蓋，閱再期而三倉一新」，說明此三倉建於宋代嘉定以前，嘉定壬申又加修蓋。此條內容不見載於至順《鎮江志》，當是明永樂時續修《鎮江志》時據《嘉定志》所補入。

錢仲彪，正史無傳，《宋史·寧宗三》：「（嘉定三年）九月癸丑，遣錢仲彪使金賀正旦。」〔註38〕《宋史》，載曾出使金國賀歲。嘉定《鎮江志·人物》「總領所」下載：「錢仲彪，中大夫，守司農卿。嘉定四年六月到，八年八月除大理卿，召赴行在供職。」〔註39〕知其在鎮江任職四年多的時間。除佚文所載其修葺三倉之事外，至順《鎮江志·風俗》「入學會拜」下載：「嘉定癸酉，教官盧憲集臺府官屬及寓公於學宮，款謁先聖，禮畢，升堂而拜，敘拜而飲。諸生敘於兩廡。守臣史彌堅、總領錢仲彪捐金饋醴以侑。今爲常比。並見《嘉定志》。」〔註40〕可見其於總領所任職期間，除修蓋「戶部大軍三倉」以外，於遺風化俗，捐資助學之事也是勉力爲之的。

大有倉，今廢。宋置，在呂城鎮。宋咸淳中，江浙發運司置，凡四十廒，受納蘇常公租，轉輸鎮江轉般倉，摺運過淮。後隸浙西提刑司，謂之都倉尙管衙。

丹陽縣倉，宋置，在縣城外四十步，今廢。

〔註38〕　《宋史》卷三十九，中華書局 1977 年 11 月第 1 版。

〔註39〕　（宋）盧憲纂：嘉定《鎮江志》卷十七，《中國方志叢書》據道光二十二年刊本影印，臺北成文出版社 1983 年 3 月臺一版。

〔註40〕　（元）俞希魯纂：至順《鎮江志》卷三，《中國方志叢書》據民國十二年丹徒冒廣生重刊本影印，臺北成文出版社 1975 年□月臺一版。

省倉，宋置，在金壇縣市北慈雲寺後，今廢。〖冊八一卷七五一四頁三十三　十八陽〗
（《輯佚》五四四頁）

丹陽縣倉，見載於《至順志·公廨》「倉」下，內容與佚文相同。

大有倉、省倉嘉定《鎮江志》與至順《鎮江志》均未見載，清光緒丹陽、
金壇縣志等，均未見載，有輯補諸志的價值。大有倉，正史中僅《元史·百
官志》僅載此倉之名和設置時間，《宋史》中並不見載，佚文不僅記載宋代大
有倉的地理位置、規模、功用，還記載了該倉的行政歸屬和名稱變更，是難
得的經濟史料。

支移倉。紹興七年，每上江糧運至鎮江，冬則候潮閘占舟，而防摺運綱兵亦復侵耗。運
使向子諲乞置倉，以轉般爲名，諸路綱至，即令卸納，從之。〖冊八一卷七五一五頁九　十八
陽〗（《輯佚》五四四頁）

此條內容，下面「大軍倉」條有載，《嘉定志》未見載，《至順志》中亦
未見單獨列出「支移倉」及宋紹興七年設置支移倉的原由經過，佚文有補充
《至順志》的作用。

大軍倉，在程公下壩北，前臨潮河，後枕大江，即舊轉般倉也。宋紹興七年，每上江糧
運至鎮江，冬則候潮閘占舟，而防摺運綱兵亦復侵耗。運使向子諲乞置倉，以轉般爲名，諸路
綱至，即令卸納，從之。淳熙戊戌，郡守司馬伋、總領葉翥、運副陳峴，三司同創。開禧初，
郡守李大異增爲五十四廒，納儲米六十餘萬石。外續納米鮮廒少，不足以容，司庚者擬以總領
所大軍倉借廒交受，然以朝家椿積寄之他司，處納混淆，兩皆不便。嘉定甲戌，郡守史彌堅念
濱江積貯，最爲利濟，要須儲蓄百萬，以便轉輸。倉後隙地，尚可展拓。新開歸水澳去倉密邇，
就運澳土，積成廒基，力省功倍。乃以借廒增廒利害，諗於朝。奉旨增蓋廒宇二十座。以乙亥
五月庚申鳩工，八月甲午竣事。至元十二年改置以受本路官民租糧。〖冊八一卷七五一六頁三
十八陽〗（《輯佚》五四四頁）

佚文記錄了宋元鎮江大軍倉即宋代轉搬倉的設立與增置、改置的經過。
從紹興年間上疏乞置、淳熙初創、至開禧、嘉定間兩度增蓋，對此倉開創增
蓋官員姓名，倉儲規模，增蓋原因等記錄的十分明確，是難得的宋元經濟史
料。此條內容亦見載於《至順志·公廨》「倉」下，所載與佚文相同，當是襲
自《至順志》。但現存《至順志》在「淳熙戊戌，郡守司馬伋、總領葉翥、運
副陳峴，三司同創」，一句中脫「淳熙」二字，《大典》佚文有此二字，甚爲
關鍵。

南倉，在范公橋東；西倉在子城西，今皆廢。〖冊八一卷七五一六頁九　十八陽〗（《輯
佚》五四六頁）

香糯倉，在程公下壩南，即舊大軍北倉。大軍倉舊有南西北三，此其一也。至元十二年改置以受本路及常州路上供香糯。〖冊八一卷七五一六頁十六　十八陽〗（《輯佚》五四六頁）

現存至順《鎮江志》後所附有清代劉文淇《校勘記》載：「大軍倉、香糯倉。鈔本此二條俱在南倉西倉之前。案大軍倉條下云在程公下壩北，香糯倉條下云在程公下壩南，此二倉既在城外，則是丹徒縣之倉，非本府之倉，不得列於南倉西倉之前矣。下文之有年倉在呂城鎮，乃丹陽縣之地。鈔本列於大軍倉之前，亦屬非是，今並改正。」〔註41〕因知香糯倉即大軍倉北倉，在程公下壩（壩）南，不在府城之內，實屬丹徒縣之倉。

都倉，在府治之東南，即學宮故址也。舊廒八，歲久傾摧，所貯無幾。守臣待制史彌堅增創廒宇，並茸其舊而新之，越數月始畢。〖冊八一卷七五一六頁五　十八陽〗（《輯佚》五四五頁）

都倉，宋置，在府治東南，歲久朽敗，宋嘉定郡守史彌堅重茸。彌堅自為記曰：直子城東南隅，是為都倉。歲久弗修茸，椽桷朽蠹，垣壁隳缺，上雨旁風，儲偫弗嚴。庚氏司出納，無一席地以蒞事，執筆循徐而坐，俛首塵秕中，尚何望會計當耶？西城既秩民租糵，至舊廒褊隘。不足以受所委，則假他司空廩，而寄藏焉。發斂無定所，輸受者始交病矣。嘉定癸酉九月，余來守是邦，怪而問之。屬秋入方殷，黽勉故態。明年夏因稍給之際，始先茸新而規廣之。築土增高，使絕浸潤。疏剔蕪壅，以去流潦。甃磚級石，累塹層庋，甓密堅壯，俾利永久。列為十有二廒，因舊而增葺者半之。官廳神祠，門關之制，向所闕典，今悉備具。肇工於次年四月，斷手於十月。屋以間計，合六十。費羨餘之泉，凡千二百萬，米一百五十五石。民不知役，而倉以新。夫積貯，有邦之先務；蓋藏；有司之常職。靳小費，苟歲月，而恃假寓以為安，是隳常職而慢先務也。除為郡不能自閒，補罅疏壅，扶僵植壞，政條稍稍舉，乃以餘力而營斯倉。倉成，會歲大稔，復斥公帑，糴粟實之。以備不虞。於積貯先務，詎能補萬分一，庶不廢有司之職云而。」〖冊八一卷七五一六頁六　十八陽〗（《輯佚》五四六頁）

「都倉」條內容，嘉定《鎮江志》中有記載，內容與佚文相同，而不見載於元至順《鎮江志》內容與佚文相同，《大典》本《永樂志》佚文應當是繼承《嘉定志》而來。

史彌堅，正史有載而無傳，其父史浩、兄史彌遠，皆有傳。《宋史·史浩傳》載：「史浩，字直翁，明州鄞縣人。……子彌大、彌正、彌遠、彌堅。彌遠嘉定初為右丞相，有傳。」〔註42〕《宋史·蠻夷二》載：「嘉定元年，郴州黑風峒徭人羅世傳寇邊，飛虎統制邊寧戰沒。江西、湖南驚擾，知隆興趙希

〔註41〕（元）俞希魯：至順《鎮江志》卷末，《中國方志叢書》據民國十二年丹徒冒廣生重刊本影印，臺北成文出版社1975年□月臺一版。
〔註42〕《宋史》卷三百九十六，中華書局1977年1月版。

懌、知潭州史彌堅共招降之。」（同前，卷四百九十四）

延祐《四明志》載：「史彌堅，字固叔，忠定王（史）浩之幼子，少警敏端靜，忠定奇之。忠定召赴慶壽班，退朝有憂色。彌堅侍側，問其故，忠定愀然曰：『李妃悍惡，上欲廢之，念未有以對』，即應曰：『嘉王即毋位，子位號必改正，今所言議者當執咎』，忠定愕然曰：『計得矣』，翌日見上，議遂寢。上問忠定：『卿幼子當已擇婚對』，忠定謝曰：『臣子彌堅幼未知學，何敢議婚事。』上曰：『朕兄女年相若，朕定議成之，兄女崇憲靖王伯圭女也，後以軍器監尹臨安，韓侂胄敗，兄彌遠入相，以嫌出爲潭州湖南安撫使，平湖寇羅孟傳（《宋史》作羅世傳）。守建寧，行義倉，法眞文忠公紀責政績。守鎮江，力薦劉宰於朝，以兄久相位，勸歸不聽。遂食祠祿於家十有六年，判檀神敏，舊有《書判清明集》，皆能吏極選，彌堅與焉，後以資政殿學士光祿大夫卒，賜忠宣，吳泳行詞有云：「在熙寧則不黨於熙寧，如安國之於安石；在元祐則不趨於元祐，如大臨之於大防」。〔註43〕

從上述記載可知史彌堅應是一位良吏，嘉定《鎮江志》載「宋潤州太守」下載：「史彌堅，中大夫寶文閣待制，嘉定六年九月二十八日到，八年九月五日除寶謨閣直學士，依所乞宮觀。」〔註44〕知其曾在鎮江任職兩年，佚文保留了宋嘉定郡守史彌堅所作記，其中記載了修倉的原因，以及倉廩的規制，修倉的經費、經過等內容，爲瞭解宋代的地方倉廩提供了重要的史料，有一定的價值。同時佚文中收錄了宋代名臣史彌堅的一篇記文，對瞭解史彌堅在地方的任職經歷是很好的補充史料

【物產】：

木芙蓉，《草木記》：產於陸者曰木芙蓉。按《楚辭》搴芙蓉兮木末，特別假物爲喻，言芙蓉在水而求之木，不可得也。二花顏色相類，後人藉此以名之而。」【冊三卷五四〇頁三】（《輯佚》五四二頁）

元至順《鎮江志》中則如是記載：「木芙蓉，《草木記》：產於陸者曰木芙蓉。按《楚辭》搴芙蓉兮木末，特別假物爲喻，言芙蓉在水而求之木，不可得也。二花顏色相類，後人藉此以名之而。蘇子瞻以其九月霜降時開者，易名曰拒霜，然亦有夏秋二種之分也。」兩段文字前半部分敘述完全一樣，閱

〔註43〕 （元）馬澤、袁桷撰：《延祐四明志》卷五，國家圖書館藏清抄本（數字方志）。
〔註44〕 （宋）盧憲纂：嘉定《鎮江志》卷十五，《中國方志叢書》據道光二十二年刊本影印，臺北成文出版 1983 年 3 月臺一版。

元《至順志》知蘇東坡爲此花易名爲「拒霜」，且有春秋二種之分。

　　玉蕊花，在招隱山。今按蔡寬夫謂招隱無復此花，然近年乾元萬壽宮，住持余孟實，自招隱山移此花植於宮前花圃。時紫泉馬克復有詩，里人龔理子中次其韶曰：「山水窟宅江之南，搜奇抉勝味飽諳。朱方招隱最超絕。樹作玉蕊珠濺潭。高花密葉互掩映，桑柯老簳相撐擔。叢林何事著此種，香嚴鼻觀禪獨參。繞之百匝足未止，贊以千偈言猶甘。空山變滅異今昔，枯松折竹徒侵攬。彝器遷移鼎鍾去，誰復別識缶與壇。溫澤縝栗夙比德，棄使不見情難堪。東皇移根謹訶護，玉立殿陛青光涵。蕊宮仙人委長珮，青髻一尺瑤華簪。長齋三時畫方靜，凍雨一洗春正酣。眼中突兀現妙品，繚以閣道棲神庵。翟曇老聃共空寂，出彼如此容何慚。人間多事到詩酒，甚欲忍口牢三緘。荒城邂逅此粲者，換飲卻肯棄春衫。時當晴埃吹野馬，採掇沃若眠吳蠶，清尊如空雜花亞，落日欲墜西山銜。流年過眼急於電，留此一賞容非貪。即今芳事已塵土，我輩政而多空談。」然則招隱未嘗無此花也。〖冊一百十卷一一〇七七頁五〗（《輯佚》五四三頁）

　　佚文與《至順志》「玉蕊花」條的後半部分「今按」的內容完全相同，收錄里人爲此花所作詩，並藉以申明「招隱未嘗無此花也」，而前半部分關於玉蕊花的來歷，以及唐宋人關於玉蕊花的詩文記述則略去，僅用一句「玉蕊花，在招隱山」代之。《丹徒縣志·物產二》載：舊在招隱寺方丈庭中。唐李衛公德裕有《招隱山觀玉蕊奉寄沈大夫閣老詩》見古蹟。自注此花吳人不識，因予賞玩乃得此名，內院潘陽大夫閣前有此花，每花落空中，迴旋久之，方積庭砌。暇嘗邀予同賞。宋蔡寬夫《詩話》載此詩，云碑今裂爲四段在通判廳中，而招隱無復此花矣。」〔註45〕《丹徒縣志》中的這段記載介紹了玉蕊花得名的原由，《至順志》中也有此記載。此外至順《鎮江志·僧寺》載：「禪隱寺，在招隱山，即宋戴顒隱居之地，梁昭明太子讀書之所，有增華閣、萬松閣、眞珠泉亭、玉蕊亭宋總領岳珂有玉蕊亭詩。」〔註46〕禪隱寺，即招隱寺，寺內玉蕊亭，岳珂嘗賦詩，亭名應得自玉蕊花。從佚文中有「彝器遷移鼎鍾去，誰復別識缶與壇」看來，詩的作者龔理（字子中）當是一位初的思宋隱士。佚文「里人龔理子中次其韶」中的「韶」當爲「韻」之誤，二者形似而誤也。

　　慈竹，叢生，多稚筍在外，夏則處中，莖圓節疏。明皇謂之義竹，又名公孫竹，又名子母竹，又名攢竹。〖冊二百二二卷一九八六頁十四〗（《輯佚》五四二頁）

　　《至順志》中所載與之相同。清《光緒丹徒縣志·物產》載：「任昉《述

〔註45〕　（清）何紹章等修，楊履泰等纂：《丹徒縣志》卷十八，《中國方志叢書》據清光緒五年刊本影印，臺北成文出版社1970年5月臺一版。

〔註46〕　（元）脫因修，俞希魯纂：至順《鎮江志》卷九，《中國方志叢書》據民國十二年丹徒冒廣生重刊本影印，臺北成文出版社1975年□月臺一版。

異記》：南中生子母竹，慈竹是也。《酉陽雜俎》：慈竹，夏雨滴汁入地而生。按此竹夏生放梢而不放葉，至來春始解籜而生筍，此種今尚見之。」〔註47〕與佚文所載內容可相互補充。

　　梅有白有紅，花皆五出，其實有圓消梅、蔥管消梅、金定梅、苦梅。未熟曰青梅，熟曰黃梅，惟千葉者花而不實。〖冊三五卷二八○八頁二〗（《輯佚》五四一頁）

　　此條見《至順志‧物產》「果」下，內容與佚文完全相同，記錄鎮江梅果的種類。

　　金梅，黃花五出，初夏時開。〖冊三六卷二八一一頁一〗（《輯佚》五四一頁）

　　此見載於《至順志》之「花」門下，但記載不同。《至順志》中載：「黃花五出，初夜時開。」開花時間，一云「初夏」，一云「初夜」，似以《大典》佚文中所記較合情理，因金梅不得四季「初夜」皆開，且梅花之開不必皆在初夜時分也。

　　蠟梅，木身與葉如蒴藋，香氣似梅而加鬱烈，華亦五出，類刻蠟而成，又與梅開同時，故名蠟梅，實非梅也。以花瓣之肥大者為貴，細薄如蠅翅者為下。〖冊三六卷二八一一頁一〗（《輯佚》五四三頁）

　　此條亦載於《至順志‧花》下，內容與佚文記載相同。《丹徒縣志‧物產二》載：「蠟梅康熙志，凡三種色，淺黃瓣尖香淡者為狗蠅，色深黃瓣圓向內香濃者為磬口，類磬口而素心者為檀香，品之至佳者也。」（同前，卷十八）與佚文內容可互相補充。

　　蠟嘴，以喙為名，又名銅嘴，擲物與之，能仰口承取。〖冊一百十卷一一○七七頁二十五八賄〗（《輯佚》五四一頁）
　　偷倉，似雀而差小，籠蓄易馴，雌雄遞放，而不相失。土人相傳，橙樹未實者，此鳥來巢，則是年著花必實，驗之果信。又一名籠雎，南安各府縣皆有。〖冊八二卷七五一八頁十四〗（《輯佚》五四三頁）

　　蠟嘴，偷倉見載於至順《鎮江志‧物產》之「禽」門，知是兩種鳥類。內容與佚文相同，但「偷倉」條較佚文有脫漏。現存《至順志》中在「驗之果信」之後，脫「又一名籠雎，南安各府縣皆有。」即未載此禽別名與分佈的地區，這也是《大典》佚文對現存方志的輯增作用。《丹徒縣志‧物產二》載：「偷倉，似雀而差小，籠蓄易馴，雌雄遞放，而不相失。土人相傳，橙樹

〔註47〕　（清）何紹章等修，楊履泰等纂：《丹徒縣志》卷十七，《中國方志叢書》據清光緒五年刊本影印，臺北成文出版社1970年5月臺一版。

未實者，此鳥來巢，則是年著花必實，驗之果然_{康熙志}。案，此鳥飛集成群，俗呼爲十姊妹。」（同前）由《丹徒縣志》記載可知偸倉鳥又俗名爲「十姊妹」。但也沒有談到偸倉鳥的別名叫籠雎及其分佈的地區。

【古蹟】：

第一村，在豎土山下，宋常守孫楚望之別墅也，又號牧坡。有庵曰無極，亭四：曰水天平遠、曰天根月窟、曰虛白、曰橫雲象瀨。袁稀孟爲記。文曰：牧坡霽窗，孫楚望之別墅也，江山之勝甲南徐。景定壬戌，仲春既望，岷山王君文、眉山朱德華、合陽王子厚，暨余來遊，訪楚望於第一村。講洛中先賢眞率會故事，淮蜀同風，氣味膠漆。牧坡龜負，首對江濱，亭四庵一，水天平遠居首而爲之冠。是日也，風軟日和，春氣盎盎，百卉初發，始會於虛白。泛梅而飲數行，輒捨去。山陰佳致，觸處皆然，未暇一一應接。攝衣而上，遂飲於水天平遠。風櫺洞開，萬景翕聚，長江橫陳，翠岫騰赴。生煙遠樹，淮鄉之明滅；雲帆沙鳥，海上之來去，率獻奇於斯亭之下。金山孤撐，縈丹繚碧，入我研席，攬不盈尺。襟懷舒適，痛飲無算，笑語浩浩，直造乎天根月窟。余曰：「昔晉人金谷之會，二十有四人，大率皆金多之流爾，何足道哉！吾曹僅僅五人，作眞率飲，何歉乎彼！」莫不捧腹大笑。又捨去飲於無極，有先天圖在焉；筌蹄玄象，寓意文楸，局未終，又捨去飲於橫雲。夕陽在山，禽聲零亂，杯盤狼藉，蔬甲雜進，諸賢已稅駕醉鄉矣。然猶眄戀橫斜，愛惜澹濘，復還於虛白焉。飲以此始亦以終。從者竟日，提壺攜具，不得休息。穿林陟巘，求吾曹於翠微間，未嘗以屢遷爲苦，似可人意。馭僕有醉謳亭左者不問，大白覆手而不悟，山屐去齒而不顧，風中墜地而不知，不知身世之交累，賓主之爲誰。然後相與扶攜而歸，又不知天壤之間，山林之樂有加此乎否也。其視大庭氏天放之遺民，不亦庶幾乎。若夫遊峴山而傷人物，遊蘭亭而痛死生，遊新亭而哭山河，風景往往未知酒中趣而。吾五人則不暇，詰朝，楚望簡余曰：「昨之遊不可無記，願屬之子。」爲山中佳話，不敢辭也。〔冊五十卷三五八〇頁八　九眞〕（《輯佚》五五〇）

佚文記載第一村在豎土山下，豎土山即北固山，又稱北顧山。元至順《鎮江志·山水》中載：「土山在縣西江口。俗呼豎土山，舊與蒜山相屬，今改名銀山。」〔註48〕清《光緒丹徒縣志·輿地五》中載：「北固山，一名北顧山在府治後城北里許。……一名土山，《太平寰宇記》：甘露寺在城東角土山上，《晉書·蔡謨傳》：謨統七千餘人，所戍東至土山，西至江乘。劉禹錫詩：土山京口峻，鐵甕郡城牢。張萊《三山志》：土山歸然隆起，晉唐以來，郡治據其上，梁武帝改名北顧者是也。」〔註49〕

〔註48〕　（元）脫因修，俞希魯纂：至順《鎮江志》卷七，《中國方志叢書》據民國十
　　　　二年丹徒冒廣生重刊本影印，臺北成文出版社 1975 年□月臺一版。

〔註49〕　（清）何紹章等修，楊履泰等纂：《丹徒縣志》卷二，《中國方志叢書》據清
　　　　光緒五年刊本影印，臺北成文出版社 1970 年 5 月臺一版。

　　佚文中孫楚望、岷山王君文、眉山朱德華，合陽王子厚等諸賢，《宋史》及嘉定《鎮江志》、至順《鎮江志》與《丹徒縣志》等書中均未見載。《新安文獻志・先賢事略上》載：「孫楚望（吳會），休寧雷溪人，遷六安。端平二年進士，監無爲軍、崑山鎮，尋避地寓南徐。淳祐初，歷淮東西運干制干，知高郵、溧陽二縣。開慶初，充沿江制，參知常州，罷，領建昌軍仙都觀，詩文不尚綺靡，當世利病莫不練核。」〔註50〕佚文記載了南宋景定年間，常州太守孫楚望等五位賢人，於在其別墅鎮江第一村聚會飲酒，以山林爲樂的佳話，似有《蘭亭序》、《醉翁亭記》之風格。這篇「孫楚望別墅紀」（姑稱之），是一篇久佚的遊記遊性文學作品。

　　【遺事】：

　　金山舊有東坡、佛印二像、李伯時筆，蘇子由贊，歲久損裂。至順壬申，廣東道元元帥，本齋王都中，請觀敬歎，命工裝裱，仍付常在。〔冊一百七一卷一八二二三〕（《輯佚》五五〇）

　　佚文記載了廣東道元元帥王都中，裝裱金山東坡、佛印二像的事情。《佛祖歷代通載》對北宋時李伯時爲佛印禪師畫像的事情記載的十分生動：「李公伯時爲元寫照。元曰：必爲我作笑狀。自爲贊曰：李公天上石麒麟，傳得雲居道者眞。不爲拈花明大事，等閒開口笑何人。泥牛謾向風前嗅，枯木無端雪裏春。對現堂堂俱不識，太平時代自由身。元符元年正月初四日。聽客語有會其心者。軒渠一笑而化。其令畫笑狀。非苟然也。世壽六十七。坐五十有二夏。」〔註51〕東坡居士在鎮江常與金山寺佛印禪師來往，因此李伯時爲東坡繪像，亦在情理之中。

　　李伯時，名公麟，號龍眠居士，宋代安徽舒州人。元祐（1086～1094）進士，元符年間（1098～100）拜御史大夫。博學好古，尤善畫山水、佛像。晚年歸佛受戒，能通禪法，而雅好淨土。隱居龍眠山莊，時與高僧談論，並結社念佛。紹興四年（1134）預知時至，施財，書偈，念佛而化。享年八十六。遺墨傳世頗多，畫家奉其爲典則，可知李伯時與東坡居士一樣，皆奉佛之士。

　　王都中，《元史》本傳載：「王都中，字元俞，福之福寧州人。……天曆初，被省檄，整點七路軍馬，境內晏然。徙廣東道宣慰使都元帥，三易鎮，皆佩元降金虎符。元統初，朝廷以兩淮鹽法久壞，詔命都中以正奉大夫、行

〔註50〕　（明）程敏政撰：《新安文獻志》卷首，文淵閣《欽定四庫全書》本。
〔註51〕　（元）念常：《佛祖歷代通載》卷十九，《北京圖書館珍本古籍叢刊 77》，書目文獻出版社 2000 年 7 月版。

戶部尚書、兩淮都轉運鹽使，仍賜襲衣法酒。」〔註52〕

此條佚文至順《鎮江志‧雜錄》「考古」下有載，佚文脫其標題，在《至順志》中題爲「李圖二像」，所載內容與佚文同。但是佚文中「至順壬申，廣東道元元帥本齋王都中」，在《至順志》中作「至順壬申，廣東道元帥本齋王都中」，佚文中稱「廣東道元元帥」，正是明人作志筆法。

又《江南通志‧輿地志》載：「東坡、佛印二銅像在丹徒縣金山，明萬曆間金山僧重築妙高臺，得銅比丘像於土中，入城見市中有高冠長鬚銅像與比丘等尺寸合，並知爲東坡、佛印也。又於揚州得銅像二，一童子一小沙彌，又覺與東坡佛印贈答事有合，建留玉閣以奉之。」〔註53〕蓋金山不僅有東坡佛印之畫像，亦有銅鑄像也。

建炎四年，兀朮入寇，回至鎮江，韓世忠據江中流，與之相持，虜以輕舸絕江而遁。先是韓世忠視鎮江形勢，無如龍王廟者，虜必登此，望我虛實，因遣裨將蘇德，以二百卒伏廟中。又遣三百卒伏江岸，遣人於中望之，戒曰：「聞江中鼓聲，岸下人先入，廟中人繼出。」數日虜至，果有五騎趨龍王廟，廟中之伏聞鼓聲而出，五騎者振策以馳，僅得其二。有人紅袍白馬，既墜而跳馳得脫。詰二人者，云即兀朮也。【冊一百七八卷一九七八三頁十二】（《輯佚》五五○）

佚文記南宋名將韓世忠在鎮江龍王廟設伏伏擊金帥兀朮一事，此役《宋史》有如下記載：「……，世忠收餘軍還鎮江。初，世忠謂敵至必登金山廟觀我虛實。乃遣兵百人伏廟中，百人伏岸滸，約聞鼓聲，岸兵先入，廟兵合擊之。金人果五騎闖入，廟兵喜，先鼓而出，僅得二人，逸其三，中有絳袍玉帶、既墜而復馳者，詰之，乃兀朮也。」〔註54〕兩種記載，可相互參證，《大典》本《鎮江志》中宋將韓世忠遣兵伏擊金兀朮的事記載的更爲具體、生動。廟的名稱爲龍王廟，廟中伏兵的領將姓名爲蘇德，率將使五百人，二百人伏廟中，三百人伏江岸，均記載明確，可爲正史的補充。

海上鳥自海上來，喙中有砂石如黍粒大，名金剛鑽。唐元積知浙西，大夫述夢詩云：「金剛錐透玉。」【冊二五卷二三四五頁十五　六模】（《輯佚》五五一頁）

《丹徒縣志‧物產》載：「餓鳥，相傳至海上來，喙中有砂石如黍粒大，名金剛鑽康熙志。」〔註55〕佚文內容是記載一種鳥類，由《丹徒縣志》記載可

〔註52〕　《元史》卷一百八十四，中華書局1976年4月第1版。
〔註53〕　（清）趙宏恩等監修：《江南通志》卷三十二，文淵閣《欽定四庫全書》本。
〔註54〕　《宋史》卷三百六十四，中華書局1977年11月第1版。
〔註55〕　（清）何紹章等修，楊履泰等纂：《丹徒縣志》卷十八，《中國方志叢書》據清光緒五年刊本影印，臺北成文出版社1970年5月臺一版。

知此鳥名爲餓鳥，此鳥《至順志》未載。《輯佚》將此條列入【遺事】中，不妥，應歸入【物產】類。

第三節　《大典》本《京口續志》、《丹徒志》及其佚文研究

一、《大典》本《京口續志》及其佚文研究

　　《大典》中收錄的另一部鎮江方志是《京口續志》。從鎮江的建置沿革來看，鎮江在三國吳與劉宋時期，曾稱「京口」。鎮江志書此前以「京口」名者，惟有南朝宋劉損修纂的志書《京口記》。《隋書・經籍志》載：「《京口記》二卷，宋太常卿劉損纂。」《唐書・經籍志》中則著錄：「《京口記》二卷，劉損之撰。」劉文淇嘉定《鎮江志校勘記》引戴宋梧云：「『之』字衍，『損』字當作『楨』。」不論著者是名「劉損」或是「劉楨」，《大典》所收志書既以《京口續志》爲題，《江蘇舊方志提要》推測應當是踵繼劉損《京口記》之作，因而推測此續志纂於唐或以後。〔註56〕

　　張氏《輯本》也收錄了此志，其案語云：

　　案：《大典》引《京口續志》凡一條。詩中「史君」云云，當是修嘉定《鎮江志》之知府史彌堅。嘉定志後有《鎮江續志》，未知其書又別稱《京口續志》否？〔註57〕

　　張氏之推論較《江蘇舊方志題要》更進一步。佚文收錄的詩歌名爲《友賢堂詩》：「史君胸次妙難窮，期會風雲肯計工。厚德已綏千里遠，高懷猶寓一堂中。顏徒想合居前席，噲伍應慚拜下風。華榜巍峨瞻睇久，了然心目忽疏通。」（《輯佚》五五一頁）宋代端明殿學士蔡襄之孫蔡洸也作有《友賢堂》詩一首，收錄於《永樂大典》卷七二三七所引《京口詩集》，內容與此詩不同：「築堂傍西廡，非悅輪奐美。公餘竟何之，行行輒至止。紛紜屏玩好，周遭羅經史。晤對今偉人，尚論古君子。擇善固毋倦，勝良自自喜。衛公骨雖朽，妙語猶在耳。」〔註58〕

〔註56〕徐復、季文通主編：《江蘇舊方志提要》，江蘇古籍出版社1993年10月第1版，第724頁。

〔註57〕張國淦：《永樂大典方志輯本》，北京燕山出版社2006年5月第1版，第40頁。

〔註58〕北京大學古文獻研究所編：《全宋詩》卷二一〇三，北京大學出版社1991年第1版。

　　蔡洸於孝宗乾道六年（1170）以戶部郎總領淮東軍馬錢糧知鎮江府，〔註59〕
根據《京口續志》所收錄有《友賢堂詩》，知鎮江必有「友賢堂」，蔡洸的這
首《友賢堂》詩，應是作於其鎮江任上。詩中云「築堂傍西廡，非悅輪奐美。
公餘竟何之，行行輒至止。」知此友賢堂為蔡洸所築，傍於西廡，應在鎮江
府治之西，是蔡洸公事之餘，行行輒止之處。《京口續志》佚文《友賢堂詩》
有「史君胸次妙難窮，期會風雲肯計工，厚德已綏千里遠，高懷猶寓一堂中」
之句，可推知詩中的「史君」，應曾任職於鎮江府，是友賢堂之常客，張國淦
先生推測「史君」為嘉定鎮江知府史彌堅，基本上是可從的。如此，《大典》
本《京口續志》應即嘉定十六年知鎮江府趙善湘修，教授何澹所纂之《鎮江
續志》，此志已佚，卷數不詳。

　　趙善湘，《宋史·趙善湘傳》載：「字清臣，濮安懿王五世孫。父武翼郎
不陋，從高宗渡江，聞明州多名儒，徙居焉。善湘以恩補保義郎，轉成忠郎、
監潭州南嶽廟，轉忠翊郎，又轉忠訓郎。慶元二年舉進士，以近屬轉秉義郎，
換承事郎，調金壇縣丞。……（嘉定）十三年，進直寶文閣。以平固始寇功，
賜金帶，許令服繫。十四年，進直龍圖閣、知鎮江府。」〔註60〕至順《鎮江
志·刺守》載：「朝散大夫，值龍圖閣。嘉定十四年十二月至，十五年夏轉朝
請大夫，十七年召除大理少卿。寶慶二年再任，三年春改知建康府。」〔註61〕
知其為慶元二年進士，嘉定十四年二月出任鎮江知府，寶慶二年又任。但時
間都不長，總共不過一年半左右的時間，續修嘉定《鎮江志》應是其任鎮江
知府的一項政績。

　　趙善湘不僅一生仕宦，且著述頗豐，《宋史》本傳載：「淳祐二年，帝手
詔求所解《春秋》，進觀文殿學士，守本官致仕，卒。遺表聞，帝震悼輟視
朝，贈少師，賻贈加等。所著有《周易約說》八卷，《周易或問》四卷，《周
易續問》八卷，《周易指要》四卷，《學易補過》六卷，《洪範統論》一卷，《中
庸約說》一卷，《大學解》十卷，《論語大意》十卷，《孟子解》十四卷，《老
子解》十卷，《春秋三傳通議》三十卷，詩詞雜著三十五卷。」（同前）應是
有學之士，不過《宋史》未載其所修之《鎮江續志》。

〔註59〕　（宋）盧憲纂：嘉定《鎮江志》卷十五，《中國方志叢書》據道光二十二年刊
　　　　　本影印，臺北成文出版社 1983 年 3 月臺一版。
〔註60〕　《宋史》卷四一三，中華書局 1977 年 11 月第 1 版。
〔註61〕　（元）脫因修，俞希魯纂：至順《鎮江志》卷十五，《中國方志叢書》據民國
　　　　　十二年丹徒冒廣生重刊本影印，臺北成文出版社 1975 年□月臺一版。

嘉定《鎮江續志》纂者何溉，正史無傳，至順《鎮江志・司屬》「教授」下載：「從政郎，嘉定十五年七月至」（同前，卷十七），《全宋詩》收錄其詩作一首。

二、《大典》本《丹徒縣志》及其佚文研究

《明史・地理一》載：「丹徒，（鎮江府）倚。北有北固山，濱大江。江中西北有金山，東北有焦山。又城西江口有蒜山。又京峴山在東，圌山在北，濱江爲險。又南有運河。西有高資鎮、東北有安巷、東有丹徒鎮、北有姜家嘴四巡檢司。」〔註62〕

《明一統志》載：「丹徒縣，附郭，本吳國朱方邑，後又名谷陽，秦時望氣者言其地有王氣，始皇使赭衣徒三千鑿京峴山，爲長坑以敗其勢，因名丹徒。漢爲丹徒縣，屬會稽郡，後屬吳郡。三國吳改武進縣，晉復爲丹徒，置毗陵郡。宋爲南徐州治所，隋省入延陵縣，唐復置，屬潤州，宋元屬鎮江，本朝因之，編戶二百四十里。」〔註63〕知秦始皇時，以三千「赭衣徒」鑿峴山，爲「丹徒」得名之原由。

目前見於記載的明代丹徒縣志有兩部，一部是正德志，一部是萬曆志。正德《丹徒縣志》四卷，明代李東修、楊琬等纂，記事至正德十四年，正德十六年刻本。《江蘇舊方志提要》稱該志：「爲丹徒第一部縣志，體例較爲完備，窮本溯源，重考據，輯錄文獻皆注出處。」〔註64〕現存記載均認爲正德《志》是丹徒第一部縣志，但《大典》中的記載說明，在明正德以前，丹徒縣就有方志存在。既然《大典》收錄了一部《丹徒縣志》說明在用了六年就已編修了縣志，以往學者認識有誤。張氏《輯本》無此志，馬氏《輯佚》有，但僅收佚文一條，沒有編修信息，我們僅能據此論定《大典》本《丹徒縣志》編修於永樂六年以前，該志僅收錄【湖泊】一條：

新豐湖，在丹徒縣東南三十五里，晉張闓創立。《元和郡縣圖志》：新豐湖。晉大興四年，晉陵內史張闓所立。舊晉陵地廣人稀，且少陂渠，田多惡穢，闓創成灌溉之利，又謂之新豐塘。《晉・張闓本傳》所部四縣並以旱失田，闓乃立曲阿新豐塘，溉田八百餘頃，每歲豐稔。葛洪爲其頌。計用二十一萬一千四百二十功，以擅興造免官。後公卿並爲之言曰：「張闓興陂溉田，

〔註62〕 《明史》卷四十，中華書局 1974 年 4 月第 1 版。
〔註63〕 （明）李賢等纂：《明一統志》卷十一，文淵閣《欽定四庫全書》本。
〔註64〕 徐復，季文通主編：《江蘇舊方志提要》，江蘇古籍出版社 1993 年 10 月第 1 版，第 733 頁。

可謂益國，而反被黜，使臣下難復爲善。」帝感悟，乃下詔曰：「丹陽侯闔昔以勞役部人免官，雖從吏議，猶未掩其忠節之志也。倉廩國之大寶，宜得其才。以闔爲大司農。【冊二十卷二二七一頁十二】（《輯佚》五五五頁）

　　佚文記載了丹徒新豐湖的方位，並引晉代修築人張闔修築新豐塘事蹟。張闔創成灌溉之利，可溉田八百餘頃，葛洪亦爲之頌。然先是以擅興造免官，公卿爲其上言，帝悟，遂以張闔爲大司農。

　　檢《元和郡縣圖志》卷二十五，內容與《大典》本《丹徒縣志》所載大致相同。唯《元和志》將其置于丹陽縣下，且謂「在縣東北三十里」。按古代丹徒、丹陽爲鄰縣，丹徒縣在西北，丹陽縣在東南。故《元和志》謂在丹陽縣東北三十里，《大典》佚文云在丹徒縣東南三十五里，實際上並不矛盾。或者是因爲由於政區轄境遷，唐朝時屬于丹陽縣的「新豐塘」，到《大典》本《丹徒縣志》編修時已劃歸丹徒縣。按，「新豐塘」今屬丹陽縣級市。〔註65〕至於《大典》本《丹徒縣志》所引《晉書‧張闔傳》文字，與中華書局標點本比對，內容相同。《元和志》謂張闔創立「新豐塘」在「晉大興四年」，《晉書‧張闔傳》無，蓋李吉甫當別有所據。

第四節　《大典》本《句曲志》及其佚文研究

一、句容縣建置沿革及志書編修源流

　　句容縣，明代爲應天府屬縣。但因本文按江蘇現行行政區劃進行研究，故將諸《大典》本句容佚志置於鎮江地區下。清乾隆《句容縣志‧輿地志》「沿革」中載：「禹貢揚州之域，春秋屬吳，戰國屬越。楚並越，遂屬楚。秦屬鄣郡，漢屬丹郡《一統志》。漢武帝封長沙定王子黨爲句容侯《漢書》。漢元朔元年遂爲縣屬丹陽郡《漢書志》。因界內茅山本名句曲山遂名《續通典》。三國屬於吳。赤烏八年，使校尉陳勳將屯兵三萬人，鑿句容中道，自小其至雲陽西城，以通吳會，船艦作邸閣，仍屬丹陽郡《吳志》。晉仍舊制，隋改屬揚州《隋地理志》。唐武德二年以句容延陵二州縣置茅州。七年廢，隸蔣州。九年，因延陵屬茅山地並隸潤州。會昌四年升爲望縣。乾元元年屬昇州。上元二年，州廢，隸潤州。光啓三年復置昇州，縣隸焉。《唐書志》。宋天禧三年改爲江寧府，句容爲次畿。四年，改

〔註65〕魏嵩山主編：《中國歷史地名大辭典》，廣東教育出版社1995年5月第1版，第1188頁。

爲句容爲常寧，尋復舊。建炎三年改爲建康府，縣隸焉。至元十四年改爲建康路《元史志》。天曆二年改爲集慶路，隸如舊《元史志》。」〔註66〕

《明史・地理一》記載：「句容，（應天）府東。南有茅山。北有華山，秦淮水源於此北濱大江。西有龍潭巡檢司。」〔註67〕據《明一統志》記載：「句容縣，在府東九十里，漢置。屬丹陽郡。以縣有句曲山故名。唐武德中於縣置茅州，尋廢州，以縣屬蔣州，尋又屬潤州，後屬昇州。宋屬建康府，元仍舊，本朝因之，編戶二百一十三里。」〔註68〕

光緒《續纂句容縣志・藝文》「書目」中收錄的句容方志有：胡珝景泰《句容縣志稿》、王韶弘治《句容縣志稿》、王裕萬曆《句容縣志稿》、國朝胡岳順治《句容縣志稿》、樊明徵乾隆《句容縣志稿》。另外還有笪重光《茅山志》十四卷。〔註69〕關於句容縣志的編纂，乾隆《句容縣志》卷首《乾隆重刊句容志序》中稱：「吾邑專志自明弘治始，至國朝乾隆年而大備。」〔註70〕纂修者蓋未見舊志，所以有此論。實際在明弘治以前有多部方志存在。張國淦先生《中國古方志考》中列出的明以前方志有《江乘地記》《句容舊志》、《句曲志》、《句容縣志》和寶慶《句容志》四部。這幾部古方志均爲佚志。其中《江乘地記》，《江蘇舊方志提要》稱：「江乘縣，秦置，三國吳廢，晉復置，隋開皇初再廢，約相當於今句容縣等地。」〔註71〕《江乘地記》爲《北堂書鈔》、《藝文類聚》、《初學記》、景定《建康志》和《金陵新志》所引。因此，張先生及《江蘇舊方志提要》均將其收錄於句容縣下。本文將在《句容舊志》佚文研究中論及。

宋代《句容縣志》纂修人、編纂始末、卷數均不考。宋景定《建康志》的《風土志・諸墓》引《句容縣志》一則，元至正《金陵新志》卷八《民俗志・風俗》、卷十一《祠祀志・祠廟》、卷十二、《古蹟志・陵墓》、卷十三《人

〔註66〕　（清）乾隆十五年曹龔先纂修：《句容縣志》卷一，《中國方志叢書》據清光緒二十六年重刊本影印，臺北成文出版社1974年6月臺一版。

〔註67〕　《明史》卷四十，中華書局1974年4月第1版。

〔註68〕　（明）李賢等奉勅撰：《明一統志》卷六，文淵閣欽定《四庫全書》本。

〔註69〕　（清）張邵堂修，蕭穆纂：《續纂句容縣志》卷十八，《中國方志叢書》據光緒三十年刊本影印，臺北成文出版社，1974年6月臺一版。

〔註70〕　（清）乾隆十五年曹龔先纂修：《句容縣志》卷首，《中國方志叢書》據清光緒二十六年重刊本影印，臺北成文出版社1974年6月臺一版。

〔註71〕　徐復、季文通主編：《江蘇舊方志提要》，江蘇古籍出版社1993年10月第1版，第756頁。

物志·仙釋》，引用《句容縣志》共六則。此外至正《志》的《地理圖》、《疆域志》、《學校志》等，也多處引用此書。內容涉及建置沿革、地理、坊巷、學校、風俗、祠宇、古蹟、人物、碑刻等。

宋代另一部《句容志》，稱寶慶《句容志》，纂修人及卷數亦不詳。至正《金陵新志》卷七《田賦志·歷代沿革》引府志諸屬縣各類土地面積統計情況，下注：「寶慶句容、嘉定溧陽二志，與二郡志又不同。」說明宋代別有寶慶《句容志》。寶慶爲南宋理宗趙昀年號，時當 1225 至 1227 年，此志應當撰成於這一期間。纂修人及編纂始末、卷數亦不詳。至正《志》卷十一、十二又引該志凡四則，一爲武烈帝廟、一爲崇明寺廟、一爲唐人詩、一爲義和寺《頌》。說明此志包括祠廟、古蹟、藝文等方面。

馬氏《輯佚》一書中收錄的句容地區方志有《句曲志》、《茅山續志》、《句容志》、《句容縣新志》、《句容新志》、《句容縣志》，共七部之多，下面將對之進行考證。

二、《大典》本《句曲志》及其佚文研究

乾隆《句容縣志·輿地志》「形勝」中載：「句容縣有句曲山，山形如「己」字，勾曲而有所，又名曰句曲、句容皆以此也。」〔註72〕《元和郡縣志》中載：「茅山在縣東南六十里，本名句曲，以行似己字，句曲有所容，故號句容。」〔註73〕因此，句容方志也有的以「句曲」爲名稱。句容縣以句曲爲名的方志除了《句曲志》以外，還有宋代曾淘所撰《句曲山記》七卷〔註74〕此二志均已佚失。

元代張鉉至正《金陵新志·新舊志引用古今書目》中記載：《句曲志》，宋張侃。〔註75〕張氏《輯本》案：《大典》引《句曲志》凡一條。至正《金陵新志》引《古今書目》：「《句曲志》，宋張侃。」《文淵閣書目·舊志》：「《句曲縣志》一冊，」當即是志。〔註76〕今從張氏之說，且補證如下。著者張侃，《江蘇舊方志提要》中載：「張

〔註72〕 （清）乾隆十五年曹冀先纂修《句容縣志》卷一，《中國方志叢書》據清光緒二十六年重刊本影印， 臺北成文出版社 1974 年 6 月臺一版。

〔註73〕 （唐）李吉輔《元和郡縣志》卷二十六，文淵閣《欽定四庫全書》本。

〔註74〕 《宋史》卷二○四，中華書局 1977 年 11 月第 1 版。

〔註75〕 （元）張鉉纂：至正《金陵新志》卷首，《中國方志叢書》據元至正四年刊本影印，臺北成文出版社 1983 年 3 月臺一版。

〔註76〕 張國淦：《永樂大典方志輯本》，北京燕山出版社 2006 年 5 月第 1 版，第 97 頁。

侃，字直夫，南宋大梁人，官上虞縣官。其父巖爲南宋寧宗時權臣，而侃獨志趣蕭散，浮沉末僚，所與遊者，皆恬靜不爭之士。著有《拙軒集》。」〔註77〕《句曲志》編纂始末及卷數未詳。其父巖既然爲南宋寧宗時權臣，且《宋史》記載其父：「大梁人，徙家揚州，紹興末渡江，居湖州……登乾道五年進士第。」〔註78〕說明此志應撰於南宋年間，是爲宋志。

馬氏《輯佚》和張氏《輯本》皆輯出《句曲志》佚文一則，屬【湖泊】類：

絳岩湖，在縣西南三十里。灌漑句容、上元兩縣田五萬畝，舊收歲課二百二十貫，咸平三年正月，奉敕除放。湖一半本縣臨泉、上容、福祚、崇德四鄉。」〖冊十八卷二二六一頁十六　六模〗。(《輯佚》五五　二頁)

佚文記述絳岩湖的方位、湖的灌漑作用、受益範圍和稅收情況，地域涉及現在的江寧縣、句容縣；還記錄了北宋咸平三年湖畔四鄉的名稱。弘治《句容縣志》卷四《地理類》中載：「絳岩湖，一名赤山湖，在句容縣西南三十里，去府六十里，源出絳岩山，周百二十里，下通秦淮。石邁《古蹟篇》：赤山湖在上元、句容兩縣間，漑田二十四埕。南去百步有磐石，以爲水疏閉之節 。……」該志於「絳岩湖」記述甚詳，對此湖歷代的志書均有收錄，乾隆《句容縣志》中記載與之相同，應是沿襲《弘治志》而來。但佚文記載的「灌漑句容、上元兩縣田五萬畝，舊收歲課二百二十貫，咸平三年正月，奉敕除放」爲二志所無，可補充《弘治志》的內容，是一條很有價值的北宋地方經濟史料。

第五節　《大典》本四種句容志及其佚文研究

一、《大典》本四種句容志的編纂情況

馬氏《輯佚》收錄了四種句容志，即《句容志》、《句容縣志》、《句容新志》和《句容縣新志》，現對其編纂情況進行探討。

《大典》本《句容志》、《句容縣志》張氏《輯本》均有收錄。關於《大典》本《句容志》編纂的時間，張氏《輯本》考證如下：

〔註77〕徐復、季文通主編：《江蘇舊方志提要》，江蘇古籍出版社1993年10月第1版，第757頁。
〔註78〕《宋史》卷三百十六，中華書局1977年11月第1版。

案：《大典》引《句容縣志》凡一條，又《句容志》凡四條。其際留倉條「元置，元末俱廢」云云，茲據錄作明志。《文淵閣書目・舊志》：「《句容縣志》」，當即是志。曰：「句容」，曰「句容縣」，或修《大典》時有增省字。〔註 79〕

張氏據《大典》本《句容志》「際留倉「條佚文中的「元置，元末俱廢」等字確定《大典》本《句容志》爲明志，並進而稱《句容志》與《句容縣志》爲同一志書。但從張氏《輯本》以及馬氏《輯佚》所收錄的佚文來看，並未見關於「際留倉」的佚文，此處張氏引文有誤。不過，現存《句容志》佚文仍爲我們提供了該志編纂的時間線索。《大典》本《句容志》【詩文】類佚文中錄有元江東之《瑞麥謠》，其中有「至正十四年，句容瑞麥復產城東田，民持瑞麥歌縣令，縣令復似張堪賢。」的詩句，說明此《句容志》應當纂於元至正十四年（1354）至明永樂六年（1408）54 年之間，佚文中稱《瑞麥謠》的作者爲「元江東之《瑞麥謠》」，此志應爲明初方志，這部志書並不見載於後志，纂修人及卷數已不可考，《江蘇舊方志提要》亦未收錄。張氏將《大典》本《句容志》與《句容縣志》視爲同一部志，《句容縣志》佚文中有「直隸應天府句容縣」字樣，是其爲明志之證，張氏之說可從。

至於《大典》本《句容新志》，《江蘇舊方志提要》將此志列爲宋志，《提要》是這樣推斷的：「《永樂大典》卷二二六一《六模・湖・赤山湖》九一有《句容新志》資料一則。按明代句容志首修於弘治。弘治爲明孝宗年號當 1488 至 1505 年，永樂爲明成祖年號，當 1403 至 1424 年。此爲《永樂大典》所引，知是志早於弘治。引文稱：『自赤烏二年，到今已七百餘年。』赤烏爲東吳大帝孫權的年號，赤烏二年爲 239 年。七百餘年以七百三十年計之，赤烏二年下延七百三十年爲 969 年，時當北宋太宗至道二年，是此志成書於北宋初。」〔註 80〕

如果僅憑「赤山湖」一條佚文來推斷，則上述推斷似乎有道理。但是據馬氏《輯佚》一書所收錄的《句容新志》的其他佚文來看，情況並非如此。【祥異】類佚文中有「國朝吳元年，麥兩歧者，產縣境」的記載，太祖朱元璋在建立明朝前曾經稱吳王。據《明史・太祖本紀》載：「（至正）二十四年春正月丙寅朔，李善長等率群臣勸進，不允。固請，乃即吳王位，建百官。」〔註 81〕

〔註 79〕 張國淦：《永樂大典方志輯本》，《張國淦文集四編》，北京燕山出版社 2006 年 5 月第 1 版，第 839 頁。
〔註 80〕 徐復、季文通等：《江蘇舊方志提》，江蘇古籍出版社 1993 年 10 月版，第 758 頁。
〔註 81〕 《明史》卷一，《中華書局》1974 年 4 月第 1 版。

「國朝吳元年」應是元至正二十四年（1364），即太祖即吳王位的那一年。因此，此志應當是明代而非宋代方志，在未見到該志全部佚文的情況下，《江蘇舊方志提要》中僅憑一條佚文就推斷此志爲宋代方志是不正確的。（按，佚文中的「七百年」當爲「九百年」之誤，詳後文。）

張氏《輯本》對此志考述如下：

案：《大典》引《句容新志》凡十條。其生帛局條「元置，今急遞鋪申明亭」云云，茲據錄作明志。〔註82〕

張氏據「生帛局」條佚文推斷此志爲明志，是正確的。但據該志【祠祀】條佚文內容，此志的編纂時間還可以進一步明確。該條佚文記載：「鄉飲酒禮。洪武十年，禮部爲講究禮儀事內一件鄉飲酒禮，連到圖式，該每一歲孟春正月、孟冬十月二次行鄉飲酒禮。」（《輯佚》五六三頁）這說明《大典》本《句容新志》應當著於明代洪武十年（1377）以後至永樂六年（1408）以前的 31 年之間。可見，該志與《大典》本《句容志》即《句容縣志》的編纂時段大體相當，可與之視爲同一部志書。

此外《大典》中還收錄《句容縣新志》一部，僅收錄【人物】1 則，現存記載中未見此志名，應與《句容新志》爲同一部志書。

綜合上面的論述，可知《大典》本四種句容志，當爲同一部志書，不同的書名是《大典》抄手錄入不謹所致，現統一規範其名稱爲《句容縣志》。

二、《大典》本《句容縣志》佚文研究

據上文考證，將四種《大典》本句容志的佚文研究，併入同一小節，統稱《句容縣志》佚文研究。馬氏《輯佚》收錄《句容志》佚文【官署】1 條，【宮室】2 條，【詩文】3 條，共 6 條資料，《句容縣志》佚文【山川】1 條，考釋如下：

【官署】：

縣舊志曰：唐世置鹽鐵轉運司，在揚州。宋都大發運使在眞州。〖冊八一卷七五一三頁四　十八陽〗（《輯佚》五五五頁）

佚文載唐代在揚州設置鹽鐵轉運司。鹽鐵使爲唐代後期主管鹽、鐵、茶專賣及征稅的使職，常以重臣領使，或由宰相兼任。鹽指食鹽的生產及專賣；

〔註82〕張國淦：《永樂大典方志輯本》，《張國淦文集四編》，北京燕山出版社 2006 年 5 月第 1 版，第 841 頁。

鐵泛指礦冶（包括銀、銅、鐵、錫等）的征稅。唐肅宗乾元元年（758），第五琦以度支郎中兼御史中丞爲諸道鹽鐵使，這是鹽鐵置使之始。第五琦立鹽鐵法，從此，征稅變爲專賣，政府收入大增。寶應元年（762），劉晏爲鹽鐵使時又兼任轉運使，以鹽利爲漕運經費，使二者密切結合。自劉晏以後，二使常由一人兼任，後鹽鐵使與轉運使合爲一職，稱鹽鐵轉運使。如此，唐代設立鹽鐵轉運司應在寶應元年以後。

佚文中有「《縣舊志》曰」，其中提到的都大發運使，爲北宋太宗時設立，負責由江淮地區向京師運送米粟，正、副使外，還設都大發運使。說明此舊志成書於宋太宗（976～997）之後。張國淦《中國古方志考》中著錄爲：「《句容舊志》，佚 蒲張氏大典輯本 大典輯本據《大典》七千五百十三：十八陽（下蜀倉）（句容志）引舊志一條。」〔註83〕即是此條佚文。

【宮室】：

乾道《建康志》：道士張元之築臺以居，名昭眞臺。《句曲山記》曰：靈寶院是也。《眞誥》云散尋眞迹，多雲封還昭眞臺。蓋陶居宗修楊許三眞經堂也。今按《眞誥》曰隱居所立昭靈臺前欲立小石碣子，則是昭眞臺本名昭靈臺也。【冊三十卷二六〇四頁四 七皆】（《輯佚》五五六頁）

佚文所引乾道《志》和《句曲山記》是兩部佚志，所記「昭眞臺」，元《茅山志》載：「昭眞臺，《眞誥》翼眞檢敍論眞經每云還封昭臺，蓋隱居宗修楊許三眞上法，此爲藏經之室。山中久經盜□，寶書眞迹者逸無餘，雖有志學之士，何由復見眞人手澤。至此慨歎而已，玉晨院靈寶觀即其地。」〔註84〕弘治《句容縣志》、乾隆《句容縣志》中對此昭眞臺均無專門記載，弘治《句容縣志·壇墠》中有「靈寶院」條云：「在縣治東南四十里茅山鄉，即玉晨觀隱君昭眞臺故基，唐宗師孫智清樓霞重建。」〔註85〕其中提到有昭眞臺。從《茅山志》、弘治《句容縣志》記載可知此臺原來蓋爲藏經之室，在唐時已不存，唐宗師孫智清在臺基上重建有靈寶院，其地位於句容縣東南四十里茅山鄉。佚文還記錄了昭眞臺爲道士張元之所築，此爲現存之《茅山志》、弘治《句容縣志》所未載，道士張元之，其人不詳，下文鶴臺亦是其所築。

〔註83〕張國淦：《中國古方志考》，中華書局1962年8月第1版，第231頁。

〔註84〕（元）劉大彬：《茅山志》卷五，《續修四庫全書》723 冊，上海古籍出版社2004年據北京圖書館藏元刻本配明刻本影印。

〔註85〕（明）王僖、杜磐修，程文纂：弘治《句容縣志》卷五，《天一閣藏明代方志選刊》，上海古籍書店1964年影印本。

鶴臺，在金菌山後。〖冊三十卷二六〇四頁十三　七皆〗（《輯佚》五五六頁）

景定《建康志》載：「鶴臺澗在茅山大茅峰之東北，嘗有鶴群往來於此澗。後有道士張元之築臺以居焉。」弘治《句容縣志・壇壝》載：鶴臺，在縣治東南四十里金菌山後。道士張元之築，趙孟頫有詩，見題詠類。」（同前）《景定志》記載了鶴臺之方位、得名及其修築人；《弘治志》記載了鶴臺的位置，鶴臺修築人及宋末元初的大書法家、詩人趙孟頫曾爲之題詩，均較佚文爲詳。

【詩文】：

李嘉祐《句容縣東青陽館作》：句曲千峰暮，歸人向遠煙。風搖近水葉，雲護欲霜天。夕照留山館，秋花落野田。征途傍斜日，一騎獨翩翩。〖冊三十卷一一三一三頁三　十罕〗（《輯佚》五五六頁）

《新唐書・藝文志》載：「《李嘉祐詩》一卷，別名從一，袁州、台州二刺史。」〔註86〕此詩《全唐詩》亦有載：「句曲千峰暮，歸人向遠煙。風搖近水葉，雲護欲晴天一作霜天。夕照留山館，秋光落草田。征途傍斜日，一騎獨翩翩。」〔註87〕其中「秋光落草田」一句，佚文中作「秋花落草田」，似以《句容志》佚文爲佳。

元江東之《瑞麥謠》：「君不聞，張堪作守漁陽時，當時麥秀歌兩歧。至今一千三百有餘歲，漁陽之地田父野老猶歌之。至正十四年，句容瑞麥復產城東田，民持瑞麥歌縣令，縣令復似張堪賢。所願今年多穀更多黍，五日一風十日雨，更有嘉禾獻明府。」〖冊一百八八卷二二一八二　八陌〗（《輯佚》五五六頁）

樊淵《詠兩歧麥寄陳清溪縣尹詩》：鯉湖蓮幹雙，函德芝莖九。古來天地間，嘉瑞亦云有。芝蓮信美異，未必可糧糗。如何貽來车，待哺說眾口。不見春秋時，筆削若魯叟。有瑞皆不書，無麥乃深咎。麥登已足喜，何況兩歧秀。富媼出秘珍，此事夫豈偶。向來瑞漁陽，歌詠鏗宇宙。自從絕響後，何人繼其右。包容本山邑，田少草木茂。去歲罹旱災，民食炊劍首。多雪兆宜麥，大嚼眠田畝。今年春雨多，尚恐雷車虯。豈意漁陽歌，復歌千載後。此歌賢令尹，彼歌賢太守。固知天人應，政出造化手。今君不爲功，益以謙自守。但云麥雖瑞，未必禾瑞否。民間病已多，一瑞未足救。願言推君仁，溥作八荒壽。舜風妙長養，傅霖澤枯朽。豐年多黍稯，三四錢米斗。飽飯山中人，黃雞酌白酒。（同前）

《元史》中有關瑞麥、嘉禾的記載頗多，見《元史・五行志》。句容自宋代即有瑞麥的記載，且佚文中曰瑞麥「復產」城東田，也說明至正十四年的瑞麥不是首次出現。但江東之《瑞麥謠》中，至正十四年句容瑞麥生東田，

〔註86〕《新唐書》卷六十，中華書局1975年2月第1版。
〔註87〕（清）彭定求等編：《全唐詩》卷二〇六，中華書局點校1999年1月第1版。

這一事件並不見載於《元史》，《大典》本《句容志》中的記載，可補正史之缺。

　　《句容志》中另一則是鄉賢樊淵所作關於瑞麥的一首詩，作者樊淵，《元史·孝友一》中有傳：「樊淵，建康句容人。幼失父，事母篤孝。至元十二年，奉母避兵茅山。兵至，欲殺其母。淵抱母號哭，以身代死，兵兩釋之。三十年，江東廉訪使辟為吏。母亡，奔喪，哀感行路。服闋，奉神主事之，起居飲食，十年如平生。臺憲交薦，淵不忍去墳墓，終不起。」〔註88〕從《元史》知樊淵為句容人，《元史·孝友一》中僅記錄其行迹，從《大典》本《句容志》中收錄的這首詩表達了對賢明政治的讚美和希望，以及對豐衣足食生活的嚮往。說明樊淵其人不僅有孝行，而且很有一種利樂百姓的情懷。

　　此詩乾隆《句容縣志》中不載，但《光緒續纂句容縣志·藝文》中載有樊淵《題雙瑞麥圖錄雙岐麥一首》，即是此詩。但與《大典》本《句容志》佚文相校，文字上頗有出入，可謂互有校補之功。其文如下：

　　「鯉湖蓮幹雙，涵德芝莖九。古來天地間，嘉瑞亦云有。芝蓮信美異，未必可糧糗。如何貽麰麥，行哺說眾口。不見春秋時，筆削若魯叟。有瑞皆不書，無麥乃深咎。麥登已足喜，何況兩歧秀。富媼出秘珍，夫此事豈偶。何來瑞漁陽，歌詠鏗宇宙。自從音響寂，何人繼其後。包容本山邑，田少草木茂。去歲罹旱災，民食炊劍首。多雪兆宜麥，大嚼睨田畝。今年春雨多，尚恐雷車驟。豈意漁陽歌，復歌千載後。此歌賢令尹，彼歌賢太守。固知天人應，政出造化手。今君不為功，益以謹自守。但云麥雖瑞，未必禾瑞否。民間病已多，一瑞未足救。願言推君仁，溥作八荒壽。舜風妙長養，傅霖澤枯朽。豐年多黍棕，三四錢米斗。飽飯山中人，黃雞酌白酒。」〔註89〕《光緒續纂句容縣志》與佚文中收錄的詩文差異如下：

　　「鯉湖蓮幹雙，涵德芝莖九」，「涵」佚文中作「函」。

　　「如何貽麰麥，行哺說眾口」，佚文中作「如何貽來牟，待哺說眾口」。

　　「夫此事豈偶」，佚文中作「此事夫豈偶」。

　　「何來瑞漁陽」，佚文中作「向來瑞漁陽」。（聯繫前後文知「何來」應是「向來」之誤。）

〔註88〕《元史》卷一百九十七，中華書局1976年4月第1版。

〔註89〕（清）張邵堂修，蕭穆纂：《續纂句容縣志》卷十八上，《中國方志叢書》據光緒三十年刊本影印，臺北成文出版社1974年6月臺一版。

「自從音響寂，何人繼其後」，佚文中作「自從絕響後，何人繼其右。」
「益以謹自守」，佚文中作「益以謙自守」。

弘治《句容縣志》中此詩內容與光緒《續纂句容縣志》內容基本一致，《大典》本《句容志》的編纂時間在弘治《句容縣志》與光緒《續纂句容縣志》之前，所錄此詩更有可能是原詩面貌，至少佚文提供此詩的另一版本，對於校勘後志有一定的文獻價值。另外，光緒《續纂句容縣志》與《大典》本《句容志》中此詩名亦不同。《光緒志》中錄樊淵此詩名爲《題雙瑞麥圖錄雙岐麥一首》，佚文中此詩名《詠兩歧麥寄陳清溪縣尹詩》，《光緒志》中稱此詩是「錄雙歧麥一首」，說明並非此詩原名，此詩原名應以佚文中所載爲確。此外，《大典》本佚文和《光緒志》中的「包容本山邑」中的「包容」當爲「句容」之誤。

【山川】(《句容縣志》)：

石屋洞，在直隸應天府句容縣煙霞石塢南山大仁院。洞極高，狀似屋。周迴建羅漢五百十六身，中間鑿釋迦佛諸菩薩像，直下洞極底有泉。(詳見大仁院。) 〖冊一百三四卷一三〇七四頁二〗(《輯佚》五六八頁)

佚文稱「石屋洞」極高，狀似屋。且周迴建造羅漢五百六十身，中間鑿有釋迦佛諸菩薩像，說明此洞規模不小。明代景定《建康志》、至正《金陵新志》、弘治《句容縣志》，以及清乾隆《句容縣志》、光緒《續纂句容縣志》均未見記載。然而咸淳《臨安志‧山川八》「洞」下載：「石屋洞，在煙霞石塢南山大仁院。洞極高，狀似屋。周迴鐫羅漢五百十六身，中間鑿釋迦佛諸菩薩像，直下洞極底有泉。詳見大仁院。」〔註90〕又同書《寺觀四》「寺院」下載：「大仁院，廣運中吳越王建。舊爲石屋，宣和三年改今額。有洞曰石屋，鐫石作羅漢、諸佛像。山頂有石庵天成，團圓如鑿，高丈餘。一名天然庵，洞崖彷彿有東坡題名，傳云黨禁時鐫去。咸淳二年創建觀音諸天寶閣。記文：陳侍郎宜中撰《佛閣記》。南山大仁院，廣運中吳越王錢氏建，有洞曰石屋，因即爲名，元祐二年改今額。洞屋谽閜衍迤，凡二丈六尺。曩有大知識人鐫洞石作羅漢七百餘尊，士民瞻向，歷載浸□，晶彩阤剝，貌像漫漶。嘉定間訓武方公俊卜竁，瑞峰即院對山也。日與主鉢僧文緯者遊，睠言石屋南山勝境，不踵前芳，林慚澗愧。遂鳩工計匠，補缺振廢。由是莊嚴相貌，芒張彩紛，過者見者咸以頓還舊觀，生歡喜心。既而岩罅滴溜，滋潤蒸鬱，公早夜關心，議建寶閣於洞之頂。薙榛闢址穿崖，引流度材，孔將命斤斧而候不起。有子武經大明懵先志未遂，與母安仁黃氏謀

如家事。乃撙費節用，鼎創閣宇凡若干楹，則嘉熙丁酉之夏也。輪奐崔巍，如在碧落，不增歷級，佛地也。二役既畢，諸佛尊嚴。石屋若闢而宏，南山若增而高，煙霞松竹若鼓舞而導迎，遂爲一方偉觀。是卜訓武佳城在目，武經汲汲於繼志，述事之孝且勸施樂，誠爲大眾作福田利益而已，不專焉是不可爲書乎。」（同前，卷七十八）記載石屋洞鐫築始末甚詳。同書「蝙蝠洞」條載：「蝙蝠洞在錢塘縣煙霞石屋洞後。」（同前，卷二十九）則《大典》佚文所言之「石屋洞」當在臨安府錢塘縣，而非應天府句容縣，《大典》將「石屋洞」誤錄入《句容縣志》下亦或是《大典》本《句容縣志》原書即誤收此條，二者均有可能。

《永樂大典》中收錄的《句容新志》佚文包括【湖泊】1 條、【官署】1 條、【兵防】2 條、【祠祀】1 條、【宦蹟】2 條、【祥異】6 條。《句容縣新志》收錄【人物】佚文 1 則，考釋如下：

【湖泊】：

赤山湖，一名絳岩湖。江寧府上元、句容　兩縣，臨泉、通德、湖熟、崇德、丹陽、臨淮、福祚、甘棠，舊額九鄉，今並入丹陽、臨泉、福祚、甘棠四鄉，百姓自來共貯水　絳窩湖，澆灌田苗，下有百岡堰捺水。其湖上接九源山，其堰下通秦淮江。自吳赤烏二年，到今已七百餘年。其湖東至數堰，西至兩壇，南至赤岸，北至青城。舊日春夏貯水深七尺，秋冬貯水深四尺。續被湖上鄉老王陟、徐濬經本州論訴，稱其湖周迴八十里外占奪百姓田地，縣司引上湖下鄉老吳翼、吳豪論理。先是，麟德二年，前縣令楊延嘉並建兩斗門，立碑碣，其言周回僅百里。州司尋差十將丁籌計主徐蕆巡湖打量，得一百二十二里九十　六步。盧尚書判置湖貯水，本爲溉田，若許侵耕，難防災旱，實爲蠹弊。又累爭論，此度若更因循，他日終多私競，乞詳裁斷。乃詳盧評事據湖上鄉老及湖下鄉老等訴狀，一一詳斷，使之得所，必可遵行。盧評事判云：曾告論黃城塘，本非百姓田地，近檢量，且與湖水通連，足見事情豈得占吝湖下人戶怠慢不專，久利膏腴，潛肆耕墾，又去相競。又云：八十里爲界，百里周迴，恐是兩偏。今據取定四尺水，則使其澆九鄉田苗。若過令深廣，又慮浸毀。若逢曠旱之年，須稍更增加。今且取定五尺水，則其不及處，且任耕墾種植。如有人在五尺水則內盜耕一畝一角，推勘得實，其犯條人斷遣。令眾十日放本管湖長不覺察，亦並施行。又據十將狀丁籌蘆奸亭北邊，去岸約有二百來步，有一磐石，東西闊四尺七寸，南北闊三尺五寸，石面中心去水面一尺六寸五分，即是五尺之則，並有察柱，仍仰下縣便於石上磨刮，更刻字記其湖仍每季一申，不得鹵莽。其王陟、徐璿不思所佃本是侵耕，故有論列，務於己承佃年久，多迷寡識，並放科責。其吳翼、吳豪無過，亦請矜放。尚書判準，斷立五尺水則，碑碣見在。一戴經、新塘、有豐等三湖，圍埠內田，多是私函取水，澆灌田苗，準舊例放絳盎湖水下秦淮三日後，三埠人戶連狀經縣，取指揮給放，不得專擅開函取水。一其湖先有傳食田五十畝，句容縣弓量二十畝三十步，上元縣弓量二拾畝三拾步。一其湖合貯水五尺，則外有湖西北角絳窩山東腳下古石湫，禁放出水，修作百岡堰，畢工

後，如田土旱涸，請速眾狀經縣，取指揮準舊修取車步湫，給放水足，即須權時修捺四斗門橋上子堰，如遇要水，即開子堰百岡堰。一其堰自吳赤烏二年，興絳端湖同置，絳端湖即是貯水，百岡堰即是捺水，承潤七鄉。絳端湖水，上接九源山，下通秦淮江，如遇天旱少水，堰長先經本縣陳狀，集七鄉人戶，並工修作。畢工後，眾戶連狀再經本縣，取指揮，方集眾戶開放，澆灌田苗，水足，依舊掩塞。一其堰開放湖後忽遇天雨泛漲，即仰堰長臨時酌量開泄減放。若水勢浩瀚，即須全開，不得有傷田苗。一除七鄉承潤外，其連接溧水等界人戶，即不食此湖水利，仰不得私相取水澆灌田苗。一其邊界有古蹟堰，舊來集側近承潤人戶修作，逐年差人看守。若不因天雨山水擁下，不得輒令其水透漏。如有鄉老及湖堰長巡檢，見得似有水流去處，其看守人請準元條科斷。一其堰逐年修作，澆灌田苗。成熟之後，眾戶連狀經縣，取指揮，於穩便處開放堰內積水，不得傷諸鄉田苗。赤山湖一保大中曾別差官親到湖所，再建斗門三所，通放湖水出入，當令湖中積水五尺，灌溉句容、上元兩縣九鄉人戶田苗，上供王賦。一其湖西側去大路一百餘步，有磐石一座，則水深淺，令眾戶於石畔又立杉木望柱一條，長一丈七尺，標記水則。其石上水深一尺六寸五分，即是五尺水則，方始可以灌溉兩縣。其望柱，勒近地保社人戶日夜邊欄，常夾棘籬遮圍看管。如水過則，即仰湖長弔閘減放，不得輒令湖水失其元則。一其斗門，或遇山水擁下，高於湖內水面，即須全開三所斗門，放水入湖，候外溪水退卻，放水出溪，下秦淮入江。專須酌量湖水，不得失於元則。一其湖埂從西石湫並子堰及東斗門大埂上，兩岸栽培楊木，仰湖長逐日管押守宿人戶看管，不得許令斫伐並牛羊踐踏。一湖埂上接崇德、上容、福祚、通德等四鄉，除承潤人戶同用功修作外，恐有無知人戶，不施功力，輒盜水利灌溉一畝一角。兩岸人戶巡檢，似見車步蹤迹，就所在保社勘驗申舉。右前件湖堰，承舊澆灌九鄉田苗共一千餘頃畝，伏奉省符帖，命指揮修作貯水，逐鄉差承潤戶管當。先有條流，歲久去失。續於晉天福年中，再興功役修作。經今六十餘年，伏遇明朝重興添修建造，貯捺百里溪汊山源，賑卹耕民，備供王賦，累奉勅恩，給賜料物及借助日食等。差兩縣官員，置造斗門三所，計用一萬七千六百八十工，及添修湖埂並百岡堰共計三萬三千六佰八十工。眾議重置條流，嚴加束轄，謹連符條如前，伏乞員外尊慈，特賜判印指揮，永為證據。伏聽處分。建隆三年三月十八日，大田戶唐瑣等陳請查員外判執條，常當嚴加束轄。乾德三年三月十二日，伍侍御判執條。開寶二年十一月空日，王司空判執前尺為據，閻侍御、魏司空、盧司直、林員外並判執連前判。太平興國六年五月十五日，赤山湖團首唐理男霸在縣陳狀，知縣事兼兵馬監押巡檢宋籍給據。慶曆三年二月十八日，龍圖葉直閣知建康府日帖句容縣本縣尉，並句容縣所申，告示赤山湖都團任操等，一依逐官所定，依舊以磐石上水及六寸四分，湖心水深四尺，永為則例。及移新湫，卻於古來去處安頓，仍勾集水潤人戶，開掘古湫，上下闊四尺，以來仍舊通放湖水。所有打量出入戶胡眞等四十四戶侵耕湖面田土，即仰指揮，依舊撥充湖面。如於內有已收繫苗稅田土，亦與銷破。兼仰於古來舊湫處置立大石柱一條，將湖心磐石水則，刻於柱上，永為定則。及將今來行去使帖內指揮，亦於石柱上鐫記號，仍便出榜本處，曉示食利人戶。如團首任操等不依，今來逐官定下水則，開放湖水，及有側近人戶，準前輒敢作弊偷放湖水，侵耕湖池，即仰經縣陳論，仰本縣收接文狀，勾追根勘行遣。而仰本縣常切覺察，逐季舉行，仍具已施行

事狀申府，不得遲延。陶代堰一條，三縣交界，其堰約有七十餘丈，上下係土場，每邊十畝，以來逐年取土修作，係是余李塔吳巷一團專管，卻與免赤山湖、百岡堰逐年修作。所有蔡湖三所，共合澆灌當縣田苗，其江寧、溧水縣界人戶，即不係承潤之數。其蔡湖岸埂北畔有絕水堰一條，在吳縉田頭；義新溝亦有絕水堰一條，在吳寶田頭；又星池亦有絕水堰一條，在吳壽隆田頭。所有周於湖，亦係三縣交界，亦不係江寧、溧水兩縣承潤。其湖廟前有絕水堰二條，湖南亦有絕水堰一條，始莊東又有黃堰一條，福祚修作。政和二年七月空日，團首方安順具政和三年七月空日權縣事曹宣德任內據楊隆狀，本縣湖條內有陶代堰一道、絕水堰六道，不繫上元縣湖條拘管，乞勒方安順添入施行，尋勒方安順供具，在前已添入上元縣，錄到湖條記，須至行遣。紹興九年三月二十一日，準建康府帖，照勘句容縣西南三十里土赤山下有絳端湖，俗稱赤山湖，周姻一百二十里，上元縣丹陽鄉地遠相接，其湖東以南連及東北並枕山岡，自北以西係湖埂岸，分東西兩漱口放水，舊有斗門，下通秦淮河。自河以南，連帶湖上，盡屬句容縣臨泉、福祚、上容、崇德、通德五鄉，秦淮河西、繫屬上元縣丹陽、清化兩鄉。已上南北兩岸七鄉四十二焊人戶，全藉湖水澆灌田土。古來於秦淮河下口十三里，攔河置百岡堰。父老相傳句容、上元兩縣水利人戶，推排堰長二人看守，及置團首二人掌管湖水，逐時興茸岸埂，固護湖水，輪轉交替。如遇天旱年歲，要水灌溉田苗，兩縣團首商議，未放水前，堰長先經縣陳狀，集水利人並工修作百岡堰懼，斷水頭，再經縣過狀，方始放水湧人百岡堰，次第散水入湖，下七鄉四十二埠，澆灌田苗。水足依舊閉塞漱口。其湖上戴經、新塘、有豐三埠，雖是福祚鄉水利人戶，爲是湖上田土邊近赤山湖岸，古來只於近湖埂岸，自置函口，車水灌田。舊例放赤山湖水下秦淮三日後，三焊人戶眾狀申縣，方得放水，不得專擅開函取水，以此卻與湖下四十二埠水利人戶用工作堰放水事不相干涉。〔冊卷二二六一頁十六　六模〕（《輯佚》五五七頁）

　　《大典》本《句容新志》具有十分重要的參考價值，「赤山湖「條佚文記載了自三國孫吳赤烏二年（239）至南宋紹興九年（1139）九百年間句容縣赤山湖水利工程的創建和沿革，記錄了豪民於湖灘圍墾及官府嚴禁侵耕以利蓄水、防洪、抗旱有關文件的全文。資料充足，記載詳明，內容涉及赤山湖（一名絳岩湖）的規模、周邊地區的建置沿革、受益範圍、水利設施、蓄水情況，以及水利糾紛、有關碑刻、文件等。其中禁止圍墾的措施，即使在今天的水利建設中也有不可輕忽的借鑒意義。《大典》本《句容新志》這段關於赤山湖水利工程的佚文當是來自與前志或地方檔冊。此條佚文記事自三國吳赤烏二年至南宋紹興九年，前後延續九百年，故知佚文開頭「七百餘年」中「七」當爲「九」字之誤。

　　【官署】：

　　生帛局，元置，在縣治前街東。今急遞鋪、申明亭，皆其地也。〔冊一百卷一九七八一頁十　一屋〕（《輯佚》五六三頁）

其中有「生帛局，元置」的記載，亦說明此志爲明代方志。弘治《句容縣志》、乾隆《句容縣志》、光緒《續纂江寧縣志》中均未見載。此局爲元代所置，《元史》亦未載。至正《金陵新志·官守志一》載：「句容縣，前宋次畿縣，至元十二年歸附，仍舊名。……各設提領生帛局，有印，設提領大副使隸資政院。」〔註91〕《田賦志》「句容縣稅糧」下載：「生帛局造辦棗褐鴉青明綠白色紵絲斜紋肆佰玖拾伍段。」（同前，卷七）從《金陵新志·田賦志》的記載來看，元代生帛局應當是地方官府督造絲織品的機構。佚文記錄了句容縣生帛局的所在地，爲至正《金陵新志》所不載，具有一定的史料價值，是難得的元代句容縣官署資料。

【兵防】：

吳孫權時，遣宿衛人採金輸官，兵帥百家遂屯居伏龍之地。〖冊五二卷三五八七頁十二九眞〗（《輯佚》五六五頁）

此則佚文內容正史中不載，南朝梁陶弘景《眞誥·稽神樞第一》中載：「金陵古名之爲伏龍之地，河圖逆察，故書記運會之時，方來之定名耳。至於金陵之號稱，已二百餘年矣。句曲山，秦時名爲句金之壇，……山生黃金，漢靈帝時詔敕郡縣，採句曲之金，以充武庫。逮孫權時，又遣宿衛人採金，常輸官。兵帥百家遂屯居伏龍之地，因改名爲金陵之壚。名也，河圖已得之，於昔可謂絕妙。」〔註92〕由此可知，「伏龍之地」，即金陵之古名。句曲山生黃金，漢靈帝時即詔敕郡縣，採句曲之金，以充武庫。從句曲山採金輸官，雖非始於孫權，但孫權時亦嘗爲之，且其規制與陶弘景的記載相同，因此推斷《大典》本此則佚文當出自陶弘景《眞誥》。

宋沈慶之屯兵下蜀，故老相傳戍山是也。史傳未詳。〖冊五二卷三五八一六 一屋〗（《輯佚》五六五頁）

此條佚文不見載於後志，沈慶之，字弘先，吳興武康（今浙江德清武康鎮）人，南朝宋著名將領，生於晉孝武帝太元十一年，卒於宋前廢帝景和元年，年八十歲。晉末，孫恩作亂。時慶之未冠，隨鄉族擊之屢捷，以勇聞。年四十，未知名。後爲寧遠中兵參軍。竟陵蠻屢爲寇，慶之爲設規略，每擊破之，由是致將帥之稱。元嘉中，累功爲建威將軍，助孝武帝討劭，旬日間內外整辦，時謂神兵。孝武帝即位，論功封始興郡公。竟陵王誕反，又討平之，進

〔註91〕 （元）張鉉纂：至正《金陵新志》卷六上，文淵閣《欽定四庫全書》本。
〔註92〕 （梁）陶弘景：《眞誥》卷十一，文淵閣《欽定四庫全書》本。

侍中、太尉。廢帝兇暴，誅戮大臣。慶之盡言諫爭，遂被害。明帝立，追諡
襄。〔註93〕《南史・沈慶之傳》對其評價曰：「沈慶之以武毅之姿，屬殷憂之
日，驅馳戎旅，所在見推。其戡難定功，蓋亦宋之方、召。及勤王之業克舉，
臺鼎之位已隆，年致懸車，宦成名立，而卒至顛覆，倚伏豈易知也。諸子才
氣，並有高風，將門有將，斯言得矣。」〔註94〕佚文中沈慶之屯兵之地下蜀，
現爲句容市北部重鎮，《新唐書・地理五》載：「升州江寧郡，至德二載以潤
州之江寧縣置，上元二年廢，光啓三年復以上元、句容、溧水、溧陽四縣置。
土貢：筆、甘棠。縣四： 有江寧軍，乾元二年置；有石頭鎮兵；有下蜀、淮
山二戍。」〔註95〕可見「下蜀」歷代皆爲軍事要地。

【祠祀】：

鄉飲酒禮。洪武十年，禮部爲講究禮儀事內一件鄉飲酒禮，連到圖式，該每一歲孟春正
月、孟冬十月二次行鄉飲酒禮。以一百家爲一會，如百家內有糧長者，以糧長爲主席；如無糧
長者，以里長爲主席。一百人內以最長者爲賓，其餘各依年齒序座。仍選一名通文字者讀律，
讀畢，入席坐定。飲酒不許把盞，所用酒肴，一百家內，從儉共辦，毋致奢靡。府州縣所在有
司官與學官率士大夫之老者，行鄉飲酒禮，務在恪遵成憲，不作非違。自京師爲始，天下咸取
則焉。其儀參酌唐、宋之制，次第頒行。凡讀律，大都督府將犯事軍官罪名編類成書，名曰《申
明誡諭》。在內各衛親軍指揮使司，在外指揮使司，凡鎮御軍官，每月初一日，率僚屬讀之，
使眾人皆知所警誡，不敢有犯。刑部將天下犯事人民罪名編類成書，亦名曰《申明誡諭》。在
內應天府及其直隸府州縣，在外各行省所屬府州縣及里社，每歲行鄉飲酒禮，讀律則取《申明
誡諭》讀之，使眾人皆知所警誡，不敢有犯。見律令。凡鄉黨序齒及鄉飲酒禮，已有頒行定制，
違者笞五十。〖冊一百二五卷一二〇七二頁一　二十有〗（《輯佚》五六三頁）

這條佚文，比較詳細地記述了明代鄉飲酒禮的內容。鄉飲酒禮，在《明
史》與《大明集禮》中均有記述。《明史・嘉禮四》曰：「《記》曰：『鄉飲酒
之禮廢，則爭鬥之獄繁矣』，故《儀禮》所記，惟鄉飲之禮達於庶民。自周迄
明，損益代殊，其禮不廢。洪武五年，詔禮部奏定鄉飲禮儀，命令有司與學
官率士大夫之老者，行於學校，民間里社亦行之。十六年，詔班《鄉飲酒禮
圖式》於天下，每歲正月十五日，十月初一日，於儒學行之。」〔註96〕隨後
對明代鄉飲酒禮的儀式敘述得十分詳細。《大明集禮》中對此禮按順序條目一

〔註93〕 《宋書》卷七十七，中華書局 1974 年 10 月版。
〔註94〕 《南史》卷三十七，中華書局 1975 年 6 月第 1 版。
〔註95〕 《新唐書》卷四十五，中華書局 1975 年 2 月第 1 版。
〔註96〕 《明史》卷五十六，中華書局 1974 年 4 月第 1 版。

一列出，其條目包括：「(總敍)、賓主介僎、戒賓介、設席位次、陳器、舍菜、立班、迎賓、序賓、獻賓、賓酢主、主酬賓、主獻介、獻三賓、獻眾賓、升位、僎入、樂賓、司正揚觶、旅酬、讀律、無算爵、賓出。」〔註97〕，其中對每一條內容均有解釋，並有附圖。

　　但上述兩者皆未言所讀律的具體內容，《大典》本《句容新志》佚文明確記載所讀律為《申明誡諭》，並略述此書的編纂內容。且記禮中「飲酒不許把盞，所用酒肴，一百家內，從儉共辦，毋致奢靡」，這些內容《明史》和《大明集禮》中並未作說明，佚文卻使我們對《明史》及禮書中的明代鄉飲酒禮有更全面的瞭解，是難得的明代禮制資料。

　　【宦蹟】：

　　唐楊於陵達夫年十八，擢進士，調句容主簿。節度使韓滉剛嚴少許可，獨奇於陵以為賢，而妻之。德宗朝，遷戶部尚書，以左僕射致仕。器量方峻，進止有常，節操賢明，終始不失其正，時人尊仰之。〖冊一百五四卷一四六〇九　五御〗（《輯佚》五六四頁）

　　楊於陵為唐德宗至憲宗朝名臣，《新唐書》本傳載：「楊於陵，字達夫，本漢太尉震之裔。父太清，倦宦，客河朔，死安祿山之亂。於陵始六歲，間關至江左，逮長，有奇志。十八擢進士，調句容主簿。節度使韓滉剛嚴少許可，獨奇於陵，謂妻柳曰：『吾求佳婿，無如於陵賢。』因以妻之。辟鄂岳、江西使府。滉居宰相，領財賦，權震中外。於陵隨府罷，避親不肯調，退廬建昌，以文書自娛樂。……拜華州刺史，遷浙東觀察使。越人饑，請出米三十萬石拊贍貧民，政聲流聞。」史臣稱：「於陵器量方峻，進止有常度，節操堅明，始終不失其正，時人尊仰之。太和四年卒，年七十八。冊贈司空，諡曰貞孝。」〔註98〕

　　楊於陵是東漢太尉楊震的後裔，少有奇志。節度使韓滉為人剛嚴，很少稱讚人，唯獨對楊於陵另眼相看，並且讓他作自己的女婿。於陵為官清廉有為，不失其正，為時人所尊仰。佚文內容顯然約取於《新唐書・楊於陵傳》。

　　弘治《句容縣志》「本縣官員年表」下曰：「晉唐宋官員名氏，世代久遠，莫考其詳，錄其所知者以例其餘」，並錄有「唐主簿楊於陵陝西人」〔註99〕，

〔註97〕　（明）徐一夔、梁寅等撰　：《大明集禮・嘉禮》，明嘉靖九年內府刻本（數字古籍）。

〔註98〕　《新唐書》卷一百七十六，中華書局1975年2月第1版。

〔註99〕　（明）王僖、杜磐修，程文纂：弘治《句容縣志》卷三，《天一閣藏明代方志選刊》，上海古籍書店1964年影印本。

但未詳其於句容任職的時間。《新唐書》記載其父卒於安祿山之亂，其時，於陵六歲，十八歲時擢進士，調句容主簿。安祿山之亂爲始於天寶十四年（755），則其於句容任職時間當在唐代宗大曆二年（767）。

唐章八元，睦州桐廬人。大曆六年進士。貞元中，調句容主簿，有詩名。〖冊一百五四卷一四六〇九　五御〗（《輯佚》五六四頁）

章八元，新舊《唐書》無傳，《唐才子傳》載：「八元，睦州桐廬人。少喜爲詩，嘗於郵亭偶題數語，蓋激楚之音也。宗匠嚴維到驛，見而異之，問八元曰：『爾能從我授格乎？』曰：『素所願也。』少頃遂發，八元已辭親矣。維大器之，親爲指諭，數歲間，詩賦精絕。大曆六年王澍榜第三人進士。居京既久，床頭金盡，歸江南，訪韋蘇州，待贈甚厚。復來都應制科。貞元中調句容主簿，況薄辭歸。時有清江上人善詩，與八元爲兄弟之好。初長安慈恩寺浮圖，前後名流詩版甚多，八元亦題，有云：『卻怪鳥飛平地上，自驚人語半天中。』後元微之、白樂天至塔下遍覽，因悉除去，惟存八元版在，吟詠久之，曰：『名下無虛士也。』其警策稱是。有詩集傳於世，一卷。」〔註100〕

章八元頗有詩名，嘗作《題慈恩寺塔詩》，爲白居易、元稹所稱賞。《新唐書‧藝文四》載：「《章八元詩》一卷，睦州人，大曆進士第。」（同前，卷六十六）《全唐詩》存其詩六首。

佚文記其貞元中調句容主簿，弘治《句容縣志》與乾隆《句容縣志》之「秩官表」均失載，佚文可補充二志之闕。

【祥異】：

國朝吳元年麥兩歧者二，產縣境。知縣王成奉以獻中書省，欽奉聖旨：元年五月二十一日，有司奏民人李文興、施仁獻瑞麥兩幹四歧，以爲予之禎祥，故捧而來朝，予且悅且慮，何也？昔者以《簫韶》九成，鳳凰來儀，此舜之功德感於天，致鳳之來儀故也。文王治岐山，聞鳳有聲，亦文王功德之所感。此二君當治天下之時，民乃和平，故鳳依時而至。當春秋麒麟至，夫子怪之，蓋出非其時，當群雄爭鬥之秋，民人塗炭，其禎祥之應，豈不致夫子之惑也。予身本布衣，起兵淮甸，東渡江左，十有三年。四征不庭，科斂繁重，治頑惡者，法律甚嚴，所任非賢，己身不德，日夜憂懼，不能自善。其禎祥瑞麥，豈在予感而至，莫非新任有司得人，或者農民自勤而格天地，故生瑞麥以祥有司及勸農者也。然此天地造化，人豈能知？今後令李文興、施仁等慎心以奉天，忽怠，欽此。〖冊一百八八卷二二一八二　八陌〗（《輯佚》五六四頁）

〔註100〕傅璇琮主編：《唐才子傳校箋》卷四，中華書局1989年年3月第1版。

　　《句容新志》收錄的朱元璋吳元年五月二十一日爲句容縣瑞麥所下的這篇詔書，主要內容是傳達了對句容縣所獻瑞麥的褒獎，「其禎祥瑞麥，豈在予感而至，莫非新任有司得人，或者農民自勤而格天地，故生瑞麥以祥有司及勸農者也」，語氣頗爲謙和，同時又詔喻獻麥人李文興、施仁等慎心以奉天。此則佚文中稱「麥兩歧者二，產縣境，知縣王成奉以獻中書省」，且此瑞麥又是民人李文興、施仁所獻，說明當時朱元璋在其轄縣句容縣的統治還是較得人心的，從詔書中也可看出其朝勤夕惕，不敢懈怠的執政態度，此時大業尚未完成，這也是一個新生政權統治者所應有的氣象。《永樂大典》本《句容新志》中所完整地保留的這篇詔書，《明史》、《明實錄》以及清代句容縣志中均不見收錄，不僅有輯補史志的價值，同時也是我們瞭解洪武以前吳政權的珍貴史料佚文。

　　趙權《瑞麥詩序》：有吳建元之始年夏四月，麥兩歧見於句容之近郊，如是者二焉。郊之氓走致之庭，言於邑大夫王侯曰：「聞諸鄉之老成人，是麥之祥也，祥必有所緣至，惟我侯來令吾邑，公而勤，廉而愛人，是其應也。夫公而勤，則於事上也忠；廉而愛人，則於字下也惠而無傷。公勤廉愛之所感召，葉氣橫流，天降祥福，宜哉！矧茲祥也，不於其他，必於帝命率育之貽者發之，豈非惠養之徵乎？我弗敢匿，敢告。」侯聞之，慨然曰：「噫！有是哉。若知其一，未知其二邪！今上以英武之資，拓迹開統，建萬世無疆之業。句容實惟漢豐、沛、南陽比，又介乎輦轂之下，上天眷顧，儲祥委祉，滂霈漫衍昭晰。傳有之『國家將興，必有禎祥』，茲其爲祥也，豈臣子所得私邪！不然，何獨於茲一邑見之。在宋開禧初，其祥若是，邑人刻石具在。今有吳之建元也，其祥亦復有是焉。天眷時運，昭然脗合，豈偶然哉！以天之眷於爾邑，吾知聖心之不忘爾民也。」遂表其實以聞，權惟休徵之應，德化之感，古若今也。昔漢張堪守漁陽，麥兩歧，實生其壤，民之頌之，紀於史氏，竟未聞歸美其君若侯者。今侯不惟謙抑弗有，歸德於上，且指歸化原，昭揭德本，明著章徹若是，非尊君親上，公爾忘私，孰能然哉！推是心也，上可以獲乎君，下可以得乎民，繼自今璽書褒嘉，恩賴兼至，寵黃霸於穎川，侯卓茂於密縣，使吾民得以涵泳聖化，沐浴膏澤，其不兆於斯乎！邑士民既鋪茇盛美，播諸歌頌，權拙訥不能以聲成文也，爲之序云。

　　趙權《瑞麥記》：邑大夫王侯下車之明年夏四月，民有以麥一莖三穗獻者二，以爲侯德所感云。侯受之，謂其僚屬曰：「吾何以堪之？惟吾王肇定區宇，肇啓洪業，而句容密邇王室，基本攸在。況今立號建國之始，而祉祥若斯，天其豈無意乎？隱而不彰，是蔽乎王家之美，而貪天功也，其可哉！」遂表其實，獻大府以聞。既以播告中外，綸言挹謙，推美歸下，激勵勸勉，嚴畏有加，匪頒下建，恩禮憂渥。於是吏慶民拃，上下歡洽，膏澤弗愆，歲用大稔。邑士民乃相與謀曰：「昔在宋開禧初，麥有祥如是，文載於石具在。今而不刻金石，將何以昭揭盛美，垂示永久。遂用磐石碣辭，而以命予。權竊惟和氣致祥，天地之常經也。今侯嘉寵斯麥，

以昭有吳受命之符，下歸美其上，上推功於下，君臣同德，以和召和，斯民蓋將益被其澤，豈不重可貴哉！是足以記矣！侯名成，字國用，蘄春人。其爲治也，果毅以立事，廉公而愛人。縣丞劉，名復仁，字克禮，揚州人。主簿任，名允，字執中，桃源縣人。典史汪，名宏，字守道，泗州人。同寅協恭，駮駮政績，固當大書特書，茲未暇詳者，特記瑞麥云。〖冊一百八八卷二二一八二　八陌〗（《輯佚》五六七頁）

這兩條關於句容瑞麥的佚文，與前條句容瑞麥佚文所記爲同一事件。這裡的「邑大夫王侯」即指前條佚文中的句容知縣王成奉，這兩條佚文均爲趙權所作，一篇是爲句容瑞麥詩所作的序，還有一篇是爲瑞麥而作的記。弘治《句容縣志》中載有趙權《瑞麥記》〔註101〕，內容與佚文收錄之記，除個別字外基本相同。署名趙仲衡撰，仲衡爲趙權字。佚文中「惟吾王耆定區宇」，《弘治志》中作「惟吾聖天子首定區宇」；「今侯嘉寵斯麥，以昭有吳受命之符」《弘治志》中作「今侯嘉寵斯麥，以昭我國家受命之符。」朱元璋於（至正）二十四年春正月丙寅朔即吳王位，趙權作此記在洪武元年稱帝以前，而弘治年間所撰縣志出於尊隆本朝的需要，對原文略作了修改。此篇《瑞麥記》，清乾隆、光緒志中均不見記載。《句容新志》中收錄的趙權另一篇《瑞麥詩序》，《弘治志》、《乾隆志》及《光緒志》中均未見記載，有輯補後志的作用。

宋開禧元年，麥三穗同幹者一，兩穗者三，產縣境，邑令江公亮刻之石，徐筠爲記。紹定元年，靈芝、兩歧麥、同本竹、并蒂瓜、雙頭蓮五瑞並產縣境，邑令張偁刻之石。漫塘劉宰跋之曰：「有一於此，足爲上瑞，況五者來備乎！然則邑大夫與其同僚所以召和迎祥者，亦必有道矣！」〖冊一百八八卷二二一八二　八陌〗（《輯佚》五六四頁）

《句容縣瑞麥記》：《春秋》書無麥禾，范曄書麥穗兩歧，經記異，史記祥也。江大夫以名家子爲句容宰，甫數月，政化浹孚，犴獄空閴。葉氣薰蒸，震於異麥，有三穗同幹者一，兩穗者三，厥芒檬密，厥實栗好，匐人曰：「茲大夫之仁。」大夫不敢以自功，獻之督率牧伯。督率牧伯曰：「茲大夫之征。」復以歸之。乃繪事秀穎，丕昭嘉應。是年麥大有秋。以經史所登載如彼，是宜特書。昔魯恭爲中牟，嘉禾生於便坐庭中，州郡交舉，致身三吏，句容惡知不中牟哉！《詩》云：「靡不有初，大夫其勉旃。」將見屢書不一書而已也。大夫名公亮，常山人，今官通直郎。〖冊一百八八卷二二一八二　八陌〗（《輯佚》五六七頁）

此二則佚文均爲記載南宋寧宗開禧年間句容縣產瑞麥的情況。《宋史·五行一上》中載：「舊史自太祖而嘉禾、瑞麥、甘露、醴泉、芝草之屬，不絕於書，意者諸福畢至，在治世爲宜。祥符、宣和之代，人君方務以符瑞文飾一

〔註101〕（明）王僖、杜磐修，程文纂：弘治《句容縣志》卷九，《天一閣藏明代方志選刊》，上海古籍書店 1964 年影印本。

時，而丁謂、蔡京之奸，相與傅會而爲欺，其應果安在哉？高宗渡南，心知其非，故《宋史》自建炎而後，郡縣絕無以符瑞聞者，而水旱、箚瘵一切咎徵，前史所罕見，皆屢書而無隱。於是六主百五十年，兢兢自保，足以圖存。」〔註102〕《宋史》中有關嘉禾、瑞麥的記載基本在北宋，高宗瞭解權臣以符瑞爲欺的情況，因而建炎以後，《宋史》中郡縣都無此類記載。佚文中載：「邑令江公亮刻之石，徐筠禹記。紹定元年，靈芝、兩歧麥、同本竹、并蒂瓜、雙頭蓮五瑞並產縣境，邑令張儞刻之石。」說明地方對此仍然是重視並加以記錄的，然僅刻石而已，不入國史。據趙權《瑞麥記》，此刻石至明初具在。乾隆《句容縣志·祥異》載：「宋開禧間，瑞麥三穗，同杆者一，兩穗者三。」〔註103〕後一則佚文名爲《句容縣瑞麥記》，從其內容結合前一則佚文中的內容可知，此記的作者應當即是徐筠。弘治《句容縣志》中亦載有此篇文章，署名即是徐筠撰，但篇名爲《瑞麥圖記》，與佚文中篇名略異。〔註104〕《大典》本《句容新志》此二則佚文對宋開禧間瑞麥的情況記載比乾隆《句容縣志》、《光緒續纂句容縣志》中的記載要詳細充實的多，可以補充後志記載的不足。

【人物】（《句容縣新志》）：

　　葛洪坐至日中，兀然若睡而卒，時年八十一。視其顏色如生，體亦柔軟。舉屍入棺，甚輕如空衣，世以爲屍解得仙云。〖冊二百六卷九一三頁二十五〗（《輯佚》五五七頁）

　　此條佚文張氏《輯本》所無，葛洪（284～364），爲東晉道教學者、著名煉丹家、醫藥學家。字稚川，自號抱朴子，三國方士葛玄之侄孫，世稱小仙翁。他曾受封爲關內侯，後隱居羅浮山煉丹。對隋唐煉丹術的發展具有重大影響，成爲煉丹史上一位承前啓後的著名煉丹家。著有《神仙傳》、《抱朴子》、《肘後備急方》、《西京雜記》等書。《晉書》有傳載：「丹陽句容人，洪博聞深洽，江左絕倫。著述篇章富於班馬，又精辯玄賾，析理入微。後忽與嶽疏云：『當遠行尋師，克期便發。』嶽得疏，狼狽往別。而洪坐至日中，兀然若睡而卒，嶽至，遂不及見。時年八十一。視其顏色如生，體亦柔軟，舉屍入棺，甚輕，如空衣，世以爲屍解得仙云。」〔註105〕由此知佚文中內容出自《晉書》本傳。

〔註102〕　《宋史》卷六十一，中華書局1977年11月第1版。

〔註103〕　（清）曹龔先纂修：《句容縣志》卷末，《中國方志叢書》據清乾隆十五年修光緒二十六年重刊本影印，臺北成文出版社1974年6月臺一版。

〔註104〕　（明）王僖、杜磐修，程文纂：弘治《句容縣志》卷九，《天一閣藏明代方志選刊》1964年影印本。

〔註105〕　《晉書》卷七十二，中華書局1974年11月第1版。

第六節　《大典》本《茅山續志》及其佚文研究

一、茅山沿革及《大典》本《茅山續志》編纂情況

　　茅山是道教名山，弘治《句容縣志‧地理類》中載：「茅山在縣治東南四十里茅山鄉，周迴一百五十里，初名句曲。以山形之勾曲也。又名巳山，以山形似巳也，漢元帝時有茅氏兄弟三人來居其上，遂名茅山。秦始皇聞民間先有謠曰：『神仙得者茅初成，駕龍上升入太清。時下三洲戲赤城，繼世而往在我盈。』於是有尋仙人之意，後有茅盈、茅固、茅衷即三茅君也。結屋三茅號三茅君。又號其峰曰大茅峰、中茅峰、小茅峰。揚至質有作。見題詠類。」〔註106〕

　　現存《茅山志》見於記載的有兩部，一修於元代，一修於清代。元代《茅山志》三十三卷，爲道士劉大彬所撰（《江南通志》中記載爲《茅山志》十五卷，浙張天雨隱居句曲撰）。清代《茅山志》十四卷，爲康熙十年刻本，順治九年進士笪重光纂。

　　馬氏《輯佚》中輯有一部《茅山續志》，收錄佚文有【神異】類1則，【詩文】類1則。【神異】類中收錄的是一篇記文，名爲《神異記》。記載了明太祖朱元璋自述其出生及幼時的一些神奇的際遇與現象，以及朱元璋在洪武元年即位後的神奇夢境，還記述了廬山周顚仙給太祖進藥的事情。是一篇完整的紀文，有一定的文獻價值。此《神異記》開篇云：「上之洪武二十有六年春天，臣恭由華陽洞靈宮知神樂觀凡八載，蒙恩授今太常丞職，任黃冠如故。」（《輯佚》五五三頁）

　　說明此《茅山續志》撰於明代，時間在洪武二十六年以後至永樂六年以前，爲續元代劉大彬《茅山志》所作。現存方志論著中，有關茅山方志的記載，均沒有提到過《大典》本《茅山續志》，現存志書如句容縣方志中亦未見記載，張氏《輯本》和《江蘇地方志提要》中，亦未收錄《大典》本《茅山續志》，《大典》本《茅山續志》是一部久已失傳且文獻失載的茅山志。由於資料的限制，目前我們僅能據佚文基本確定《茅山續志》志的修纂時代，該志卷數及修纂人均已不可考，儘管如此，《永樂大典》對該志的收錄，對現存有的文獻記錄起到了重要的補充作用。

〔註106〕　（明）王僎征、杜桼修，程文纂：《句容縣志》卷四，《天一閣藏明代方志選刊》，上海古籍書店 1964 年影印本。

二、《大典》本《茅山續志》佚文研究

　　《茅山續志》收錄的《神異記》中記述有關於太祖出生的一些奇異事情，與其他文獻的記載略有些不同。其文如下：

　　　　上之洪武二十有六年春天，臣恭由華陽洞靈宮知神樂觀凡八載，蒙恩授今太常丞職，任黃冠如故。皇上以萬機之隙，時召至奉天門或便殿，賜座、錫燕者不一。是年六月七日，宣詣奉天門，上額手言曰：「比朕病時，感廬山周顛仙送藥以濟我難，追憶皇妣在日，謂言未生朕之先年夏五月，一道士來化齋，為設饌具，道士云：『我有一丸丹與餌，餌之當生異人。』隨於壺中探得一丸授之，置諸掌，以漸開暈，其光如月，服而吞之。饌至，已失道士所在矣！明年，當震凤之時，紅光燭天，異香滿室，信哉禎祥之不偶也！是後，又一道士絳冠白簡，陵晨以化齋來，一見皇考，謂曰，『公家有異人，公好個末主，壽有八十三歲。』比命饌，則不見其人矣！已而皇考不及所期而崩，後乃知其所徵在勸進之時焉。」洪武元年既即位，冬十二月，夢神人若真官狀，旌幢自天西北而下，凡數神人導旅行，見上帝左右侍從，悉真官衣。一道士前致詞，賜真人服，二道士舉案，袞冕圭履其上，五色焜煌煌，空中聲言『善持守』，朕受賜禮謝而退。神復西行去至朝天宮，有一人頂釜自西北而去，後思之當是受戒。上帝與元君妥懽交代之日，彼國言妥懽，華言鐵釜云。嗚呼！詎知後來郊祀所用執事、樂舞生乃朝天公宮道士也耶！今茲朕病後，有顛仙進藥。凡此數事，皆而道家效靈驗於國家而其識之。」臣恭叩，山呼萬歲，壽畢，仍賜膳而退。至是七月十七日召詣奉天門，賜觀顛仙所進藥，一曰溫涼石，一曰闢瘟丹。其石如玉，微軟，約崇四寸，廣殺四之一，其面玲瓏，其背質樸。其丹粉劑，色如辰砂，修入筆琯，異香彷彿菖陽。斯其應效之速，不踰宿而遂沉疴灑然之去體也。觀畢，上謂「何物乃此靈驗？」臣恭謹對曰：「此必顛仙所煉而然。」上曰：「斯人草衣木食，何得此藥而煉。」復謹對曰：「仙人真質已在仙洞，遺體應世而已，安知仙境無此藥物？今皇天眷祐，真仙進丹，聖躬萬安，實宗社之靈，蒼生之福也。」語畢，叩頭而退。居數日，再召至奉天門，定選八月朔，遣使詣廬嶽行謝禮，以九月朔致祭，因賜觀御製祝文，並顛仙傳及詩，上曰：「朕皆直述其事，不事文藻。」臣恭對曰：「宸翰帝王之文，不尚奇靡，自今顛仙美名與天地同久者，此文也，使道門千古流芳者，亦此文也。」語畢，顏甚喜。臣恭叩頭，惶懼而退。遂編次其事為《神異記》。〖冊三七卷二九五〇頁七　九真〗（《輯佚》五五四頁）

　　這篇文章記載了太祖出生、太祖夢神以及周顛仙為太祖進藥的經過，帶有濃厚的神異色彩。關於太祖出生事，《明史・太祖本紀一》則是這樣記載的：「太祖開天行道肇紀立極大聖至神仁文義武俊德成功高皇帝，諱元璋，字國瑞，姓朱氏。先世家沛，徙句容，再徙泗州。父世珍，始徙濠州之鍾離。生四子，太祖其季也。母陳氏，方娠，夢神授藥一丸，置掌中有光，吞之，寤，口餘香氣。及產，紅光滿室。自是夜數有光起，鄰里望見，驚以為火，輒奔

救，至則無有。比長，姿貌雄傑，奇骨貫頂。志意廓然，人莫能測。」〔註107〕

《皇明本紀》中則記錄：「大明皇帝，濠、泗州人也，姓朱氏，世爲農業。母太后陳氏，夜夢一黃冠自西北來，至舍南麥場中麥糠內，取白藥一丸，置太后掌中，太后視漸長，黃冠曰：『好物，食之。』太后應而吞之。覺，謂仁祖曰：『口尙有香。』明旦，帝生。生三日，腹脹幾殆，仁祖夢抱之寺舍，欲舍之。抵寺，寺僧皆出。復抱歸家，見東房檐下，有僧坐板凳面壁，聞仁祖至，回身顧曰：『將來受記。』於是夢中受記。天明，病癒。自後多生疾症，仁祖益欲舍之。上自始生，常有神光滿室，每一歲間，家內數次夜驚，似有火，急起視之，惟堂前供神之燈，他無火。及出幼，太后必欲舍之，仁祖未許。」〔註108〕三者皆記錄太祖出生前的神異，所不同者，《明史》與《皇明本紀》中均記載的是其母陳氏夢中遇到一神或一黃冠，而《茅山續志》之《神異記》記載的是此事的另一版本，朱元璋親自向太常丞口述，似乎更像現實生活中所發生的事情，且載太祖「上額手言曰」，即親口所述。《神異記》中所記時間、地點皆歷歷可考。「上之洪武二十有六年春天，臣恭由華陽洞靈宮知神樂觀凡八載，蒙恩授今太常丞職，任黃冠如故。皇上以萬機之隙，時召至奉天門或便殿，賜座、錫燕者不一。是年六月七日，宣詣奉天門。」然後記太祖之言，其中有「未生朕之先年夏五月」的時間描述。如果事屬虛妄，爲杜撰，他完全可以採用另一種方式來敘述，比如，從太祖出生處聞到這件事、或從某瞭解太祖身世的人那裡聞到這件事。又爲何偏記錄爲身爲九五之尊的太祖親口所言呢？文章開頭稱：「臣恭由華陽洞靈宮知神樂觀凡八載，蒙恩授今太常丞職，任黃冠如故。皇上以萬機之隙，時召至奉天門或便殿，賜座、錫燕者不一」。對太祖如此恭敬，若其以虛妄杜撰之事假之太祖親言，似乎不大合情理。且太祖並非憑空提起此事，而是提到「比朕病時，感廬山周顛仙送藥以濟我難」時談起。因此，《神異記》中所記載的生活中道士借化齋贈藥之事，比《明史》中的夢神賜藥和《皇明本紀》中的夢見道士贈藥似乎更眞實些。

從這篇《神異記》中可以看出太祖朱元璋與道家頗有一些淵源。《明史·太祖本紀一》記載：「至正四年，旱蝗，大饑疫。太祖時年十七，父母兄相繼

〔註107〕《明史》卷一，中華書局1974年4月第1版。
〔註108〕（明）佚名：《皇明本紀》，《四庫存目叢書》史部一一七，齊魯書社1986年第1版。

歿，貧不克葬。里人劉繼祖與之地，乃克葬，即鳳陽陵也。太祖孤無所依，乃入皇覺寺爲僧。逾月，遊食合肥。道病，二紫衣人與俱，護視甚至。病已，失所在。凡歷光、固、汝、潁諸州三年，復還寺。」(同前) 太祖曾在寺廟中當過和尙，本是出身佛門，而從《神異記》所載其經歷來看他與道家亦有不解之緣。從其未生之時家中即有道士來訪，而在皇覺寺爲僧後，遊食合肥，路上生病時又有「二紫衣人與俱，護視甚至。」此二紫衣人有可能也是道家人物。《大典》本《神異記》中記載太祖稱其病時曾經感廬山周顚仙送藥。周顚仙，正史中載有其人事蹟，《明史·方伎傳》中稱：「明初，周顚仙、張三豐之屬，蹤迹幻秘，莫可測識，而震動天子，要非妄誕取寵者所可幾。」〔註109〕又云：「周顚，建昌人，無名字。年十四，得狂疾，走南昌市中乞食，語言無恒，皆呼之曰顚。及長，有異狀，數謁長官，曰『告太平』。時天下寧謐，人莫測也。後南昌爲陳友諒所據，顚避去。太祖克南昌，顚謁道左。洎還金陵，顚亦隨至。一日駕出，顚來謁。問：『何爲』，曰：『告太平』。自是屢以告。太祖厭之，命覆以巨缸，積薪煆之。薪盡啓視，則無恙，頂上出微汗而已。太祖異之，命寄食蔣山僧寺。已而僧來訴，顚與沙彌爭飯，怒而不食且半月。太祖往視顚，顚無饑色。乃賜盛饌，食已閉空室中，絕其粒一月，比往視，如故。諸將士爭進酒饌，茹而吐之，太祖與共食則不吐。太祖將征友諒，問曰：『此行可乎？』對曰：『可。』曰：『彼已稱帝，克之不亦難乎？』顚仰首視天，正容曰：『天上無他座。』太祖攜之行，舟次安慶，無風，遣使問之，曰：『行則有風。』遂命牽舟進，須臾風大作，直抵小孤。太祖慮其妄言惑軍心，使人守之。至馬當，見江豚戲水，歎曰：『水怪見，損人多。』守者以告。太祖惡之，投諸江。師次湖口，顚復來，且乞食。太祖與之食，食已，即整衣作遠行狀，遂辭去。友諒既平，太祖遣使往廬山求之，不得，疑其仙去。洪武中，帝親撰《周顚仙傳》紀其事。」(同前) 太祖親自爲其作傳，說明此人非一般方士可比。從《神異記》的記載來看，周顚仙進藥爲太祖療病，太祖對其懷有感激之情，可能也是重要的原因之一。

　　明太祖朱元璋太祖年輕時曾託身佛門，與佛家頗有淵源。而從《神異記》的記載來看，太祖對於道家也是持尊崇態度的。記中太祖口述夢上帝之經過，中有「神復西行去至朝天宮，有一人頂釜自西北而去，後思之當是受戒。」的敘述，又云：「嗚呼！詎知後來郊祀所用執事、樂舞生乃朝天

〔註109〕《明史》卷二百九十九，中華書局 1974 年 4 月第 1 版。

公宮道士也耶！今茲朕病後，有顛仙進藥。凡此數事，皆而道家效靈驗於國家而其識之。」記末尾還記載：「居數日，再召至奉天門，定選八月朔，遣使詣廬嶽行謝禮，以九月朔致祭，因賜觀御製祝文，並顛仙傳及詩，上曰：『朕皆直述其事，不事文藻。』臣恭對曰：『宸翰帝王之文，不尚奇靡，自今顛仙美名與天地同久者，此文也，使道門千古流芳者，亦此文也。』語畢，顏甚喜。臣恭叩頭，惶懼而退。遂編次其事為《神異記》。」《神異記》中的這些內容記載了明太祖與道家的往來，以及其對於道家的尊崇態度，文中內容與《明史》中的太祖親自撰《周顛仙傳》是相吻合的，從文中的時間來看，太祖撰此《周顛仙傳》的時間大約應在洪武二十六年七月間，這些內容都可作為正史的補充材料。從中我們也可看出《永樂大典》佚文所具有的史料價值。

【詩文】：

張仲舉詩：步虛聲起繞玄雲，石乳煙銷夜半分。怪得瑤笙吹鶴過，碧壇夜醮玉宸君。〔冊七一卷七二四二頁二　十八陽〕（《輯佚》五五四頁）

張仲舉，即元代學士張翥，《元史》本傳載：「張翥，字仲舉，晉寧人。其父為吏，從征江南，調饒州安仁縣典史，又為杭州鈔庫副使。翥少時，負其才雋，豪放不羈，好蹴鞠，喜音樂，不以家業屑其意，其父以為憂。翥一旦翻然改曰：『大人勿憂，今請易業矣。』乃謝客，閉門讀書，晝夜不暫輟，因受業於李存先生。存家安仁，江東大儒也，其學傳於陸九淵氏，翥從之遊，道德性命之說，多所研究。未幾，留杭，又從仇遠先生學。遠於詩最高，翥學之，盡得其音律之奧，於是翥遂以詩文知名一時。已而薄遊維揚，居久之，學者及門甚眾。」又記曰：「翥長於詩，其近體、長短句尤工。文不如詩，而每以文自負。……及死，國遂亡，以故其遺稿不傳。其傳者，有律詩、樂府，僅三卷。」〔註110〕《元史》稱張翥少負其才，豪放不羈，後一旦翻然醒悟，息心向學，道德性命之說，多所研究，又以詩文知名一時。其長於詩，於近體長短句尤工，散文不如詩詞，而本人卻以文自負。史載其「薄遊維揚，居久之，學者及門甚眾」，《江都縣志·雜記》記有其揚州軼事：「張仲舉為集慶訓導，以得罪御史乘夜奔揚州。時間揚城全盛，眾素聞其名。皆延致之，仲舉軀體昂，行則偏聳一肩。眾為詩以譏笑之。時有相士在坐，或曰：『仲舉病鶴形也。』相士曰：『不然，此雨淋鶴形也，雨霽則衝霄矣。』後入大都，居

〔註110〕《元史》卷一百八十六，中華書局 1976 年 4 月版。

相位，封潞公。相士亦異人也。」〔註111〕

　　今存《蛻庵詩集》4 卷，詞 2 卷。其詩集現存版本有《四庫》本《蛻庵集》5 卷和《四部叢刊》本《張蛻庵詩集》4 卷。《四部叢刊》本《張蛻庵詩集》刊於洪武初年，末尾張元濟《跋》稱此 4 卷本爲至正丙午張仲舉方外友杼禪師以公手稿選次刊行，絕非《元史》所稱之律詩、樂府 3 卷，又曰：「《元史》成書於洪武二年，其集尙未刊行，固無怪本傳謂其遺稿不傳也，宗泐《序》云北山選其遺稿九百首，是本諸體總計才得五百九十四首，本傳所云『樂府』亦無一篇之存。《四庫》著錄爲朱彝尊所藏明初釋大杼手鈔本，然就文瀾閣藏本檢校視此僅增七十五首，故提要謂其亦非全本，然則九百首之原稿蓋不可復見矣。」〔註112〕《四庫》本《蛻庵集》較《四部叢刊》本多出七十五首，然而也非全本，張仲舉詩集的九百首原稿已不可復見。《大典》佚文中的這首詩《四庫》本《蛻庵集》和《四部叢刊》本《張蛻庵詩集》均未見收錄，當是張仲舉的一首佚詩，可輯補其現存世之詩集。同時，此詩應是爲茅山而作，元《茅山志》卷十四、十五《金薤篇》中專門收錄齊梁至元時與茅山有關的詩文，也未見此詩，佚文可補闕元《茅山志》之詩文。

〔註111〕（清）五格、黃湘修，程夢星等纂：《江都縣志》卷三十二，《中國方志叢書》據乾隆八年刊本影印，光緒七年叢刊本影印，臺北成文出版社 1983 年 3 月臺一版。

〔註112〕（元）張翥：《張蛻庵詩集》卷末，《四部叢刊》續編，上海涵芬樓影印常熟瞿氏鐵琴銅劍樓藏明刊本。

第七章 常州地區《大典》本佚志及其佚文研究

第一節 常州建置沿革及其方志編修源流

　　《明一統志》載有常州建置沿革：「禹貢揚州之域，天文斗分野，周初屬吳，後屬越，後又屬楚，秦爲會稽郡地。漢因之，東漢永建中分屬吳郡。三國吳分無錫以西爲屯田，置典農校尉。晉太康初，省校尉分吳郡置毗陵郡，東晉初改爲晉陵郡，徙治京口，後還治晉陵縣。宋齊梁陳皆因之。隋開皇中廢郡置常州，大業初改爲毗陵郡。唐武德初改常州，天寶初復改晉陵郡，乾元初復爲常州。五代時屬揚吳及南唐。宋仍爲常州，屬浙西路。元爲常州路，隸江浙行省。本朝洪武初改爲常州府，直隸京師領縣五。」〔註1〕由建置沿革知常州隋爲毗陵郡，唐爲常州，宋爲常州晉陵郡後復，元爲常州路、明爲常州府。其所領五縣爲：武進、無錫、江陰、宜興、靖江。

　　關於常州方志的編修源流，可從前人《志》序中獲一些線索。清康熙《常州府志・序》中載有明洪武《毗陵續志》、成化《重修毗陵志》、正德《常州府志》的《志》序，可供參考，內容如下：

　　洪武十年謝應芳序載：「郡志之作本諸此乎，毗陵爲古名郡，其山川土田風俗名物之屬，登載舊志，固班班可考。然由元初而至於今，曾未有紀述之者，誠曠典也。洪武十年春，中憲大夫廣東張度來守是邦，下車之初，適朝

〔註 1〕（明）李賢等纂：《明一統志》卷十，文淵閣本《欽定四庫全書》本。

廷命天下郡縣纂修志書，於是會集耆宿之士，稽今訂古，博采見聞。撰次成帙，以續舊編，凡一十卷。其間，耳目所不及收訪或未能盡闕文遺事，詎容無之。然而百年之間時有異同，事有因革，即是編而求之，亦概見矣，是歲丁巳既望郡人謝應芳序。」

成化庚寅夏孟月既望，南京翰林學士郡人王輿《序》中載：「毗陵郡故有志既多散佚，其存者惟宋咸淳本。然洊更多故，版籍漫毀。歷元至我國初，百有餘年。而鄉先生謝子蘭始為續志。嗣是未有續者又百年矣。於今理陳編於殘剝，益新制於雋永。太守莆田卓天錫、二守河東謝庭桂蓋嘗銳意於斯。屬時郡政多先務之急。成化乙丑春始聘郡士朱昱纂述之。」

正德八年歲載癸酉中秋日致仕運使錫山張愷《序》中載：「常州府古毗陵郡也，舊志肪於宋教授鄒補之，而續於咸淳太守史能之，然而尚未備也。後百餘年我國謝子蘭續成之，自是又百餘年，為成化乙丑郡士朱昱殫力採摭，補其闕遺。」〔註2〕

從明代洪武、成化、正德三朝的《志》序中可以得知，明代以前，常州志書均稱《毗陵志》，始修於宋教授鄒補之，續修於宋咸淳太守史能之。至明洪武間，鄉先生謝子蘭續成之。隨後，明代成化、正德年間均修有志。

但是，張國淦先生在其《中國古方志考》中所收錄的明代以前方志，可以為上述《志》序作出補正。其所列出的常州明以前方志志目有：

《毗陵記》一卷佚，宋紹興秘書省續到四庫闕書目一：毗陵志一卷。

（常州）《舊圖經》佚，《輿地紀勝》六引《圖經》一條、咸淳《毗陵志》七引《舊圖經》五條。

《常州圖經》佚，宋潘洞纂。潘洞，景德二年試秘書郎，大中祥符年知晉陵縣。《遂初堂書目》地理類著錄有《常州圖經》，咸淳《毗陵志》二十七引《圖經》三條，《洪武無錫縣志》一引《圖經》一條，《弘治無錫縣志》六引《圖經》一條。

祥符《常州圖經》宋，佚。《輿地紀勝》六引《圖經》一條，咸淳《毗陵志》一、三共引圖經十二條。張注此書與《常州圖經》非是一書。

《毗陵志》十二卷宋，佚。蒲圻張氏大典輯本，宋鄒補之纂，補之，開化人，進士，從政郎，淳熙十二年常州教授。《宋史藝文志》著錄鄒補之《毗陵志》十二卷。

咸淳《毗陵志》三十卷宋，嘉慶二十五年重刊本，宋史能之纂，能之，字子善，四

〔註2〕（清）于琨修，陳玉璂纂：康熙《常州府志》卷首，《中國地方志集成·江蘇府縣志輯36》江蘇古籍出版社1991年6月第1版。

明人，進士，朝奉大夫太府寺丞，咸淳二年知常州府。倪燦《宋史·藝文志補》：史能之《重修毗陵志》三十卷，《文淵閣書目》十九著錄爲：舊志，《毗陵志》十冊。

　　大德《毗陵志》元，佚。蒲圻張氏大典輯本，《大典》引《大德志》兩條。

　　泰定《毗陵志》元，佚。蒲圻張氏大典輯本，《大典》引《泰定志》一條。〔註3〕

　　從上文可知，張國淦先生所輯錄的常州明以前方志除南宋咸淳《毗陵志》尚存外，其它方志或圖經均已佚失。除謝應芳嘗見《洪武志》以外，成化、正德中爲常州志作序者應是未見《大典》本佚志，或未考他書。因此《序》中僅提及宋鄒補之《淳熙志》和史能之《咸淳志》。而實際上明代以前常州尚有其它志書存在。

　　馬氏《輯佚》中收錄的常州方志有大德《毗陵志》、泰定《毗陵志》、《毗陵志》、《毗陵續志》、洪武《毗陵志》和《常州府志》6 種，張氏《輯本》輯錄有大德《毗陵志》、泰定《毗陵志》、洪武《毗陵志》、《常州府志》和《常州志》5 種，其中，《常州志》爲馬氏《輯佚》所無，現逐部並歸類進行考釋。

第二節　《大典》本《大德毗陵志》及其佚文研究

　　馬氏《輯佚》與張氏《輯本》皆中收錄有此志佚文 3 條（其中《輯本》中 1 條當爲杜春和輯補），張先生按語云：

> 案：《大典》引《大德毗陵志》凡二條。宋常州毗陵郡有淳熙《咸淳毗陵志》，此曰「大德」，知是大德□年所修；曰：「毗陵」，沿舊稱。〔註4〕

　　張氏據志書名稱確定此志的編纂年代在大德年間，但未能確定此志的編纂的具體年代。不過，據《江蘇舊方志提要》記載，大德《毗陵志》爲元代劉蒙所撰：「蒙，鄞山人，元大德七年（1303）任常州路儒學教授。大德甲辰八年（1304），郡侯趙正義倡修志，次年冬，謝監治毗陵郡，命劉蒙主其事，歷時一年，於大德十年修成。志書已佚，所幸劉蒙、陳希程二《序》今尚存於永樂《常州府志》。且《永樂志》中收錄有大量該志內容，如地理、建置沿革、至到、坊鄉、戶口等。」〔註5〕知該志由劉蒙修成於元大德十年，是一部路志。

〔註 3〕張國淦：《中國古方志考》，中華書局 1962 年 8 月第 1 版，第 264～267 頁。

〔註 4〕張國淦：《永樂大典方志輯本》，北京燕山出版社 2006 年 5 月第 1 版，第 617 頁。

〔註 5〕徐復、季文通主編：《江蘇舊方志提要》，江蘇古籍出版社 1993 年 10 月第 1 版，第 224 頁。

該志的編纂情況應是載於劉蒙、陳希程二《序》中，而永樂《常州府志》應爲張氏所未見，故於編纂情形未能詳盡。《永樂大典》殘卷有該志「五湖」、「五瀉湖」和「織染局」共3條佚文。

【湖泊】：

五湖，《通典》注五湖，在吳郡、吳興、晉陵三郡，今太湖占晉陵、無錫、宜興三處界，在常州路郡治東南一百里，南從湖州長興界入宜興界，行八十二里入晉陵界，行十八里入無錫、晉陵兩界，並行四十八里一百五十步，南至平江吳縣界烏山，北沿湖屈曲，凡經常州界總一百四十八里五十步。按《越絕書》云：太湖周回三萬六千頃。《爾雅》云：吳越之間有具區。注云：太湖是也。《揚州記》云：太湖一名震澤。〖冊十八卷二二六〇頁四 六模〗（《輯佚》五六八）

宋咸淳《毗陵志·山水》「湖」之「晉陵縣」下載：「太湖在縣東南百里，源自安吉州長興縣入宜興，又八十里入晉陵，又十八里入無錫。由晉陵、無錫四十八里百五十步南入蘇州府吳縣烏山北湖，堤環郡境總百四十八里五十步。亦名五湖。」

清康熙《常州府志·山川》記載：「澤湖，俗名太湖。其源自湖州府長興縣入宜興，又八十里入武進，又八十里入無錫。由武進、無錫四十八里百五十步南入蘇州府吳縣烏山北，湖堤環郡境總百四十八里五十步。亦名五湖。」〔註6〕三志關於太湖的記載基本相同，應是沿襲宋志而來。

南宋王象之《輿地紀勝》中載：「《寰宇記》云：晉陵、無錫兩縣中分湖爲界。《南徐州記》云：無錫南三十五里有長渠。南有□□，向南又有小□□，《周禮》之五湖也。張勃《吳錄》云：以其周行五百餘里，故曰五湖。」〔註7〕所載與上述三志又有所不同，內容不及三志詳細，但簡要介紹了五湖名稱的由來。

五瀉湖，郡治東北一百四里，無錫北一十四里。發源自上湖，北經江陰、晉陵兩界，以人大江。〖冊二十二二七〇頁十七 六模〗（《輯佚》五六九）

此湖，咸淳《毗陵志》與康熙《常州府志》中均未見記載，可輯補現存方志關於常州府無錫縣湖泊方面的資料。成化《重修毗陵志》卷十九《山川》「堰」門下有五瀉堰，但沒有相關的記載。

《輿地紀勝》載：「五瀉堰，在無錫縣北邊一十四里，入無錫、江陰、晉陵三縣界，又有五部湖在無錫縣南七里。」（同前）從《輿地紀勝》所載「五瀉

〔註6〕（清）于琨修，陳玉璂纂：康熙《常州府志》卷四，《中國地方志集成·江蘇府縣志輯36》，江蘇古籍出版社1991年6月第1版。

〔註7〕（宋）王象之纂：《輿地紀勝》卷六，《續修四庫全書》五八四，上海古籍出版社2004年版。

堰」方位來看，亦在無錫縣北邊一十四里，與大德《毗陵志》佚文中「五瀉湖」方位相同，所以，很有可能「五瀉湖」又可別稱爲「五瀉堰」。

【官署】：

織染局，在郡治子城內州橋之南五十步，即舊州倉故基。〖冊卷一萬九千七百八十一　一屋〗（《輯佚》五六九頁）

後志如成化重修《毗陵志》、康熙《常州府志》、正德《常州府志續集》等均未見載。織染局，宋代已設，但正史中首見於元史，《元史·百官四》載：「織染局，局使一員，典吏一人，掌織染歲造段匹。」《元史·百官五》載：「織染局，秩從七品，大使一員，副使一員。至元二十三年，改織染提舉司爲局。」〔註8〕但《元史》中未見常州路織染局的記載，佚文記錄了常州織染局的方位，是一條元代常州官署的史料，亦可補充正史和後世方志。

第三節　《大典》本泰定《毗陵志》、《常州府志》、《常州志》及其佚文研究

《大典》中收錄的元代常州方志還有泰定《毗陵志》。張氏《輯本》收錄此志，按語云：「《大典》引《泰定毗陵志》凡一條。曰：『泰定』，知是泰定年所修。」此議不錯，但大約由於其未見《永樂志》，故考釋欠詳。據《江蘇舊方志提要》載：「泰定《毗陵志》十卷，元代文志仁纂。志仁，元延祐五年（1318）年任常州路新學教授。元至治癸亥（1323）郡侯周太中治常州，屬文志仁纂輯郡志，以續《大德志》，該志書成於泰定二年（1325）。該志劉文炳《序》及該志的一些內容，諸如建置沿革、坊巷、戶口等，今存於永樂《志》中。」〔註9〕由此知《泰定毗陵志》十卷，編修者是常州路學教授文志仁，成書於泰定二年，此志亦是一部路志，《大典》中收錄佚文1條。

【倉廩】：

「常州府太平倉，舊在金斗門內。至元十四年，重蓋於太平寺前。歲收晉陵、武進兩縣糧。」〖冊八一卷七五一四頁十八　十八陽〗（《輯佚》五七〇頁）

「常州府」是明代建制，《大典》本《泰定志》「常州府」云云，當是《大

〔註8〕《元史》卷八十八，八十九，中華書局1976年4月版。
〔註9〕徐復、季文通主編：《江蘇舊方志提要》，江蘇古籍出版社1993年10月第1版，第224頁。

典》編者抄錄不謹所致。關於太平倉的沿革，成化《重修毗陵志・倉庫》「國朝・本府」下載：「太平倉在行春橋西南，元設在城東太平寺前，國朝洪武初，移置今地。以本府幕官攝其事。」〔註10〕佚文中準確地記載了常州府太平倉在元代設立的具體時間，為至元十四年，且記錄該倉原來所在的位置，和職責範圍。這些內容可輯補後世志書關於該倉的記載。

《永樂大典》中還收錄了一部常州《常州府志》中保留佚文兩則，一則「太湖」，一則「靈巖」。張氏《輯本》亦收錄此志，並有簡要考釋如下：

案：《大典》引《常州府志》凡二條，又《常州志》凡一條。明初丁巳改常州府，知是洪武十年以後所修。曰「常州」，曰「常州府」或修《大典》時有增省字。〔註11〕

張先生謂「明初丁巳改常州府」，誤。《明史・地理一》：「常州府，元常州路，屬江浙行省。太祖丁酉年三月丁亥曰長春府，己丑曰常州府。」太祖丁酉年，即元至元十七年（1357），張氏按語曰：「明初丁巳改常州府」，丁巳為洪武十年（1377），顯然不妥。此外，張國淦先生據志書名稱推斷《永樂大典》中的《常州府志》為明代方志，亦值得商榷。《永樂大典》本《常州府志》中保留佚文兩則，一則「太湖」，一則「靈巖」，關於此志的編纂時間，可從「太湖」條佚文找到線索。

【山川】：

太湖，在晉陵東南一百里。源自長興州，流入宜興，八十里入晉陵，又十八里入無錫，由晉陵無錫四十八里，南流入平江路吳縣烏山堤北。堤環郡境，總一百四十八里。亦名五湖。按《寰宇記》，此湖當晉陵、宜興、無錫三縣界。《越絕書》云：太湖周迴三萬六千頃，互見平江、湖州，又名具區，又名震澤，又名笠澤。《左傳》：吳師伐越，敗之於夫椒。即謂太湖中椒山是也。一云周五百里，曰五湖。【冊十八卷二二六〇　六模】（《輯佚》五七五頁）

黃靜在其《〈永樂大典〉輯存江蘇古方志考錄（上）》一文中，據佚文有「南流入平江路吳縣烏山堤北」的記載，因「平江路」為元代建置而斷此志為元志，〔註12〕此議可從。又據《元史・地理五》「湖州路」下載：「長興州，中。唐為綏州，又更名雉州，又為長城縣。朱梁改曰長興。宋因之。元元貞元年，

〔註10〕（明）朱昱纂：《重修毗陵志》卷六，《中國地方志叢書》據明成化二十年刊本影印，臺北成文出版社 1983 年 3 月臺一版。

〔註11〕張國淦：《永樂大典方志輯本》，北京燕山出版社 2006 年 5 月第 1 版，第 866頁。

〔註12〕黃靜：《〈永樂大典〉輯存江蘇古方志考錄（上）》，《江蘇地方志》2009 年第 1 期，第 24，25 頁。

升爲州。」〔註13〕佚文記載太湖流向時日：「源自長興州」，說明此志當撰於元元貞元（1295）年以後，明永樂六年（1408）以前的這段時間內，而現存記載中，常州永樂六年以前的明代方志只有明初謝子蘭編纂的洪武《毗陵志》一部，未見有別的方志，因此，該志確應當斷爲元代方志。

從上文張國淦《中國古方志考》所收方志可知，元代常州方志有大德《毗陵志》和泰定《毗陵志》兩部，《江蘇舊方志提要》中所收錄的元代常州方志也只有這兩部。由於《永樂大典》中收錄的大德《毗陵志》佚文中了也收錄了「五湖」即「太湖」條佚文，同一部方志一般不會同時有兩條「太湖」志文，且《常州府志》與《大德志》此條記錄也不同，顯然，《大典》本《常州府志》不是《大德志》。因此，本文推測《大典》本《常州府志》收錄的實際上即是元代常州另一部志書泰定《毗陵志》佚文。對收錄入書名進行改動，是《永樂大典》中常見的現象，且在文內加入明代建置也是屢見不鮮。如《永樂大典》中收錄有泰定《毗陵志》佚文載：「常州府太平倉，舊在金斗門內。」「常州府」是明代建置，卻出現在泰定《毗陵志》中，這必然是明代《永樂大典》的纂修人抄纂不謹所致。同樣，《大典》本《常州府志》中的「靈巖，在直隸常州府」，「直隸常州府」顯然是明代建置，這應當也是《永樂大典》抄手不謹所致，並不能據此就認爲此《大典》本《常州府志》爲明代方志。

值得一提的是，張氏《輯本》中還收錄一部《常州志》，佚文僅有一條：

五湖，《常州志》：引韋昭說胥湖、蠡湖、洮湖、陽湖與太湖爲五。〔註14〕摘自《永樂大典》卷2260，「模」字韻下。張氏《輯本》對此《大典》本《常州志》未單獨列出，而是收錄於《常州府志》下，可見張國淦認爲，此《常州志》與《常州府志》是同一志書。而馬氏《輯佚》中並未收錄此《常州志》，該志應該是《大典》中另外幾部常州志書的同書異名。但由於佚文內容太少，已無法考證究竟是哪一部志書。不過，依馬氏《輯佚》的自身體例來看，此條應屬馬氏漏輯。由此也可看出，張氏輯佚時，雖由於客觀原因，所見資料有限，但其《輯本》除對所輯佚志的考證方面爲馬氏《輯佚》所無外，有時也有《輯佚》未輯的情況，其文獻參考價值不容忽視。

〔註13〕《元史》卷六十二，中華書局1976年4月第1版。
〔註14〕張國淦：《永樂大典方志輯本》，《張國淦文集四編》，北京燕山出版社2006年5月第1版，第866頁。

第四節　《大典》本《毗陵志》、《毗陵續志》、洪武《毗陵志》及其佚文研究

一、《大典》本《毗陵志》、《毗陵續志》、洪武《毗陵志》的編纂情況

　　《大典》另外三部常州方志《毗陵志》、《毗陵續志》、洪武《毗陵志》從其保留的佚文亦可推知其編纂情況。張氏《輯本》中亦收錄有洪武《毗陵志》、《毗陵續志》、《毗陵志》，張氏認爲洪武《毗陵志》等三志爲同一部志書，故其《輯本》未單獨列出《毗陵志》與《毗陵續志》，而是將此二志歸入洪武《毗陵志》下。其按語曰：

　　　　洪武毗陵志　案：《大典》引《洪武毗陵志》凡一條，又《毗陵志》凡十五條。宋常州毗陵郡，元常州路，明初改長春府，又改常州府。其雜造局條「洪武丁巳」云云。《明史·藝文》：「謝應芳《毗陵續志》十卷，《千頃堂書目》六：「洪武丁巳修。」此大典引「洪武丁巳」與謝應芳修年月正合。知是洪武十年所修。《文淵閣書目·舊志》：「《毗陵志》十冊，又《毗陵志》二冊。」當有其一即是志。承宋元《毗陵志》之後。故曰「續志」。曰「毗陵」，舊稱。〔註15〕

　　張國淦先生認爲《大典》本《洪武毗陵志》與《毗陵志》、《毗陵續志》《毗陵志》「雜造局」條佚文有「本朝洪武丁巳創置」云云，以及《明史·藝文志》所著錄「謝應芳《毗陵續志》十卷」，「《千頃堂書目》云「洪武丁巳修」等判斷《大典》本《洪武毗陵志》、《毗陵志》及《毗陵續志》三者同書異名，即洪武丁巳（洪武十年）謝應芳所修《毗陵續志》，張國淦先生按語能夠成立，今從之。但按語中張先生視《大典》本《洪武毗陵志》等三志，與《毗陵志》爲同書異名，未舉顯證，今試作補證。《毗陵志》【倉廩】類佚文中有這樣兩條：

　　　　常州府太平倉，元設在郡城東太平寺前。洪武初，移置行春橋西。」

　　　　宜興縣常平倉，元附無錫州。至正辛巳移置本州東隅。壬辰兵燬。本朝創於縣治西，名大軍倉。（《輯佚》五七〇頁）

　　以上兩條資料中提到的至正辛巳，即至正元年（1341），壬辰即至正十二年（1352），本朝或者洪武初，形成了一個自元末到明初的時間序列，說明這部《毗陵志》當編修於明朝洪武初年。又，從該志使用的地名看，「白雲巖」條有「直隸常州府宜興縣」、「太平倉」條有「常州府」。檢宋、元、明三史

〔註15〕張國淦：《永樂大典方志輯本》，《張國淦文四編》，北京燕山出版社 2006 年版，第 862 頁。

《地理志》，明以前無常州府建置，入明始有「直隸常州府」建置。總而言之，該志佚文皆適合作為洪武丁巳即洪武十年謝應芳編修的《毗陵續志》的內容。

成化年間卓天錫修、孫仁增修，朱昱所纂的《重修毗陵志》中載有朱昱《重修毗陵志序》中曰：「毗陵志自宋州學教授三山鄒補之始為之十二卷，咸淳間郡守四明史能之，復增益至三十卷，故其廣輪之數，庶政之殷，風氣所生，土俗所有，靡不具悉。爰歷我朝洪武初，鄉賢謝子蘭又續成十卷，厥後，雖兩經載筆，而世無傳焉。」同書《書增毗陵志後》曰：「郡志之修，始以宋咸淳志為之本，次以國朝洪武十年《續志》與夫永樂十六年、景泰五年，朝廷命天下郡縣纂修志書，存之副稿集而成書，蓋嘗鏤版矣。」〔註16〕

兩《序》中均記載洪武初、即洪武十年鄉賢謝子蘭續撰有十卷《毗陵志》，這也是入明以後，永樂六年以前常州府唯一的一部方志。因此，《大典》中收錄的上述三部明代方志，實際上是一部方志，即謝子蘭續撰的《毗陵志》，《書增修毗陵志後》中稱之為《毗陵續志》，但《大典》編纂者在錄入這部方志時採用了不同的書名。

《大典》本《毗陵續志》中保留佚文一則，開頭為「元史孝祥《江陰州儒學君子堂記》」，說明此志纂於明代，應即上述謝子蘭所撰《毗陵續志》。《大典》本洪武《毗陵志》「雜造局」條佚文云：「雜造局，元至元庚辰，以舊通判廳置雜造局。庚辰改創於晉陵縣，基今不存。本朝洪武丁巳，創置於武進縣東街，為四縣造作之所。」說明此志應當作於洪武丁巳即洪武十年以後，與《大典》本《毗陵志》亦是一書。

《毗陵續志》的纂修人謝子蘭名謝應芳，成化《重修毗陵志・人物三》「文學」有謝應芳傳，文曰：「謝應芳，字子蘭，武進人。自幼篤志留心性理之學，尤工於詩文。元至正初，舉清獻書院山長不就。壬辰兵起，避地吳中。國朝平定江南始規矩橫山之陽。一室磬懸，處之晏如也。因自號龜巢。所著有《思賢錄》五卷、《懷古錄》三卷、《辨惑編》三卷、《毗陵續志》十卷，《龜巢稿》二十卷，卒年九十七。」（同前，卷二十二）

成化《重修毗陵志》前存有謝應芳所撰《毗陵續志序》，內容如下：「昔人謂九州之志，言九州所有土地所生，風氣所宜也。郡志之作，本諸此乎？

〔註16〕 （明）朱昱纂：《重修毗陵志》卷首，《中國地方志叢書》據明成化二十年刊本影印，臺北成文出版社 1983 年 3 月臺一版。

毗陵爲古名郡，其山川風俗名物之屬，登載舊志固班班可考，然由元初而至
於今，曾未有紀述之者，誠曠典也。洪武十年春，中憲大夫廣東張度來守是
邦。下車之初，適朝廷命天下郡縣纂修志書。於是會集耆宿之士，稽今訂古
博采見聞，撰次成帙，以續舊編，凡一十卷。其間耳目所不及，搜訪或未能
盡，闕文遺事詎容無之。然而百年之間時有異同，事有因革，即是編而求之，
庶可以概見矣。是歲丁巳十月既望，郡人謝應芳序。」（同前，卷首）序中言「然
由元初而至於今，曾未有紀述之者，誠曠典也。」但實際上元代大德與泰定
年間曾經兩修《毗陵志》，《永樂大典》中尚有佚文。謝應芳作此論斷，未免
有些疏漏，但其續修前志，「百年之間時有異同，事有因革，即是編而求之，
庶可以概見矣」，對於常州方志的發展，還是做出了自己的貢獻的。

　　《江蘇舊方志提要》中還記載有一部永樂《常州府志》，此志尚存，據《成
化毗陵志》朱昱《書增修毗陵志後》中記載，這部方志編纂於永樂十六年，
明代《文淵閣書目・新志》中錄有「《常州府並屬縣志》八冊」，應當即是這
部方志，非《大典》本《常州府志》，這是要分清的。

二、《大典》本《毗陵續志》佚文研究

　　經上文考證可知，《永樂大典方志輯本》中所輯錄的《毗陵志》、《毗陵
續志》、洪武《毗陵志》實際上是同書而異名，今以《成化志》中所用名統
一稱之爲《毗陵續志》，現將這三部方志（實際爲一志）中的佚文，一併考釋
如下：

【山川】：

　　白雲岩，在直隸常州府宜興縣罨畫溪十五里。山形峭拔，高百餘丈，林木森然。上有潭
穴，雲氣周繞，朝暮不絕。歲旱禱雨多驗。【冊一百卷九七六三頁十一　二十二覃】（《輯佚》
五六九頁）

　　宋咸淳《毗陵志・山水》中載：「白雲岩，在縣東南五十里罨畫溪西，俊
踰百仞，上有龍湫，雲氣常蒸繞，禱雨輒應。」〔註17〕《大典》本《常州府
志》（實爲元志，即《泰定毗陵志》）【山川】中有一則佚文：「靈巖，在直隸常州府，去
城之東南五十里罨畫溪西，俊踰百仞，上有龍湫，雲氣常蒸繞，禱雨輒應。」【冊一百卷九七
六六頁一　二十二覃】（《輯佚》五六九頁）

〔註17〕（宋）史能之纂：咸淳《毗陵志》卷十五，《中國方志叢書》據清嘉慶二十五
　　　　年刊本影印，臺北成文出版社1983年3月臺一版。

成化《重修毗陵志・山川》「岩」門「宜興」縣下載：「白靈巖在縣東南五十里罨畫溪西，俊踰百仞，上有龍湫，雲氣常蒸繞，禱雨輒應。」〔註18〕

傳世的宋咸淳《毗陵志》和《大典》本《毗陵志》佚文中皆稱此岩爲「白雲岩」，《成化志》稱「白靈巖」，《大典》本《常州府志》佚文中稱爲「靈巖」。現在看來實爲一岩，似應以「白雲岩」的名稱爲確。但《毗陵志》佚文中對此岩的方位記載「在直隸常州府宜興縣罨畫溪十五里」，當爲《大典》纂抄者誤抄。「縣東南五十里罨畫溪」之誤，後脫「西」字。

【土產】：

瓠，味甘，間有苦者。又一種名瓢。所謂瓜匏之瓠，即今胡盧。〔冊十八卷二二五九頁五　六模〕（《輯佚》五六九頁）

咸淳《毗陵志・土產》載：「《詩》云瓠犀，《爾雅》云棲瓣，注瓠中瓣也。味甘，間有苦者。又一種名瓢，所謂瓜匏之瓠，即今胡盧。唐盧懷謹嘗蒸以招客人。東坡詩云：爛蒸鵝鴨乃瓠壺。」〔註19〕成化《重修毗陵志》第八卷《食貨三・土產》「蔬之屬」中所載於《咸淳志》同。從《大典》本《毗陵志》，此條佚文的記載與此二志基本相同，但比咸淳、成化二《志》簡略。應是沿宋咸淳《毗陵志》而來。

黃精。

黃精，又名老虎薑、雞頭參，百合科植物，有滋腎潤脾，補脾益氣的功效。《本草圖經》載：「黃精，舊不載所出外郡，但雲生山谷，今南北皆有之，以嵩山、茅山者爲佳。三月生苗，高一、二尺以來。葉如竹葉而短，兩兩相對。莖梗柔脆，頗似桃核，本黃未赤。四月開細青白花如小豆花狀。子白如黍，亦有無子者。根如嫩生薑，黃色。二月採根，蒸過暴乾用。今通八月採，山中入九蒸九暴作果賣，甚甘美，而黃黑色。江南人說黃精苗葉，稍類鈎吻，但鈎吻葉頭極尖而根細。蘇恭注云，鈎吻蔓生，殊非此類，恐南北所產之異耳。初生苗時，人多采爲茱茹，謂之筆菜，味極美，採取尤宜辨之。」〔註20〕

〔註18〕　（明）朱昱纂：《重修毗陵志》卷十九，《中國地方志叢書》據明成化二十年刊本影印，臺北成文出版社1983年3月臺一版。

〔註19〕　（宋）史能之纂：咸淳《毗陵志》卷十三，《中國方志叢書》據清嘉慶二十五年刊本影印，臺北成文出版社1983年3月臺一版。

〔註20〕　（宋）蘇頌編纂：《本草圖經》，安徽科學技術出版社1994年5月第1版。

此條雖僅列此物名稱，但可知古常州亦出產此物，前志如咸淳《毗陵志》及後志《成化毗陵志》、康熙《常州府志》中均不見記載，可補諸志之遺漏，

> 瞿麥，一名雀麥，亦名燕麥。莖生細葉，花紅紫赤色。劉禹錫所謂「兔葵燕麥」者。〖冊一百八八卷二二一八二　八陌〗（《輯佚》五七〇頁）

咸淳《毗陵志・風土》「土產」下「藥之屬」載：「瞿麥，一名雀麥，亦名燕麥。莖生細葉，花紅紫赤色。劉禹錫所謂『兔葵燕麥』者也。」（同前）成化《重修毗陵志》卷第八《食貨・土產》「藥之屬」中載：「瞿麥，一名雀麥，亦名燕麥。莖生細葉，花紅紫赤色。劉禹錫所謂「兔葵燕麥」者也。」二志記載與佚文記載相同。《毗陵志》中此條記錄應當是沿襲《咸淳志》而來。

【倉廩】：

> 宜興縣常平倉，元附無錫州。至正辛巳移置本州東隅。壬辰兵燬。本朝創於縣治西，名大軍倉。（《輯佚》五七〇頁）〖冊七九卷七五〇七　十八陽〗（《輯佚》五七〇頁）

成化《重修毗陵志》卷第六《官寺》「倉庫」之「國朝」下載：「常平倉，在縣治西，宋在通眞觀前。元附無錫州。至正辛巳，移置本州治東。壬辰兵毀。國朝洪武十三年，知縣謝德清創置今地，易名常豐。」佚文中稱「本朝創於縣治西，名大軍倉」，而《成化志》中稱「易名常豐」。《大典》本《毗陵志》即洪武《毗陵續志》，修纂於洪武十年，說明洪武十年前常平倉即已創置，且名爲大軍倉，洪武十三年知縣謝德清建倉，應是在大軍倉基礎上又建，並更名「常豐」。佚文所提供的資料對後志有一定的補充作用。

> 糴納倉，在州橋南街東。紹興四年，俞守俟始創三廩，多寄納於寺觀。八年，王守縉復增八廩，又於倉後濬河，以便漕餼，歲久湮廢。今爲廩十有一，廳屋三楹，爲受給之所。〖冊八一卷七五一三頁二十一　十八陽〗（《輯佚》五七〇頁）

此條佚文所載內容與咸淳《毗陵志》、成化《重修毗陵志》該條記載相同。《大典》本《毗陵志》中的記載應當是沿咸淳《毗陵志》而來。佚文介紹了糴納倉的位置，創建和增建時的情況。二位太守，宋咸淳《毗陵志・秩官》載：「俞俟，紹興二年五月右朝散郎，在任累轉朝奉大夫，四年五月滿。王縉，紹興九年正月左朝奉大夫直秘閣，十一年正月滿。」（同前，卷八）

> 常州府太平倉，元設在郡城東太平寺前。洪武初，移置行春橋西南。〖冊八一卷七五一四頁十八　十八陽〗（《輯佚》五七〇頁）

成化《重修毗陵志》卷第六《官寺》「倉庫」門「國朝」下載：「太平倉在行春橋西南，元設在郡城東太平寺前。國朝洪武初移置今地。」記載與佚

文內容基本相同，應是沿襲洪武《毗陵續志》。

江陰和豐倉，元設在州治西，今因之。〖冊八一卷七五一四頁二十八 十八陽〗（《輯佚》五七〇頁）

成化《毗陵志》卷第六《官寺》「倉庫」門「國朝」下載：「和豐倉在縣治西南，即宋之都倉也，又有常平倉在都倉西，元至元間改建易今名，國朝因之。記載較佚文內容詳細。但佚文中內容，應當是現存有關江陰和豐倉的最早記錄。

【宮室】：

思賢堂，在道院西。嘉泰間，趙守善防建。〖冊六九卷七二三六 十八陽〗（《輯佚》五七〇頁）

咸淳《毗陵志·官寺一》載：「思賢堂，在道院西，嘉泰間趙守善防建。〔註21〕文字與洪武《毗陵續志》完全相同，當是沿襲《咸淳志》。

清心堂，在宜興縣廳西偏，舊名悅堂。政和初，邑宰王師復重修，方易今名。李白《贈三從姪宰義興》詩云「琴堂向山開」，乃今之正寢，非遊息之地也。〖冊七一卷七二四〇頁十 十八陽〗（《輯佚》五七一頁）

咸淳《毗陵志·官寺一》載：「清心堂，在廳西。」（同前）相比較而言洪武《毗陵續志》不僅記載了清心堂的方位，還記載了該堂的修建人爲邑宰王師復以及修建時間爲北宋政和初年和原名爲悅堂等內容。邑宰王師復正史無載，咸淳《毗陵志》、嘉慶《宜興縣志》、光緒《重刊宜興縣志》等書所載縣令未見有王師復，而有「王師伏大觀三年十月，承議郎」的記載（同前，卷十）王師伏的下一任縣令宣德郎劉彥祖上任於政和二年，說明王師伏的在宜興縣的任職期是大觀三年至政和元年，佚文載清心堂始建於政和初，與王師伏任職期相吻合，因此佚文中邑宰「王師復」應爲「王師伏」之誤。

佚文中李白的這首詩《全唐詩》亦有收錄，題爲《贈從孫義興宰銘》，中有「退食無外事，琴堂向山開」之句。唐代義興縣，宋改稱宜興，後沿用之（參見下文宜興縣建置沿革）。義興宰銘，即李銘，光緒《重刊宜興縣志》載其爲玄宗時人，其餘不詳。佚文中李白詩題爲《贈三從姪宰義興》，稱李銘爲「三從姪」，而《全唐詩》則稱其爲「從孫」，中華書局出版的《全唐詩》並未將此詩的另一標題列出，顯然未見《大典》佚文，咸淳《毗陵志》收錄此詩亦題爲《贈

〔註21〕 （宋）史能之纂：咸淳《毗陵志》卷五，《中國方志叢書》據清嘉慶二十五年刊本影印，臺北成文出版社 1983 年 3 月臺一版。

從孫銘宰義興》，佚文「三從侄」，不知從何而出，今兩存之。李銘正史無傳，《舊唐書·吐蕃下》載：「（元和元年）七月，遣鴻臚少卿、攝御史中丞李銘爲入蕃使，丹王府長史、兼侍御史吳疉副之。」〔註 22〕結合志書記載，其以御史中丞出使吐蕃應已屆晚年。

懷古堂，在郡圃。淳熙間，陳守庸建。下臨大池，雖旱不涸，舊傳郭璞所鑿，故名。〔冊七一卷七二四一頁十四　十八陽〕

咸淳《毗陵志·官寺一》中載：「懷古堂，在郡圃。淳熙間陳守庸建，下臨大池，雖旱不乾涸，舊傳郭璞所鑿故名。」（同前）陳庸，正史無傳，咸淳《毗陵志》載：「淳熙二年五月承議郎，在任轉朝奉郎，四年五月滿。」（同前，卷八）郭璞，字景純，河東聞喜縣人（今山西省聞喜縣），西晉建平太守郭瑗之子。東晉著名學者，既是文學家和訓詁學家，又是道學術數大師和遊仙詩的祖師。西晉末年戰亂將起，郭璞躲避江南，歷任宣城、丹陽參軍，佚文所載大池，或爲其遺迹。

如農齋，舊在便廳後。乾道間，錢守建。所建取「政如農功」之意。〔冊二九卷二五三七頁十　六模〕（《輯佚》五七一頁）

咸淳《毗陵志·官寺一》記載與之相同。太守錢建，《宋史》無傳，咸淳《毗陵志·職官》載：「錢建乾道三年二月左朝散郎，在任轉朝請郎，四年五月係浙西提舉兼權，八月免權。」（同前，卷八）錢建於乾道三年二月到任，則此如農齋應建於乾道三年以後。

以上幾條古蹟類佚文，基本與咸淳《毗陵志》如出一轍，有的內容，洪武《毗陵續志》的記載做了一些增補，顯然是繼承宋咸淳《毗陵志》。

【寺院】：

今普利院，即湛茂之別墅也。〔冊一百七五卷一九四二六頁十四　二十二勘〕（《輯佚》五七一頁）

《咸淳志》中不載此條，成化《重修毗陵志·寺觀一》載：「普利禪院，在縣東南四十三里。宋紹興五年超法師建，榜以慧山舊額，蔣丞相芾請爲墳刹，元末廢。」〔註 23〕知普利禪院爲超法師建於宋紹興五年，佚文關於普利院的記載不若《成化志》詳細。

〔註22〕《舊唐書》卷二百八，中華書局 1975 年 5 月第 1 版。
〔註23〕（明）朱昱纂：《重修毗陵志》卷二十八，《中國地方志叢書》據明成化二十年刊本影印，臺北成文出版社 1983 年 3 月臺一版。

　　咸淳《毗陵志・寓賢》載：「湛茂之，（南朝）宋人，爲司徒右長史，隱於無錫之慧山，與南平王劉鑠爲友，更以詩章唱酬，今普利院即茂之別墅也詳留詠門。」（同前，卷十八）咸淳《毗陵志・詞翰三》載有唐代詩人丘丹《題湛長史舊居》詩及小記，其文如下：「無錫縣西郊七里有慧山寺，即宋司徒右長史湛茂之別墅也，舊名歷山。故南平王劉鑠有《過湛長史歷山草堂詩》，湛有酬詠。其文野而興，特以松石自怡，終見止足之意，可謂當時高賢。至齊竟陵仰覽遺韻，若穆清風，遽訪湛氏胄後裔。山下有三十餘族，得十三代孫，略觀其譜書，賤墨塵蠹，年世雖邈，塋域尚存。余披《宋史》（即《宋書》），不見其人，心每惻歎，恐失其人也。因復追緝六韻，以次三賢之末，貞元元年，歲在庚午。身退逃名累，道存嘉止足。設醴降華幡，掛冠守幽谷。偶尋野外寺，仰慕賢者躅。不見昔簪裾，猶有舊松竹。煙霞雖異世，風韻如在矚。余即江海上，歸轍青山曲。」（同前，卷二十二）

　　丘丹記文稱「無錫縣西郊七里有慧山寺，即宋司徒右長史湛茂之之別墅也，舊名歷山」，《大典》本《毗陵續志》佚文與咸淳《毗陵志》均稱在縣東南四十三里的普利院爲湛茂之別墅，佚文應是繼承《咸淳志》而來。不過，《咸淳志》又稱茂之「隱於無錫之慧山」，而慧山在無錫之西，普利院卻在無錫之東南，似有矛盾之處，亦或許此二處原皆爲湛茂之在無錫縣之別墅，尚待考證。

　　丘丹記文稱「南平王劉鑠有《過湛長史歷山草堂詩》，湛有酬詠。文野而興，特以松石自怡，終見止足之意。」咸淳《毗陵志》收錄有二人詩文，其文如下：

　　劉鑠《過歷山湛長史堂》：「茲山蘊靈詭，憑覽趣亦瞻。九峰相接連，五渚逆縈浸。層阿疲憊且引，絕岩暢方禁。溜眾夏更寒，林交樹常陰。伊余久緇涅，復得味枯淡。願逐安期生，於焉愜高枕。

　　湛茂之因作《酬南平王》詩一首：「閉戶亦玄漠一作閉戶守玄漠，無復車馬迹。衰廢歸丘樊，歲寒見松柏。身慚淮揚老，名忝梁園客。習隱非市朝，追賞在山澤一作山漢。離離插天樹，磊磊間雲石。持此怡一生，傷哉駒度隙。」（同前）

　　丘丹記文稱湛茂之爲當時高賢，乃至南朝齊竟陵王仰覽遺韻，如沐清風，立即尋找其後裔，說明在名士輩出的南朝，湛茂之確有其高蹈不俗處。而《宋書》無其傳，令唐詩人丘丹惋歎不已。記文中丘丹稱「因復追緝六韻，以次三賢之末。」據元代王仁輔《無錫縣志》，無錫惠山寺內泉亭上，有三賢祠，

明代三賢祠因增加祭祀人物先後改稱「十賢祠」或「尊賢祠」，而三賢即晉長史湛茂之、唐相李紳、桑苧翁陸羽也。

【人物】：

《大典》本《毗陵續志》佚文中記載的幾位人物，咸淳《毗陵志》中均有記載，有的基本相同，有的略有不同，可以與前志相參考。但總的來說，洪武《毗陵續志》中的記載較《咸淳志》簡略一些。

陳敏，喬六世孫也。登崇寧三年第。少孤力學，安定先生一見奇之，曰：「此錫山之英也！」年十一，盧親墓，有芝產於冢，複葉並蒂，色紫而澤，人謂陳氏之祥。徽宗朝，諸蔡用事，斥司馬公諸賢爲奸黨，令州郡皆立石，守倅刻銘焉。敏適守天台，監司促之急，答曰：「誣司馬公爲姦臣，是誣天也。」倅自立石，敏碎之，囚其石工。官吏悚栗言於敏，懼劾，敏曰：「我死且不辭，何劾之畏！」竟掛冠不仕。號濯纓居士。東坡聞而壯之，遺書云：「風義凋喪，植立於頹波狂瀾中，惟吾伯修與景純而已。」景純，刁學士也。〖冊四六卷三一四五頁十一　九眞〗（《輯佚》五七一頁）

佚文中陳敏，《宋史》無傳，咸淳《毗陵志》有記載內容大致相同，記述了其幼年即好學守禮，以及仕宦時正道直行的事蹟。但佚文句首「陳敏」後缺「字伯修，無錫人」。佚文中「徽宗朝，諸蔡用事」，指的是宋徽宗時蔡京及其黨羽當權。蔡京原是北宋王安石變法的擁護者和追隨者，司馬光秉政後，廢除王安石新法恢復舊法舊制，推行新法的官員多遭罷黜，蔡京亦被貶出京。但蔡京對王安石的新法頗爲瞭解和推崇，宋徽宗即位後，有意修熙豐政事，又起用蔡京，任命他爲宰相，繼續推行新法。宋崇寧四年（1105），宋徽宗趙佶聽其主張，將元祐年間反對王安石新法的司馬光、文彥博等 309 人列爲元祐奸黨，下令在全國刻碑立石，「以示後世」，這些碑稱爲元祐黨籍碑。第二年，由於朝野反對，徽宗又下詔將元祐黨籍碑全部摧毀。佚文中陳敏碎碑，棄官不仕，是在朝廷下令刻碑時發生的，其秉持公道，不畏強權、剛直不阿的品行令人欽佩。

鄒浩，紹聖中與宜興鄒餘同爲正言，天下號曰二鄒。以言劉后切直，謫新州，後召還，歷吏部侍郎。人無問識與不識，皆曰道鄉先生而不名云。〖卷八五七○頁二十七〗（《輯佚》五七二頁）

咸淳《毗陵志‧人物二》中載：「鄒浩，字志完，晉陵人。登元豐五年進士第。調蘇州吳縣簿試學官第一。改揚州教授，移知安州孝感縣，改潁昌府教授。元祐中除太學博士，出爲襄州教授。元符元年召對除右正言。時章惇擅權，浩疏惇徇情廢法。引所私分校要路，沮格正人，壅遏忠諫，復列惇六

罪。惇積怒，會明年，立劉后。浩援仁宗廢郭后並逐尚美人故事，乞追停冊禮，忤上意。惇當因擠之，謫新州。徽宗即位，復官，除正言，遷禮部侍郎。改兵部，崇寧初。以寶文待制出知江寧府。尋改杭州又改越州，未赴，謫永州，移昭州。五年許歸常州。大觀間復直龍圖閣以終。……嘗輯薦者詞目曰懷恩錄，嶺表既歸。即所居堂後開闢小圃曰道鄉，故知與不知皆稱曰道鄉先生。」（同前，卷十七）《咸淳志》傳文，將鄒浩仕宦經歷及稱「道鄉先生」之由來皆交代的十分清楚。洪武《續志》乃撮其要而爲之，失之過簡。

尤熻，以祖袤澤仕宋，累遷工部尙書，翰林學士，拜端明學士，提舉祕書省提綱史事。揚歷中外三十餘年，開國毗陵，抗疏在閒。年八十二而終，號木石先生云。【卷八五七〇頁二十七】（《輯佚》五七二頁）

張氏《輯本》無此條，尤熻，事蹟附載於其祖《尤袤傳》。《咸淳志》載：「尤熻，字伯晦，以大父袤奏任。嘉定初元，換授山陽法曹。會蕭德慶犯鹽城郡，檄撫諭。事定就畀邑宰故秩倅海陵參東淮制幕。端平更化，入爲軍器監簿，遷大府丞，檢詳編修。權右司將漕西淮兼帥，升農少總餉淮西，再入除理卿遷。出位福建帥漕。改沿江制副，尋擢祕監侍講登從橐兼直院，知太平州不赴任。以內祠奉朝請兼侍讀，復貳春官兼修史，擢工書。由禮書升內翰，拜爲端明殿學士。擢舉祕書省提綱史事，開國毗陵郡，揚歷中外踰三十年。晚力抗疏丐祠，年八十三，以疾終於家，自號木石，稱於世云。」（同前，卷十七）佚文應是約取於《咸淳志》。

《宋元學案·水心學案下》「王氏門人」載：「尙書尤木石先生：尤熻，字伯晦，無錫人，文簡公袤之孫也。先生端平初征爲將作監主簿，後爲淮西帥，以儒者守邊，威惠兼濟。累進工部尙書，入爲翰林學士。卒年八十三，自號木石。」〔註24〕

《宋元學案》與《咸淳志》均記載尤熻卒年八十三，佚文載其年八十二而終，恐有誤。又《江南通志·輿地志》載：「學士尤熻墓在無錫縣東孔山。」〔註25〕

蔣重珍，自幼讀書，一覽輒記。嘉定癸未廷試魁天下。史彌遠當國，雖以科名除授，重珍雅不與合。後鄭清之拜相，以侍從名藩，擢之不就。築萬竹亭，聚書自娛，天下高之，號實齋先生。【卷八五七五頁二十七】（《輯佚》五七二頁）

〔註24〕黃宗羲撰、全祖望補修：《宋元學案》卷五十五，中華書局1986年12月版。
〔註25〕（清）趙宏恩等監修：《江南通志》卷三十九，文淵閣《欽定四庫全書》本。

蔣重珍，《宋史・蔣重珍》傳載：「字良貴，無錫人。嘉定十六年進士第一。」正史載其嘗進言於理宗，「紹定二年，召入對，首以『自天子至於庶人所當先知者本心外物二者之界限』為言：『界限明，則知有天下治亂而已，何樂其尊；知有生民休戚而已，何樂其奉。』且論：『苞苴有昔所未有之物，故吾民罹昔所未有之害；苞苴有不可勝窮之費，故吾民有不可勝窮之憂。』」，「它日星變求言，復申前說。又慮柄臣或果去位，君心易縱，大權旁落，則進《為君難》六箴」〔註26〕其忠心直言大率類此，嘗對上規以為君之道，而理宗亦往往為之感動而納之。史載其「每草奏，齋心盛服，有密啓則手書削稿，帝稱其平實。遷著作佐郎。」（同前）其起草奏章時，齋心盛服，以其臨事而敬的作風獲得理宗的認可和任用。

《咸淳志》載：「蔣重珍，字良貴，世居錫山之富安。讀書一覽即記。嘉定癸未，擢進士第一人。授湖州幕郡。大水，與太守說荒政不合。引疾丐祠，息意榮進。即所居，築梅堂以琴書自娛。紹定乙丑召對三疏，時以朝陽之鳳。尋上六箴，端平更化以左經筵與魏鶴山真息山為深交。其所講明皆聖門義理，卒諡忠文。」佚文內容與《咸淳志》記載雖不盡相同，卻均可見其高風亮節。

明洪武《無錫縣志》載有其同鄉尤熵為其所撰之誌銘《宋故刑部侍郎蔣公壙誌》，〔註27〕佚文中稱其「築萬竹亭，聚書自娛，天下高之，號實齋先生」。為正史、《咸淳志》及其墓誌所無，有補充其他文獻的價值。

【詩文】：

元史孝祥《江陰州儒學君子堂記》：暨陽郡庠之南，故有雙池，蒔以荷花，表以嘉樹，古頖宮制也。二小亭翼然池上，曰光風、曰霽月，為學者詠歸遊息之地。歲久亭壖，池亦蕪穢不治，其為士者病之。大德五年，張侯時舉來牧是邦，暇日過焉，臨池尚羊，思起其廢。乃度地東南隅，築室三楹以面之。陶清鑄明，局勢顯敞，翕受佳致，涵泳聖涯。每南薰微來，清馥橫度，亭亭淨植，霞卷雲舒，爛其天孫之機，絢兮鄂君之被，亦美觀也。夏五月落成，侯與賓客來遊，欣於所遇，池葩岸卉，亦有德色。乃舉酒屬客，問所以名。或曰：「光霽之題尚矣，仍舊貫，奚可更。」或又曰：「堂成，為蓮設也，今顧屬之風月，無乃考德弗類乎，奚其可！」於是蜀客史孝祥最後至，攝齊而升，繹師虞以復於侯曰：「今夫中通外直，不蔓不枝，可以遠觀，不可褻玩，是為花之君子，茲非濂溪先生語乎！先生閔世 道之昏濁，感斯花之獨清，較德評芳，而以『君子』之名加之，其旨深矣。吾聞《澤陂》之亂曰：『彼澤之陂，有蒲菡萏。有美一人，碩大且儼。』龜山楊氏謂此詩以花喻人，蓋思見賢者而作。近鶴山魏氏，亦謂『碩

〔註26〕 《宋史》卷四百一十一，中華書局 1977 年 11 月第 1 版。
〔註27〕 （明）不著撰人：《無錫縣志》卷四下，文淵閣《欽定四庫全書》本。

大且儼』之人，非心廣體胖，道盛德至者不足以當此。而序詩者以爲男女相悅之辭，可謂陋矣！二三大儒，吐辭爲經，作則千古，皆處此蓮於賢人君子之目，嘻其然哉！今吾堂近在宮牆之中，而玩芳領勝其間者，皆吾黨之士也，遊聖人之門，觀君子之花，味先儒之訓，吾意目擊道存，心融意會，其同爲成德之歸，斯昭昭矣！請名君子之堂，而寓盤杆几杖之訓，以爲二三子進德修業之助。人乎！蓮乎！流芳毓秀，與是學相爲無窮，不亦可乎！」侯喜而笑曰：「命之矣！君其爲我書之。」孝祥曰：「諾。」乃詠其事而爲記如此。侯名獻，字時舉。臨郡五年，令修政治，而於學校之事尤加意焉。若鼎創校官之宇，闢新小學之廬，表欄楯以示正塗，葺重屋以凝風氣，所以黼黻侯度，蕭勺儒雅者，實殫厥心，可謂不負聖朝視邦選侯之意矣！斯堂之設，豈但吟風弄月，娛目騁懷而已哉！郡幕宋君春卿、強君仲威、博士王君德剛皆君子人也，故於是役，奉謀葉志，左右經畫，用能不日而成。是宜聯書以穀同志，後之覽者，亦將有考於斯文。
【冊六九卷七二三五頁七　十八陽】（《輯佚》五七三頁）

佚文所錄《江陰州儒學君子堂記》記大德五年江陰州尹張獻，於州學之南臨荷花池築室建堂，蜀客史孝祥爲之命名爲「君子堂」之由來。張獻，嘉靖《江陰縣志‧官師表》載大德五年辛丑，任江陰州尹。〔註28〕清道光《江陰縣志‧職官一》載史孝祥：「元至元中，任江陰路同知。黃志云見賀志。」〔註29〕其《名宦》載：「張獻，字時舉。直隸定州人，大德五年尹江陰州，令修政治，創校官之宇，闢小學之廬，史孝祥爲作《君子堂記》。」（同書卷十五）史孝祥事蹟，道光《志》稱「黃志云見賀志」，賀志即洪武24年江陰縣丞命賀賢所纂之《江陰續志》，惜此志已佚，故已無從考知，惟據此篇記文可瞭解一二。

此堂雖是玩芳領勝之地，然所會之人皆吾黨之士，其遊聖人之門，觀君子之花，味先儒之訓，同爲成德之歸，實際上也是文人詩書聚會修身之所，史孝祥借爲堂命名之機，「寓盤杆几杖之訓，以爲二三子進德修業之助」，「豈但吟風弄月，娛目騁懷而已」。張、史二人均在江陰任職，然志書所記甚簡略。《君子堂記》中張、史等人在江陰州學闢地建堂、聚會作記的交往活動，對瞭解當時的州學是一些有價值的資料。文中記張獻：「臨郡五年，令修政治，而於學校之事尤加意焉。若鼎創校官之宇，闢新小學之廬，表欄楯以示正塗，葺重屋以凝風氣，所以黼黻侯度，蕭勺儒雅者，實殫厥心，可謂不負聖朝視邦選侯之意矣」，較之州志《名宦》中的記載要豐滿得多。

〔註28〕　（明）趙錦修、張袞等纂：《江陰縣志》卷十（上），《天一閣藏明代方志選刊》，上海古籍書店據寧波天一閣藏明嘉靖刻本影印，1963年7月版。
〔註29〕　（清）陳廷恩修、李兆洛等纂：《江陰縣志》卷十一，《中國方志叢書》據道光二十年刊本影印，臺北成文出版社1983年3月臺一版。

　　元代大德、泰定兩部方志均已佚失，因此《大典》本洪武《毗陵續志》應當是現存最早收錄這篇記的方志。後志如現存成化《重修毗陵志》也收錄了這篇記，題爲《君子堂記》，但有不少地方已經模糊不清，無法辨認。嘉靖《江陰縣志》亦收錄此文但是文字略異，可以《大典》佚文校正之，因此這篇記文仍具有一定的文獻價值。

　　【祥異】：

　　晉孝懷帝永嘉六年五月，無錫縣有茱萸樹四株，相樛而生，狀若連理。先是鼮鼠出延陵，羊祜令郭璞占，曰：「此郡在明年當有妖樹生，若瑞而非瑞，辛螫之木也。倘有此，東西數百里必有作逆者。」及此木生，其後徐馥果作亂。亦草之妖也，是爲木不曲直。【冊一百五二卷一四五三七頁一　五御】（《輯佚》五七二頁）

　　《晉書・五行中》載：「（懷帝永嘉）六年五月，無錫縣有四株茱萸樹，相樛而生，狀若連理。先是，郭景純筮延陵鼮鼠，遇《臨》之《益》，曰：『後當復有妖樹生，若瑞而非，辛螫之木也，倘有此，東西數百里必有作逆者。』及此木生，其後徐馥果作亂，亦草妖也。郭又以爲『木不曲直』。」〔註30〕

　　《晉書・郭璞傳》載：「郭璞，字景純，河東聞喜人也。父瑗，尚書都令史。時尚書杜預有所增損，瑗多駁正之，以公方著稱。終於建平太守。璞好經術，博學有高才，而訥於言論，詞賦爲中興之冠。好古文奇字，妙於陰陽算曆。有郭公者，客居河東，精於卜筮，璞從之受業。公以《青囊中書》九卷與之，由是遂洞五行、天文、卜筮之術，攘災轉禍，通致無方，雖京房、管輅不能過也。」知其博學高才而又精於卜筮之術，其傳又載：「璞既過江，宣城太守殷祐引爲參軍。……祐遷石頭督護，璞復隨之。時有鼮鼠出延陵，璞占之曰：『此郡東當有妖人欲稱制者，尋亦自死矣。後當有妖樹生，然若瑞而非瑞，辛螫之木也。倘有此者，東南數百里必有作逆者，期明年矣。』無錫縣欻有茱萸四株交枝而生，若連理者，其年盜殺吳興太守袁琇。或以問璞，璞曰：『卯爻發而沴金，此木不曲直而成災也。』」（同前，卷七十二）

　　洪武《毗陵續志》的這段文字乃約《晉書・五行志》和《郭璞傳》而來，其中「羊祜令郭璞占」中「羊祜」當是「殷祐」之誤。羊祜乃晉初名臣（《晉書》有傳），卒於公元 278 年，而郭璞生於 276 年。羊祜卒時，郭璞才兩三歲，如何能令郭璞占卜？此應是該志編纂者引史不謹所致。

〔註30〕《晉書》卷二十八，中華書局 1974 年 11 月第 1 版。

第五節 《大典》本《溧陽志》及其佚文研究

一、溧陽縣建置沿革及其方志編修源流

溧陽，明代爲應天府八屬縣之一，但按照現行行政區劃，屬常州市，故置於本章進行研究。《明一統志》載：「溧陽縣，在府東南二百四十里，秦置，屬鄣郡，以在溧水之陽故名，漢屬丹陽郡，隋初屬蔣州，後併入溧水縣，屬宣州。唐初復析溧水置溧陽縣，上元初屬升州。南唐屬江寧府，宋屬建康府。元至元中升爲溧陽路，後降爲縣，元貞初又升爲州。本朝洪武二年改爲縣，編戶二百七里。」〔註31〕《明史·地理一》載：「溧陽，府東南。元溧陽州。洪武二年降爲縣。東南有鐵山、銅山。西南有鐵冶山。北有長蕩湖，一名洮湖，與宜興、金壇二縣分界。西北有溧水，一名瀨水，上承丹陽湖，東流爲宜興縣荊溪，入太湖，舊名永陽江，又曰中江也。西北有上興埠巡檢司，後廢。」〔註32〕由此可知，溧陽縣秦既已設置，以在溧水之陽而得名，漢屬丹陽郡，隋初屬蔣州，唐屬升州，南唐屬江寧府，宋屬建康府，元代曾升爲溧陽路（州），明代復爲縣。

關於溧陽方志的編纂，嘉慶《溧陽縣志》所載明萬曆帥志《序》曰：「溧陽有志自乾道始」，康熙癸丑王志《序》曰：「邑有志始自宋乾道，迨明符、帥諸公代修之，而皆不如今之吳太守闇史未詳且核」，乾隆癸亥吳志《序》曰：「邑乘創於宋趙廓夫，今不可得見矣。明嘉靖邑令符公觀始復纂修，繼之者萬曆間邑令帥公蘭也。」〔註33〕

溧陽縣志的編修始於宋代乾道八年知溧陽縣事趙利（字廓夫）所纂之《溧陽志》，除此之外，元至正《金陵新志》又引用有嘉定《溧陽志》和元《溧陽州志》，此二志爲諸序所未及。明代溧陽志書，現存記載中最早者爲弘治三年知溧陽縣符觀所修，乾隆吳志《序》稱「嘉靖邑令符公觀始復纂修」，誤，因爲《永樂大典》中收錄有一部《溧陽志》，張氏《輯本》對此志考證如下：

案：《大典》引《溧陽志》凡八條。溧陽縣，元至元十四年升州，十五年升府，十六年改溧陽路，二十七降縣，元貞元年復升州，明復降縣。此朱湖條「在溧陽州，今不詳所在」云云。茲據錄作明志。〔註34〕

〔註31〕 （明）李賢等：《明一統志》卷六，文淵閣《欽定四庫全書》本。

〔註32〕 《明史》卷四十，中華書局 1974 年 4 月第 1 版。

〔註33〕 （清）李景嶧等修，史炳等纂：《溧陽縣志》卷首，中國方志叢書據嘉慶十八年修、光緒二十二年重刻本影印，臺北成文出版社 1983 年 3 月臺一版。

〔註34〕 張國淦：《永樂大典方志輯本》，北京燕山出版社 2006 年 5 月第 1 版，第 849 頁。

　　元代溧陽亦曾稱縣，後改稱州，明代稱溧陽復稱縣，張氏據「朱湖」條佚文與溧陽建置沿革，推斷此志為明代方志，其說可從。今試補證之。除張氏所引「朱湖」條佚文外，該志「上湖」、「三塔湖」佚文，有「在縣西南六十里」、「在縣西七十里」云云。說明這時溧陽已降為縣，此志為明志無疑。溧陽洪武二年降為縣，則此志應當纂於洪武二年至永樂六年之間，估計應為洪武間所纂。但從現存有關溧陽志書編纂的記載來看，並無有關此志的記錄，如張氏《中國古方志考》、《江蘇舊方志提要》均未記載此志，纂修人與卷數亦不可考。《大典》本《溧陽志》是一部久已失傳的洪武縣志。

二、《大典》本《溧陽志》佚文研究

　　馬氏《輯佚》共收錄佚文 8 條，張氏《輯本》亦然。其中【湖泊】5 條、【宮室】1 條、【人物】1 條、【詩文】1 條，今解析如下。

　　【湖泊】：

　　朱湖，在溧陽州，今不詳所在。郭景純《江賦》云：其旁則有具區、洮滆、朱滻、丹漅。酈道元《水經注》云：朱湖在溧陽，湖泊為多，或謂之溳，溳又訛為衍，有瀨陽衍、葛涪衍、沙漲衍、蔣塔衍、徐角衍、故縣衍、魯里衍、諸湯衍、謝達衍、謝公衍，名稱更易，古蹟之見者鮮矣。或謂朱湖即丹陽湖之異名未詳是否。朱湖去城七十里，東至甓社湖，西至天長縣界丁溪湖，陸路接天長縣；南至淩塘河，陸路至天長縣界；北至五湖。〔卷二千二百六十六　六模〕（《輯佚》五七五頁）

　　佚文記載了朱湖的方位，及其名稱之異名與沿訛。景定《建康志・山川二》云：「在溧陽縣，今不詳所在。郭景純《江賦》云：其旁則有具區、洮滆、朱滻、丹漅。酈道元《水經注》云：朱湖在溧陽，湖泊為多，或謂之溳，名稱更易，古蹟之見者鮮矣。或謂朱湖即丹陽湖之異名，未詳。」〔註35〕結合景定《建康志》記載可知，朱湖宋景定間即已不知所在。嘉慶《溧陽縣志・水》載：「諸湖之廢者，曰朱湖，在縣東南八里。郭璞《江賦》具區、洮滆、朱滻、丹漅。李善長注引《水經注》曰：朱湖在溧陽。《建康志》載：或說朱湖即丹陽湖之異名，然則郭賦朱丹復出矣，殆非也。」〔註36〕佚文與後志之記載，應當是沿襲景定《志》而來，有謂朱湖即為丹陽湖之異名，嘉慶《志》

〔註35〕　（宋）馬光祖修，周應合纂：景定《建康志》卷十八，《中國方志叢書》據清嘉慶六年刊本影印，臺北成文出版社 1983 年 3 月臺一版。

〔註36〕　（清）李景嶧等修，史炳等纂：《溧陽縣志》卷一，中國方志從書據嘉慶十八年修、光緒二十二年重刻本影印，臺北成文出版社 1983 年 3 月臺一版。

據郭璞《江賦》，湖名有「朱瀋」、「丹漵」，「朱、丹」復出，從而認為這種說法是不正確的。佚文中的郭璞事蹟詳後文洪武《毗陵續志》佚文解析，又據郭璞《江賦》，佚文中朱湖旁「洮滈」應為「洮滆」之誤。

> 上湖，在縣西南六十里，源出廣德諸山，東北流入白雲溪。【冊二十卷二二六七頁三十一 六模】（《輯佚》五七五頁）

景定《建康志》、嘉慶《溧陽志》皆記錄有下湖，云：「下湖，在溧陽縣南一十里，周迴五里，流經白雲涇，東入太湖。」（同前），但均未記載上湖。佚文記錄了上湖的方位及源流，是珍貴的溧陽湖泊資料且可補他志之闕。

> 三塔湖，一名梁成湖，在縣西七十里，周十八里，西南與昇平湖相接。張舍人孝祥詩「湖頭三日風」及《樂府》「問訊湖邊春色」皆指此。【冊二十卷二二七〇頁十八 六模】（《輯佚》五七六頁）

景定《建康志》載：「三塔湖，一名梁城湖，在溧陽縣西七十里，周十八里西南與昇平湖相接，張孝祥有詩。」（同前）清光緒《溧陽縣續志》載：「三塔湖，古三塔瀋，一曰梁成湖。宋張孝祥經此賦詩題柱：菰浦一碧煙波蕩。空泂勝境也。」〔註37〕佚文記載了三塔湖的別名、方位與大小。所引張孝祥詩與光緒《溧陽縣續志》所引不同。

張孝祥，南宋著名詞人、書法家，號於湖居士。《宋史》本傳載：「字安國，歷陽烏江人。讀書過一目不忘，下筆頃刻數千言，年十六，領鄉書，再舉冠里選。紹興二十四年，廷試第一。時策問師友淵源，秦塤與曹冠皆力攻程氏專門之學，孝祥獨不攻。考官已定塤冠多士，孝祥次之，曹冠又次之。高宗讀塤策皆秦檜語，於是擢孝祥第一，而塤第三，授承事郎、簽書鎮東軍節度判官。諭宰相曰：『張孝祥詞翰俱美。』……孝祥俊逸，文章過人，尤工翰墨，嘗親書奏箚，高宗見之，曰：『必將名世。』但渡江初，大議惟和戰，張浚主復仇，湯思退祖秦檜之說力主和，孝祥出入二人之門而兩持其說，議者惜之。論曰：張孝祥早負才雋，薄政揚聲，迨其兩持和戰，君子每歎息焉。」〔註38〕張孝祥文章過人，但南渡初，於和戰之議持兩可之說，致令人歎息。其作有《於湖居士文集》、《于湖詞》，《全宋詞》輯錄其詞 223 首，其中尤以表現愛國思想、反映社會現實的作品成就最為突出。湯衡《張紫微雅詞序》

〔註37〕（清）楊家驤等修、馮煦等纂：《溧陽縣續志》卷一，《中國方志叢書》據光緒二十三年刊本影印，臺北成文出版社 1983 年 3 月臺一版。
〔註38〕《宋史》卷三百八十九，中華書局 1977 年 11 月第 1 版。

稱其：「平昔為詞，未嘗著稿，筆酣興健，頃刻即成，初若不經意，反覆究觀，未有一字無來處……所謂駿發踔厲，寓以詩人句法者也。」又稱其詞有蘇軾之風：「自仇池（蘇軾）仙去，能繼其軌者，非公其誰與哉？」〔註39〕張孝祥與張元幹一起號稱南渡初期詞壇雙璧。張孝祥詞上承蘇軾，下開辛棄疾愛國詞派的先河，是南宋詞壇豪放派的代表人物之一，在詞史上佔有比較重要的地位。

佚文「湖頭三日風」與「問訊湖邊春色」二句，不知出自何詩，《全宋詩》亦未見收錄，可為補闕。

千里湖，在縣東南十五里。《晉書》陸機云「千里蒓羹，未下鹽豉」，《南史》沈文季云「千里蒓羹，豈關魯衛」，皆指此地也。至今產蒓羹。俗呼千里濼，與古縣濼相連。或說千當作芋，未當作末，千末皆省文也。下即秣陵。大抵縣境產蒓，多且肥美，藏蓄可以致遠。〔卷同上〕（《輯佚》頁五七六）

景定《建康志》云：「千里湖在溧陽縣東南十五里，《晉書》：『陸機云：千里蒓羹，未下鹽豉』，《南史》：『沈文季云：千里蒓羹豈關魯衛。』皆指此地也，至今產美蒓，俗稱千里濼。與故縣濼相連，或說千當作芋，末當作秣，千末皆省文也，秣下即秣陵，大抵縣境產蒓，多且肥美，藏蓄可以致遠。」（同前）嘉慶《溧陽縣志‧水》載：「千里湖，一名千里濼，或曰即黃墟蕩也，在縣南十五里，陸機言『千里蒓羹』，指此。詳物產。」〔註40〕

佚文記載了千里湖的方位，西晉陸機與劉宋沈文季均曾提及溧陽千里湖產美蒓，所產之蒓多而肥美，且可以保存運至遠方。內容與景定《志》相同，當是錄景定《志》原文。由景定《志》知佚文中「下即秣陵」應為「末下即秣陵」。從嘉慶《志》記載可知，此湖又名黃墟蕩。

嘉慶《溧陽縣志‧物產》載：「古有千里湖蒓，今無。《晉書‧陸機傳》：『機入洛，侍中王濟指羊酪謂曰：□吳中何以濃此。答云：千里蒓羹，末下鹽豉。劉義慶《世說》則云：『千里蒓羹，但未下鹽豉耳。古今詩文用『千里蒓』者甚多，而未確指何地。宋王楙《野客叢書》引陳和之說，千里地名在建康境上，產蒓甚佳。吳曾《能改齋漫錄》云：金陵千里湖產美蒓，亦未明言溧陽也。景定《建康志》則云：千里湖在溧陽縣東南十五里，產美蒓。又云，大抵縣境產蒓多且肥美，藏蓄可以致遠。是此湖確在溧陽，且宋時境內多蒓，不止湖產矣。今

〔註39〕 （宋）張孝祥：《于湖詞》卷首，文淵閣《欽定四庫全書》本。

〔註40〕 （清）李景嶧等修，史炳等纂：《溧陽縣志》卷一，中國方志叢書據嘉慶十八年修、光緒二十二年重刻本影印，臺北成文出版社1983年3月臺一版。

則湖廢已久，境內亦不聞產此，然蘇松川澤間所在多有人猶食之。據宋唐愼徵《證類本草》載：
掌禹錫按蜀本《圖經》云，蓴生水中，葉似鳧葵，浮水上，採莖堪菹，花黃白，子紫色。三月
至八月莖細如□股，黃赤色，短長隨水深淺而名爲絲蓴。九月十月漸粗硬，十一月萌在泥中，
粗短名瑰蓴，體苦澀，惟取汁味。明李時珍《本草綱目》云：蓴葉形似馬蹄，莖紫色，大如筯，
柔滑可羹。其形狀大略如此。或溧境固間有之，而人未之識乎？又案：末下、未下兩說互異，
至千里之爲地名本無可□□，黃朝英《緗素雜記》既主未下之說，而言洛中有千里之遠，不以
爲地名，全無文義。」從嘉慶《志》記載可知，宋代溧陽境內產美蓴，不僅止是
湖產。千里湖所產之美蓴，至清代已湖廢不存，不過蘇松川澤間所在多有人
猶食之。（同前，卷六）

　　昇平湖，在縣西七十里。水自溧水縣五堰東流入湖，即古中所徑之地。又有溪水南自建
平縣梅渚鎮來會。〔卷二千二百七十一　六模〕（《輯佚》五七六頁）

　　佚文記載了此湖的方位，源流狀況。內容與景定《志》相同，但佚文「即
古中所徑之地」應爲「即古中江所經之地」，佚文脫一「江」字。嘉慶《溧陽
縣志・水》載：「昇平湖，亦名昇平蕩，在縣西南七十里首受東壩之水，南通
梅社二渚。」（同前，卷一）嘉慶《志》記載此湖源頭爲東壩之水，與佚文所載
略異。

　　【宮室】：

　　梅福翻經臺，在靈寶觀。按本傳，福居家常以此讀書養性爲事。元始中，王莽顓政，福
一朝棄妻子去，至今傳以爲仙。其後，人有見福於會稽者，變名姓，爲吳市門卒。或嘗寓此也。
元豐中，封福爲壽春眞人。〔卷二千六百零三　七皆〕（《輯佚》五七六頁）

　　佚文所記梅福翻經臺，景定《建康志》、嘉慶《溧陽縣志》、光緒《溧陽
縣續志》、《江南通志》諸書均不見載。梅福，爲西漢末年著名的隱士，然其
歸隱前曾上疏陳國事，但不爲採納。《漢書》本傳載：「梅福字子眞，九江壽
春人也。少學長安，明《尙書》、《穀梁春秋》，爲郡文學，補南昌尉。後去官
歸壽春，數因縣道上言變事，求假軺傳，詣行在所條對急政，輒報罷。是時，
成帝委任大將軍王鳳，鳳專勢擅朝，而京兆尹王章素忠直，譏刺鳳，爲鳳所
誅。王氏浸盛，災異數見，群下莫敢正言。福復上書。……上遂不納。成帝
久亡繼嗣，福以爲宜建三統，封孔子之世以爲殷後，復上書，……福孤遠，
又譏切王氏，故終不見納。……綏和元年，立二王后，推迹古文，以《左氏》、
《穀梁》、《世本》、《禮記》相明，遂下詔封孔子世爲殷紹嘉公。語在《成紀》。
是時，福居家，常以讀書養性爲事。至元始中，王莽顓政，福一朝棄妻子，

去九江，至今傳以爲仙。其後，人有見福於會稽者，變名姓，爲吳市門卒云。」〔註41〕成帝時王氏浸盛，災異數見，梅福疏中有曰：「《書》曰：『毋若火，始庸庸。』勢陵於君，權隆於主，然後防之，亦亡及已。」（同前）然上不能用，至王莽專政時，梅福遂隱去。

史載後有人見其變名姓，爲吳市門卒，據《姑蘇志》載：「梅福隱居相傳在吳門西市坊。黃庭堅詩：吳門不作南昌尉官，上疏歸來朝市空。笑拂岩花問塵世，故人子是國師公。」〔註42〕史志中載梅福仙迹多處，而獨不見此翻經臺，佚文的記載是一條很有價值的古蹟資料。

翻經臺所在之靈寶觀，至正《金陵新志·祠祀志》載：「在溧陽州西六十里芝山。舊傳梅福學仙之所，唐咸通二年修，太平興國中重建。州志案，福居家常以此讀書養性事。元始中，王莽顓政，福一朝棄妻子去，至今傳以爲仙。其後，人有見福於會稽者，變名姓，爲吳市門卒。豈嘗寓此乎？元豐中，封福爲壽春眞人。」〔註43〕靈寶觀在溧陽西邊六十里的芝山，舊傳曾爲梅福學仙之所，而翻經臺或爲梅福學仙之遺迹也。

【人物】：

唐康仁傑，泉州人。後主召對，授溧陽簿。性素儉，唯食公俸，門無私謁。其所進待，乃儒生名士，吟噦終日不少怠。【卷一萬四千六百零九 六暮】（《輯佚》五七六頁）

康仁傑，正史無傳，馬令《南唐書·儒者傳》載：「康仁傑，泉州人也，少祝髮爲僧，喜儒學。因遊江南，會陳德誠出次池陽，仁傑以詩投之，有『紅旆渡江霞蘸水，青虵出篋雪侵衣』。德誠勉令就仕，乃薦仁傑於執政者。仁傑易儒服至金陵會群公，旬沆宴升元閣。仁傑造席，和登閣詩有云『雲散便凝千里望，日斜常占半城陰』之句，座皆大驚。後主聞之，問之左右曰：『傑何如人？』或對曰：『亦詩中苦吟者也，然其遠人，慕化而至，宜姑息而已』，時陳洪進據漳泉，遂召問其風土民俗，仁傑對答無滯，仍獻所業，授鄂州文學補溧陽簿。考滿出吉州，括量屯田。仁傑視肥磽、稽田疇無不允當。性循素儉，唯食公俸，門無私謁。其所進待，乃儒生名士，吟噦終日不少怠。晚年彌苦其志，嘗以詩召嘉禾峰僧云：『只在此山寧有意，向來求佛本無心』，時皆稱善。入授汾陽令，及金陵敗，仁傑亦卒。」〔註44〕康仁傑，爲南唐泉

〔註41〕 《漢書》卷六十七，中華書局 1962 年 6 月第 1 版。
〔註42〕 （明）王鏊纂：《姑蘇志》卷三十一，文淵閣《欽定四庫全書》本。
〔註43〕 （元）張鉉纂：至正《金陵新志》卷十一，文淵閣《欽定四庫全書》本。
〔註44〕 （宋）馬令撰：《南唐書》卷十四，文淵閣《欽定四庫全書》本。

州人，文才吏才兼備，其詩頗有造詣。其少年祝髮爲僧，而又喜儒學，出入於儒佛之學，爲當時之名士。《十國春秋》、《明一統志》皆有其傳，佚文與此二書所記康仁傑事，應皆取自馬令《南唐書》。

【詩文】：

元偰世玉《止堂詩並序》：余去朝之二年，祿餘不給於食，益厭城市，瀨陽村求田數畝，結廬以居，遂得躬耕焉。扁茲室曰止堂，爲之銘，復繫以詩，抑亦見安於義命云耳。詩曰：「築廬向南山，藝田在東皐。悠悠木石居，皋皋耕鑿謠。飲水白日長，看雲青松標。流泉振宮徵，好花落瓊瑤。嗟我塵俗人，驚心逐喧囂。濯然牛山木，慚彼燕穀苗。歸來薜蘿深，坐見猨鶴招。虛空炫光景，微風動飄飆。諒無陶猗金，亦有顏許瓢。於焉遂棲止，終焉以逍遙。」〔卷七千二百四十一十八陽〕（《輯佚》五七七頁）

　　佚文收錄元代詩人偰世玉《止堂詩並序》，抒發其厭倦城市而於鄉村結廬躬耕，安於義命的出世情懷。偰世玉，正史載其名而無傳，《元史》有其祖合刺普華傳：「合刺普華，岳璘帖木爾子也。……後贈戶部尚書、守忠全節功臣，諡忠愍。子二人：偰文質，越倫質。偰文質官至吉安路達魯花赤，贈宣惠安遠功臣、禮部尚書，追封雲中郡侯，諡忠襄。子五人，偰玉立、偰直堅、偰哲篤、偰朝吾、偰列篪，皆第進士。偰哲篤官至江西行省右丞，以文學政事稱於時。越倫質子善著，偰哲篤子偰百僚遜，善著子正宗、阿兒思蘭，皆相繼登第。一門世科之盛，當時所希有，君子蓋以爲其忠義之報云。」〔註45〕嘉慶《溧陽縣志·宦績》載：「偰玉立，字世玉，其先回紇人，居偰輦河上，因以爲氏。至元間，有合刺普華爲廣東轉運使死事，封高昌郡公，諡忠愍，改葬溧陽。子文質，生玉立、直堅、哲篤、朝吾、列篪五人，並以江西龍興籍登進士第。玉立初授翰林院待制兼國史院編修，至正中爲泉州路達魯花赤。據《世玉集序》。案序玉立等五人並龍興籍貫，哲篤後遷溧陽。然省府縣志五人併入溧陽進士，或高昌改葬溧陽以後，子孫即已守冢於此耳。今悉仍舊修入。時諸路兵亂，玉立築城濬河爲扞禦計。與提舉項棣孫捐貲買穀以賑兵饑，所屬得以無事。仍興起學校，勤修廢政，泉州人祠之。據舊縣志。後遷湖廣僉事、海北海南道肅政廉訪使。在泉州時，嘗考求圖志，搜訪舊聞，聘寓公三山吳鑒成《清源續志》二十卷。據《世玉集序》。」〔註46〕

〔註45〕　《元史》卷一百九十三，中華書局 1976 年 4 月版。

〔註46〕　（清）李景嶧等修，史炳等纂：《溧陽縣志》卷十一，中國方志從書據嘉慶十八年修、光緒二十二年重刻本影印，臺北成文出版社 1983 年 3 月臺一版。

　　偰世玉兄弟五人皆登進士第，可謂元代科舉上的一件盛事，無怪乎史書亦歎「一門世科之盛，當時所希有，君子蓋以爲其忠義之報云」，玉立任泉州達魯花赤時積極防禦兵亂，捐資買穀賑饑，又興學勤政修志，以至於泉州人立祠祀之，知其亦是一位賢守。其詩集《世玉集》，存其詩十餘首，收錄於《元詩選》第三集。佚文《止堂詩並序》，《元詩選》未收錄，可補其傳世《世玉集》之闕。

第八章 無錫地區《大典》本佚志及其佚文研究

第一節 無錫建置沿革及方志編修源流（兼辯《大典》本《無錫志》與《無錫縣志》非佚志）

　　元代稱無錫州，屬常州路，明代爲縣，屬常州府。《明史·地理一》載：「無錫，府東。元無錫州。洪武二年四月降爲縣。西有慧山，梁溪出焉，西南入太湖，其別阜曰錫山。西南有太湖。東南有運河。又西北有高橋、東南有望亭二巡檢司。」〔註1〕《明一統志》載：「在府城東九十里，周初爲吳泰伯始封地，漢爲無錫縣，屬會稽郡。縣有山，舊產錫，至漢初錫殫，故縣以無錫名。新葬改曰有錫，東漢復舊。三國吳廢，晉復置，屬毗陵郡。宋齊梁陳皆屬晉陵郡，隋開皇中省入晉陵縣，後復置。唐屬常州，宋因之，元升爲州，本朝復爲縣，編戶四百一十里。」〔註2〕無錫縣漢代即已設立，因縣內有山產錫而殫得名，元代無錫稱州，餘皆爲縣。

　　關於無錫縣志的編纂，嘉慶《無錫金匱縣志》載弘治江西泰夔《序》曰：「無錫爲東南文獻巨邦，舊有二志，前志勝國時鞏昌王仁輔所編，至我朝景泰間，鄉先輩馮擇賢又續爲之，然而識者謂語前志失之拘，後志失之駁。」又撰者秦瀛《序》曰：「無錫志始自元王仁輔，三修於前明，惟康熙庚午志，最爲善本，雍正四年析無錫縣境，設金匱縣，由是華劍光徵君有

〔註1〕《明史》卷四十，中華書局1974年4月第1版。
〔註2〕（明）李賢等纂：《明一統志》卷十，文淵閣《欽定四庫全書》本。

金匱縣志之刻。」〔註3〕

　　《四庫》本《無錫縣志提要》載：「臣等謹案：《無錫縣志》四卷，不著撰人名氏，考《千頃堂書目》有元王仁輔《無錫縣志》二十八卷，與此本卷數不符，蓋別一書也。考《明史・地理志》，洪武二年四月始改無錫州爲縣。是志《古今郡縣表》雖然止於升無錫縣爲州，然標題實稱爲無錫縣，已爲明初之制。又郡縣表止元貞，而學校類中已載至正辛巳鄉舉陸以道。則所紀已逮元末，是洪武中書矣。……惜首卷原序已佚，其撰次本末不可得而考也。《元史・地理志》稱成宗元貞元年升無錫縣爲州，此志乃云二年，作志者記錄時事歲月必確，以是推知元史疏漏多矣，是亦書貴舊本之一驗也。」〔註4〕

　　現存記載皆曰《無錫縣志》始修於元代王仁輔，《四庫全書》又收錄有《無錫縣志》四冊，並考稱其爲洪武間志書，後之景泰、弘治、萬曆間均修有志書。

　　《永樂大典》收錄有《無錫縣志》、《無錫志》，因清人考證《四庫全書》著錄的元王仁輔編修的《無錫縣志》，志名當爲《無錫志》（州志），故凡《大典》標注爲《無錫志》者，馬氏《輯佚》未輯，僅收錄標爲《無錫縣志》的佚文兩條。而張國淦知二志實爲一志，故張氏《輯本》均收錄之。張國淦先生對其《輯本》所錄無錫志書有如下考釋：

　　　　案：《大典》引《無錫志》凡四條，又《無錫縣志》凡二條。今存《無錫志》刊本四卷，係明洪武初據元刊本挖改，作洪武志，即四庫著錄本。其原本是元時書，《文淵閣書目・舊志》：「《無錫志》四卷」，當即是志。《千頃堂書目》八：「《補》元王仁輔《無錫縣志》二十八卷，又一書。」（此《大典》引河湖條，今洪武挖改本未有。）〔註5〕

　　張氏《輯本》收輯了《大典》本《無錫志》和《無錫縣志》共6條佚文，馬氏《輯佚》僅收錄《大典》本《無錫縣志》2條佚文。《四庫提要》據元王仁輔所撰《無錫縣志》爲二十八卷，而《四庫》本《無錫志》爲四卷，推測王《志》「蓋別爲一書」，《千頃堂書目》亦持此論。繆荃孫《藝風藏書記》則謂：「按此書近編四卷，第一卷爲邑里，第二卷爲山川，第三卷爲事物，分上下二子卷，第四卷爲詞章，亦分上、中、下三子卷，子卷中又分小類二十一，

〔註3〕（清）秦瀛：《無錫金匱縣志》卷首，國家圖書館藏嘉慶十八年刻本（數字方志）。

〔註4〕（明）不著撰人：《無錫縣志》卷首，文淵閣《欽定四庫全書》本。

〔註5〕張國淦：《永樂大典方志輯本》，《張國淦文集四編》，北京燕山出版社2006年5月第1版，第618頁。

合之正與二十八之數合。」〔註6〕認爲《四庫》本《無錫縣志》與王《志》實爲一書。張氏稱《四庫》本《無錫縣志》四卷，係洪武初據元末王仁輔所撰《無錫志》志挖改而成，正與繆氏之論相合。據上文弘治間泰虁《序》曰「前志勝國時鞏昌王仁輔所編」，其所謂「勝國時」應指明初，即洪武初也。如此，則張氏之論可從。

因此，可據《大典》本《無錫縣志》佚文「在州東南七十里」，而確定該志應是元王仁輔所撰之二十八卷《無錫志》原本，編纂時間應在元元貞二年無錫升州至洪武二年改縣以前。撰者王仁輔，字文友，鞏昌（今甘肅省隴西縣）人，僑居無錫梅里鄉祇陀村，著有文稿10卷。

既然所謂明初的《無錫縣志》是由元末王仁輔《無錫志》挖改而成，且有《四庫全書》本傳世，按照本文只研究佚志的旨趣，已無對其「佚文」研究的必要，本章以下重點將研究馬蓉等輯錄的無錫地區《大典》本《江陰志》、《江陰毗陵志》、《（江陰）舊經》、《宜興風土舊志》、《宜興舊志》等佚志及其佚文。

第二節　《大典》本《（江陰）舊經》及其佚文研究

一、江陰建置沿革及方志編修源流

《元史・地理五》：「（江浙行省）江陰州，上。唐初爲暨州，後爲江陰縣，隸常州。宋爲軍。元至元十二年，依舊置軍，行安撫司事。十四年，升爲江陰路總管府，今降爲江陰州。」〔註7〕《宋史・地理四》載：「江陰軍，同下州。熙寧四年，廢江陰軍爲縣，隸常州。建炎初，以江陰縣復置軍；紹興二十七年廢，三十一年，復置。縣一：江陰。」〔註8〕《明一統志》載：「江陰縣在府城西北九十里，本秦漢毗陵縣地，屬會稽郡。晉初析置暨陽縣，屬毗陵郡，梁始置江陰郡及江陰縣。隋初廢郡以縣屬常州，又以利城、梁豐二縣省入。唐初於縣置暨州，復析置暨陽、利城二縣。尋廢暨州及省二縣入江陰縣，屬常州。五代南唐置江陰軍，領江陰縣。宋或爲軍或爲縣。元初仍爲軍，後升爲江陰路，後又降爲州，本朝初改連洋州，尋復江陰州，後復爲縣，編

〔註6〕繆荃孫：《藝風藏書記》卷三，上海古籍出版社 2007 年 6 月版。
〔註7〕《元史》卷六十二，中華書局 1976 年 4 月第 1 版。
〔註8〕《宋史》卷八十八，中華書局 1977 年 11 月第 1 版。

戶三百七十四里。由是知江陰秦漢時本爲毗陵縣地，晉初析置暨陽縣，梁始置江陰郡及江陰縣。唐初置暨州，後爲江陰縣，宋爲軍，元爲路、爲州，明代復稱江陰縣，屬常州。

據《江蘇舊方志提要》記載，明代永樂六年以前有《（江陰軍）舊經》、祥符《（江陰軍）圖經》、《（江陰軍）圖經》、紹熙《江陰軍志》、紹定《江陰志》、洪武《江陰續志》六部方志。

據清道光年間陳延恩修、李兆洛等纂的《江陰縣志》中記載，宋代紹熙《江陰軍志》主修爲江陰知軍施邁，纂修人爲教授鄭應申，知縣徐綱。志首所錄舊序中有簽判俞巨源所作《施志序》，題目下有小字曰：「宋紹熙五年，邑有志，自此始。」序中記此志編纂經過曰：「郡各有志，澄江獨未之作也。吳興施公太博知軍事，慨然以爲缺典。首命郡博士鄭君、邑大夫徐君，相與搜獵以編爲書，庶幾來者有考。鄭君於是質之古、驗之今，采其土地所有記聞，所傳科條，所當登載者，分爲三十二門，計一十卷。其文直、其事核、其目井井也。書成而施公以請辭去，巨源嘗以幕僚攝承泮宮，諸生僉以鋟木，爲鄭君請，因贊其成。且巨源嘗爲施公屬，載其作書之自及識其日月，敬禮不敢辭。然鄭君爲是書也亦勤矣。先賢讀《詩》之『綠竹猗猗』，知衛地淇澳之產。在其板屋，知秦野西戎之居。隻字片辭，坐致千里。古人發興於詠歌，且而況紀事之書乎，鄭君誠有倣乎此。」〔註9〕從序文中可知，紹熙《江陰軍志》分三十二門，總共一十卷，資料翔實，條目井井，是一部經過認眞編修的志書。

紹定《江陰志》主修爲江陰知軍顏耆仲、纂修爲教授郭庭堅與進士蔣汝通。道光《江陰縣志》收錄有紹定三年教授郭庭堅所撰序文，內容如下：「江陰舊志，前廣文鄭應申所編，時紹熙甲寅歲也，間有考之未詳，略而弗備者，況歷三紀之餘，時異事殊，洊有增益，盍廣前聞，庶免疏缺。顏侯奏院一寓目而深有志焉。庭堅以文學掾承侯命偕前國學進士蔣汝通纂修之遺，審定是非，搜訪遺逸。因編目隨類附入，示前志爲稍詳。若曰全備，則非庭堅敢知也。」（同前）

據《江蘇舊方志提要》稱此志：「同年編成，視前志爲稍詳。同年秋，史俊之繼任知軍，以未刊稿本有遺漏闕，重命蔣汝通增修，簽判石祖文總其綱，

〔註9〕（清）陳廷恩等修，李兆洛等纂：《江陰縣志》卷首，《中國方志叢書》據道光二十年刊本影印，臺北成文出版社 1972 年 3 月臺一版。

在紹定五年修成，但亦未付印。世稱『顏志』。據弘治《江陰縣志》卷十四《諸志序列次第》，此志卷一總敘、分野、風俗、形勢、道里、縣鎮、城社；卷二學校（附貢院）、刑獄、戶口、物產、財賦；卷三郡守、軍治、官廨；卷四年表、職田；卷五坊市、倉牢（附場務、酒坊）、營寨（附教場）、亭館（附遞鋪）、橋梁；卷六山阜、河渠（附堰閘井泉）；卷七人物、科名；卷八古蹟、寺觀、祠廟；卷九碑刻、題詠上；卷十題詠下；卷十一題詠。其中卷十一爲紹定五年續添。首列郭庭堅，蔣汝通《序》，目錄。」〔註10〕

宋代以後，紹定《江陰志》在元代與明代均重刊，明代洪武年間還曾修纂過續志。永樂十六年《江陰續志》首有修志人陳贄《序》，記述了江陰縣方志的編修源流。《序》中言：「江陰志自宋紹熙甲寅歲郡守施公邁命教授鄭應申編集成書，至紹定庚寅郡守顏公耆仲命學錄郭庭堅偕進士蔣汝通纂修之，其視前爲詳。元至元丙戌教授朱子昌慮其遺闕，重加校正，命工鋟梓，以永其傳。國朝洪武辛未，二尹賀公子徽命訓士賀賢編續志，略而不詳。永樂戊戌秋，奉旨纂修志書，與邑之文士許用升輩乃審其是非、采其遺逸修之。然其間損益，自愧學識荒疏，於古今事蹟，恐未詳載。尙冀後之君子慨其闕略而增飾之，斯具美矣。」〔註11〕從傳世的《永樂志》陳《序》中可知，元至元二十三年（1268）浙江永嘉人朱子昌任江陰路儒學教授期間，曾重刊此志。道光《志》存有其所撰《題識》曰：「江陰舊有郡志，遺闕泯漫。至元丙戌分教於茲，重加校正，命工鋟梓，始爲全書，蓋存古也。」（同前）

但永樂《志》中陳贄《序》所述編纂源流，也有疏漏。洪武九年，江陰知縣饒元（玄）德也曾重刊過此書，陳《志》中並未記載。道光《志》中錄有饒元（玄）德《重刊顏志序》詳細地記載了編纂的經過：「皇明龍集丙辰春，朝廷注意於天下典故。大加訪求，用深考究，以備觀覽。惜乎本境兵燹焚蕩之餘，架閣無文，廳壁無記。於是招集遺老，延致儒流，胥會於學宮，搜葺散亡，掇拾殘斷舊書，前後續編總一十三卷。求之數家，晚得張彥翔所藏本讎校，始克稍完，謄錄鋟刻，猶慮中間魯魚亥豕，訛舛尙多，哲匠藻鑒，倘改而正諸不亦宜乎。」饒《序》對紹定《志》作出了評價，《序》稱：「予觀宋江陰志作於紹定，實起自太平興國以來三百年。事略可尋覽，大要所詳載者

〔註10〕徐復、季文通主編：《江蘇舊方志提要》，江蘇古籍出版社 1993 年 10 月第 1版，第 164 頁。

〔註11〕（清）陳廷恩等修，李兆洛等纂：《江陰縣志》卷首，《中國方志叢書》據道光二十年刊本影印，臺北成文出版社 1972 年 3 月臺一版。

三：江防、民政、學事也。其於營屯之設置，攻守之備具，七百里江面歷歷掌握中，無尺地非其所經理。民間閘堰之起築，租課之耗益。二百里郊圻物物在胸臆，下無一夫非其所料理，以至學校之事皆然。眞可見古人爲政之用心。」（同前）我們由此得以瞭解紹定《江陰志》的大概，如今宋代紹定《志》的三種版本均已失傳。

《永樂大典》中收錄的江陰方志有三部，即《江陰志》、《江陰毗陵志》《（江陰）舊經》，現逐部探討如下。

二、《大典》本《（江陰）舊經》及其佚文研究

《大典》中收錄的《（江陰）舊經》（馬氏《輯佚》云：《大典》暨陽湖下僅引「舊經」，據《晉書·地理志下》毗陵郡下有暨陽縣。故城在今江蘇江陰縣東四十里，故疑此《舊經》上當有「江陰」兩字。），宋《輿地紀勝》引用《舊經》十二條，《輿地紀勝》約成書於南宋寶慶三年，因而此志應修於南宋寶慶三年以前。《江蘇舊方志提要》稱：「《（江陰軍）舊經》，南唐升元中（938 年）江陰置軍，宋因之，元升江陰路，後降州，明洪武中改縣。此志疑修於北宋早期，散佚當在明弘治以後。」〔註 12〕

張國淦《中國古方志考》記錄了各書對《（江陰）舊經》引用的情況，這些佚文保留了《舊經》的內容。現移錄如下：「《輿地紀勝》九：江陰軍，景物上螺州、盜城、胥湖、浮山，景物下射垛、雞籠山、暨陽湖，古蹟姜太公釣魚臺、秦望山、杜康宅、季札墓，仙釋許青暘，引《舊經》十二條。弘治《江陰縣志》四：橋梁魚躍橋，六：山川暨陽湖、胥湖，古蹟太公釣魚臺，杜康宅、季子墓、三王冢、盜城、六射垛、甄人壚引《舊經》十條。《大典》輯本據《大典》三千五百八十九：九眞（魚門村），《江陰志》引《舊經》一條。」〔註 13〕從佚文內容看，《舊經》的內容應包括：建置、山川、橋梁、古蹟、仙釋等門。《（江陰）舊經》也是目前所知的最早的江陰方志。

馬氏《輯佚》中收錄了《（江陰）舊經》的佚文一條：

> 暨陽湖，在縣東十五里，又有螺州，云在縣界，其狀如螺，並莫詳所謂，姑存之。〖冊二十卷二二七一頁四 六模〗（《輯佚》五八六）

〔註 12〕徐復，季文通主編：《江蘇舊方志提要》，江蘇古籍出版社，1993 年 10 月第 1 版，第 162 頁。

〔註 13〕張國淦：《中國古方志考》，中華書局 1962 年 8 月第 1 版，第 268 頁。

與張先生《中國古方志考》中《大典》輯本所保留的佚文，可互爲補充。嘉靖《江陰縣志・提封記第二下》載：「暨陽湖，宋志云，舊經：在縣東十五里，又有螺洲，並莫詳所在。」〔註14〕《道光志》所載與之相同。據《大典》本佚文可知，嘉靖、道光《志》引《舊經》文脫「云在縣界，其狀如螺」八字。

第三節　《大典》本《江陰志》、《江陰毗陵志》及其佚文研究

一、《大典》本《江陰志》、《江陰毗陵志》的編纂情況

《大典》本《江陰志》收錄有【倉廩】佚文一條：「都倉，在軍治西南。」云云。（《輯佚》五七八頁）佚文中稱「都倉，在軍治西南」，知此《江陰志》爲軍志。江陰在宋代與至元十四年以前均曾爲軍，但元代江陰軍無有志書修撰的記錄，因此，可以確定此志爲宋志。又《大典》本《江陰志》【宮室】佚文一條曰：「寬民堂，在市舶務中。郡侯顏奏院耆仲建。《中興會要》聖訓有曰：市舶之利，若措置合宜，所得動以百萬計，豈不勝取於民。留意於此，庶幾可以少寬民力。故以寬民名是堂。」（《輯佚》五七八頁）

市舶務爲宋代行政機構，隸屬於市舶司。亦說明《大典》本《江陰志》爲宋代方志，其引《中興會要》，則又說明該志當出南宋矣。

從上文可知宋代江陰方志除圖經外，有紹熙《志》與紹定《志》兩部志書。《大典》本《江陰志》中收錄《慈幼局記》一篇，記述的是宋咸淳初知江陰軍趙孟奎於江陰設慈幼局的經過，此文末尾有「咸淳二年七月記」記錄，咸淳二年是 1266 年比紹定《志》的成書時間紹定五年即 1232 年晚 34 年。從時間上來看，宋代紹熙與紹定間的方志應當不會記錄有咸淳年間的事情。張氏《輯本》有如下考證：

案：《大典》引《江陰志》凡七條，又《江陰毗陵志》。凡一條。其慈幼局條「咸淳二年」云云，又和豐倉條「（咸淳二年）明年二月記」云云。宋有紹熙施遵《江陰志》、紹定顏耆仲《續志》，其書續增至咸淳年間，故又曰咸淳志，明洪武九年重刊，以舊書前後續編，總二十三卷。（見饒玄德重刊《序》）此《大典》引亦無從辨其孰爲前後續也。《文淵閣書目・舊志》：「《江

〔註14〕　（明）趙錦修、張袞等纂：《江陰縣志》卷三，《天一閣藏明代方志選刊》，上海古籍書店據寧波天一閣藏明嘉靖刻本影印，1963 年 7 月版。

陰志》五冊」，當即是志。曰「《江陰毗陵志》」，江陰曾廢軍爲縣，隸常州，或修《大典》時涉及毗陵所加。」〔註15〕

在這裡，張氏稱紹定顏耆仲所編志書爲《續志》，且此志續增至咸淳年間，故又稱咸淳《志》。明洪武九年知縣饒元（玄）德欲重刊此志，「掇拾殘斷舊書，前後續編總一十三卷。」（張氏案語稱「總二十三卷」，誤。）所謂「殘斷舊書」，據上文陳贄《序》應即元至元二十三年（1268）永嘉朱子昌任江陰儒學教授時重刊之志。「前續」應指顏耆仲所撰之紹定《江陰志》，「後續」應指咸淳續增之紹定《志》。陳贄《序》稱此志爲「郡守顏公耆仲命學錄郭庭堅偕進士蔣汝通纂修之」，纂者郭庭堅，宋江陰軍楊舍鎮人，寶慶二年（1226）進士，迪功郎，紹定元年任江陰軍學教授。蔣汝通，字亨伯，江陰人，紹定二年（1229）進士，嘉定縣主簿。郡守顏耆仲，紹定元年（1228）任江陰知軍，除倡修江陰志乘外，於任上亦頗有政績，詳下文【宮室】類「寬民堂」條佚文解析。紹定三年秋，史俊之繼任知軍，以郭、蔣二人所撰之未刊稿本有遺闕，重命蔣汝通增修，簽判石祖文總其綱，於紹定五年修成，但亦未付印，世稱此志爲「顏志」。顏氏紹定《江陰志》原爲十一卷，其餘二卷應爲咸淳年間所增。佚文錄有咸淳二年之《慈幼局記》，顯然，《大典》本《江陰志》應是顏耆仲所撰之紹定《江陰志》的咸淳增修本。

張氏稱紹定《江陰志》爲（紹熙《江陰志》）《續志》，但《江蘇舊方志提要》卻稱此志爲纂修的新志。不過，據弘治《江陰縣志》所載之「紹定《江陰縣志》郭庭堅《記》」，紹定《志》之編目與紹熙《江陰志》一脈相承，因此，張氏稱紹定《志》爲《續志》，是有道理的。

《大典》中收錄的《江陰毗陵志》，其中佚文僅一則，收錄《和豐倉記》，和豐倉即宋代的都倉。這篇記文中載咸淳元年趙孟奎到任後，於咸淳二年之二月開始修倉，是年八月修成。而記文末曰「明年二月」記，說明此倉記的撰修時間應當在咸淳三年，則《江陰毗陵志》的編修應在咸淳三年以後。張氏認爲江陰曾隸於常州，「毗陵」二字是修《大典》時，涉及到「毗陵」而增入的，而實際上與《大典》本《江陰志》是一書，即顏耆仲主修的紹定《江陰志》的咸淳增修本，今從其說。如此，《大典》本《江陰志》應是增修於咸淳三年以後，而重刊於元明二朝，《大典》收錄的佚文當是取自洪武九年知縣饒元（玄）德的重刊本。

〔註15〕張國淦：《永樂大典方志輯本》，《張國淦文集四編》，北京燕山出版社 2006 年 5 月第 1 版，第 868 頁。

二、《大典》本《江陰志》、《江陰毗陵志》佚文研究

　　《永樂大典》收錄的《江陰志》佚文包括【村寨】1條、【倉廩】1條、【宮室】1條，【人物】1條、【詩文】24條；《大典》本《江陰毗陵志》收錄【詩文】佚文1條，即《和豐倉記》，併入《大典》本《江陰志》【倉廩】內研究。

【村寨】：

　　魚門村，在縣西二十里。舊經云：甌人所居之處。〖冊五十卷三五八〇頁六　九眞〗（《輯佚》五七八頁）

　　明嘉靖《江陰縣志》載：「甌人墟，在縣西南二十里。《舊經》云：甌人所居之處，宋曰魚門村，黃志易今名。」〔註16〕「黃志」即明黃傳修、方謨等纂的弘治《江陰縣志》，因知宋志稱魚門村，後易名爲甌人墟，明弘治《志》時改用今名。清道光、光緒《江陰縣志》中均未見記載此村。

【倉廩】：

　　都倉，在軍治西南。政和五年，時江陰爲縣，主簿俞光祖於官倉獲一鳥雛，全體潔素，而啄自脛掌俱紅。蔣公靜奉祠里居，撰《政和聖德致瑞鳥賦》進之。〖冊八一卷七五一六頁五十八陽〗（《輯佚》五七八頁）

　　《和豐倉記》（《江陰毗陵志》【詩文】）：《江陰志》不載建倉本末，年月無所考。孟奎始至，見所謂倉橋者，幅袤隆起，意倉必稱是。問之，則頹垣斷礎，廒屋東西欹，門關之闔不楔也。郡小而賦重，地寒而斂遲，多稼尙棲畝，大農急符已鱗次。民且艾且舂，輸惟恐後，往往朝入庾，夕轉漕矣。官若兵之既稟，方鑿空旁，糴以給之，倉無宿儲，過者弗顧，匪但歲久蠹毀也。孟奎聞而惕若，切伏惟念頃叨臨遣玉音曰：此去千里民牧。大哉王言，罔敢失墜。求牧與芻，蓋藏宜謹。恃陋弗葺，芻牧謂何？銖累圭俸，創節制司酒庫。閱月七八，以其息緡授之理據，俾提其綱，役以游擊坐營之兵，工取於傭，竹木磚甓，一用市價。始於咸淳二年之二月，成於是年八月。爲牆一百八十五丈，崇九尺，溝塹繚匝，堂三間，合前營後室十有六楹，廒四所，屋各四間，字以「五穀熟人民育」。閱其門，手書扁額曰和豐倉，蓋取民和豐之義。培厚增高，可支百年。向使於彼道謀，憚勞惜費，荒墟可立而待也。地與譙樓相直，後傳營，前臨河，以西曰倉灣，今訛爲滄，施椽作亭其上，疎僚高公所記者也。既以名橋，又以名灣，其可弊陋弗補耶！幸連歲得稔，不愧新扁，又適與古碑之讖合，孟奎嘗刻之壁，故弗重著云。明年二月記。〖冊八一卷七五一四頁二十八　十八陽〗（《輯佚》五八六頁）

　　這篇《和豐倉記》記載了江陰知軍趙孟奎於咸淳二年修和豐倉的經過。清道光《江陰縣志·建置》載：「和豐倉，在縣治西南，即宋之都倉也，至元

〔註16〕　（明）趙錦修、張袞等纂：《江陰縣志》卷二，《天一閣藏明代方志選刊》，上海古籍書店據寧波天一閣藏明嘉靖刻本影印，1963年7月版。

間改易今名。其後遞有增修，今爲春瓣白糧所。前爲頭門，次爲二門，旁爲
燕室，室之後廳。五間廒房，十間臼房，咸豐十年毀，今未建。」〔註17〕光
緒《江陰縣志》的記載與之相同，因知和豐倉實際即是都倉。《和豐倉記》曰：
「《江陰志》不載建倉本末，年月無所考」，但據《大典》本「都倉」條佚文，
政和五年，江陰主簿俞光祖於官倉獲一烏雛，蔣公靜因而視爲祥瑞，奉祠里
居，並撰《政和聖德致瑞烏賦》。說明此都倉（即後之和豐倉），政和五年以前已
經修建。此外，《和豐倉記》中記載倉修成以後，「閱其門，手書扁額曰和豐
倉，蓋取民和豐之義」，說明此倉更名於宋咸淳二年，清代志書中稱此倉「至
元間改易今名」的記載有誤。

　　「和豐倉」的修倉人趙孟奎，字文耀，號春谷，精於書，善畫竹石蘭蕙，
爲南宋書畫家。《宋寶祐四年登科錄》記載其爲寶祐四年（1256）文天祥榜四甲
進士。永樂《常州府志》卷十記載其爲奉議郎直秘閣，咸淳元年七月十一日
任江陰知軍。鎮江焦山西南側石壁上的「浮玉」二字石刻，蒼勁秀麗，神韻
飛揚，爲焦山摩崖石刻中爲數不多的大字作品之一，即是其難得的傳世之作。
其著述有《分門纂類唐歌詩》一百卷，現存十一卷，其中，「天地山川類」五
卷，「草木蟲魚類」三至八卷。

　　趙孟奎不忘朝廷囑託，克盡職守，不敢「恃陋弗葺」。先用節省積累之圭
俸，創節制司酒庫，然後再用其息錢募傭游擊坐營之兵，以市價採購所需材
料修葺舊倉。可謂舉措得當，於民有益而無擾。《和豐倉記》不僅記錄了修倉
的用工、用料之法，還詳細地記錄了宋代和豐倉的建築規模型制，是南宋江
陰軍珍貴的倉廩史料。

　　【宮室】：

　　寬民堂，《江陰志》：在市舶務中。郡侯顏奏院耆仲建。《中興會要》聖訓有曰：市舶之利，
若措置合宜，所得動以百萬計，豈不勝取於民。留意於此，庶幾可以少寬民力。故以寬民名是
堂。〔冊七十卷七二三八頁三十五　十八陽〕（《輯佚》五八六頁）

　　清光緒《江陰縣志・官宇》「已廢各宇」中載：「市舶務在光孝寺西，其
內有寬民堂，宋知軍顏耆仲建。」〔註18〕說明此寬民堂至少至清代已經不存，
但猶知其遺址所在，佚文中稱此堂爲郡侯顏奏院耆仲所建。顏耆仲，福建龍

〔註17〕　（清）陳廷恩等修，李兆洛等纂：《江陰縣志》卷一，《中國方志叢書》據道
　　　　　光二十年刊本影印，臺北成文出版社1972年3月臺一版。
〔註18〕　（清）盧思誠等修，顧念詒等纂：《江陰縣志》卷一，《中國方志叢書》據清
　　　　　光緒四年刊本影印，臺北成文出版社1983年3月臺一版。

溪青礁人，宋理宗端平年間，朝廷徵用正直之士，他與兄弟顏頤仲二人一起
受到朝廷重用。當時天下稱儒學政事者，必以「二顏」昆仲爲首。嘉靖《江
陰縣志》載：「顏耆仲，龍溪人，紹定初知江陰軍，蒞政公勤，以愛利爲行。
教民先治小學，招童開敏者若干人，。旬月有試，春秋有補，激勸備至。又
取朱文公所纂小學刻之，境內官廨、房舍，坊市、橋梁、倉庫、場務，凡政
事所關以修以建，莫不畢舉云。」〔註19〕記載了其任江陰知軍期間，以愛利
爲行，勤於政務的事蹟。佚文中所引《中興會要》，即陳騤編類的二百卷乾道
《中興會要》，該書並無刊本，年久而散佚，現存內容收錄於清代徐松根據《永
樂大典》中收錄的宋代官修《宋會要》輯成的《宋會要輯稿》中。

【人物】：

劉攽，字贛父。少疏俊，與兄敞偕中進士第。調江陰簿，後爲國子監直講。(《東都事略》：
紹定添入）〔冊一百五四卷一四六○九頁七　六暮〕（《輯佚》五七八頁）

劉攽，《宋史》本傳載：「攽字貢父，與敞同登科，仕州縣二十年，始爲
國子監直講。……攽所著書百卷，尤邃史學。作《東漢刊誤》，爲人所稱。預
司馬光修《資治通鑑》，專職漢史。爲人疏俊，不修威儀，喜諧謔，數用以招
怨悔，終不能改。」〔註20〕光緒《江陰縣志‧職官》「江陰軍主簿，慶曆八年」
下載：「劉攽，字貢父，江西新渝人，據《東都事略》，當在慶曆中，有傳。」
〔註21〕與《道光志》中所載相同。光緒《江陰縣志‧名宦》載：「劉攽，字貢
父，江西新渝人。慶曆中，與兄敞同舉進士，調江陰簿。英爽通豁，初與王
安石友善。後論議多不合，貽書爭青苗甚力，又詩送之曰：青苗助役兩妨農，
天下嗷嗷怨相公，惟有蝗蟲感威德，又隨車騎過江東。因漸疏，仕州縣者二
十年，始遷國子監直講。元祐初爲秘書監，官止中書舍人。(同前，卷十五) 在
學術上，劉頒學問廣博，著述豐富，特別精於史學，受到時人的器重。歐陽
修認爲他「辭學憂瞻，履行修謹，記問該博。」王安石寫詩稱讚他「筆下能
當萬人敵，腹中嘗記五車書」，「才高意大方用世」，「能言奇字世已少」。曾鞏
推舉他「廣覽載籍，強記洽聞，求之輩流，罕有倫此。」其主要貢獻，是協
助司馬光並參與《資治通鑑》的編纂，主要負責兩漢部分的撰稿。除《資治

〔註19〕（明）趙錦修、張袞等纂：《江陰縣志》卷十六，《天一閣藏明代方志選刊》，
上海古籍書店據寧波天一閣藏明嘉靖刻本影印，1963 年 7 月版。

〔註20〕《宋史》卷三百一十九，中華書局 1977 年 11 月第 1 版。

〔註21〕（清）盧思誠等修，顧念詒等纂：《江陰縣志》卷十一，《中國方志叢書》據
清光緒四年刊本影印，臺北成文出版社 1983 年 3 月臺一版。

通鑒》外，自己獨立完成的代表著作有《東漢刊誤》四卷、《漢宮儀》三卷、《經史新義》七卷，《五代春秋》十五卷、《內傳國語》二十卷等，另有與劉敞及侄子劉奉世合著的《漢書標注》六卷，世稱「墨莊三劉。

劉敞，乃劉攽之兄，《宋史·劉敞傳》載：「劉敞，字原父，臨江新渝人。舉慶曆進士，廷試第一。編排官王堯臣，其內兄也，以親嫌自列，乃以爲第二。通判蔡州，直集賢院，判尚書考功。……敞學問淵博，自佛老、卜筮、天文、方藥、山經、地志，皆究知大略。嘗夜視鎮星，謂人曰：『此於法當得土，不然，則生女。』後數月，兩公主生。又曰：『歲星往來虛、危間，色甚明盛，當有興於齊者。』歲餘而英宗以齊州防禦使入承大統。嘗得先秦彝鼎數十，銘識奇奧，皆案而讀之，因以考知三代制度，尤珍惜之。每曰：『我死，子孫以此蒸嘗我。』朝廷每有禮樂之事，必就其家以取決焉。爲文尤贍敏。掌外制時，將下直，會追封王、主九人，立馬卻坐，頃之，九製成。歐陽修每於書有疑，折簡來問，對其使揮筆，答之不停手，修服其博。長於《春秋》，爲書四十卷，行於時。弟攽，子奉世。」〔註22〕劉敞亦是學問淵博之士，天文地理、佛老卜筮皆究知大略。唐宋八大家之一的歐陽修，於書有疑，尚折簡而問，而敞揮筆回答不停手，歐陽修亦服其博學。

【詩文】：

石祖文《朝宗門》詩：樓閣崢嶸古壘門，日隨潮汐謹晨昏。奠川爲績勤溝洫，學海雄詞識本源。演迤眾流唯比拱，委蛇萬折肯西奔。時人有問朝宗義，落筆詩成不待言。

楊蟠《朝宗門》詩：百尺樓高四望中，雲深一雁度長空。人間砧杵催寒事，郭外簫笙逐土風。天帶江山元自好，地流河漢忽相通。丹心直北看飛雪，往往隨花入帝宮。【冊四九卷三五二七頁十五　九眞】（《輯佚》五七八頁）

石祖文，清康熙《常州府志》卷十三《職官》中載其理宗紹定四年（1231）爲江陰軍簽判。佚文中的《朝宗門》詩，《全宋詩》收錄，其「演迤眾流唯比拱」一句中，「唯比拱」應爲「唯北拱」，馬氏《輯佚》錄入的《大典》原文有誤。

楊蟠，字公濟，別號浩然居士，宋臨海章安人。慶曆六年（1046）進士，歷任光祿丞、太子中允、陝西提舉常平、提點荊廣鑄錢等職，凡四十餘年。《宋史·文苑四》載：「歐陽修稱其詩。蘇軾知杭州，蟠通判州事，與軾倡酬居多。平生爲詩數千篇，後知壽州，卒。」（同前，卷四百四十二）元祐四年（1089），蘇

〔註22〕《宋史》卷三百一十九，中華書局 1977 年 11 月第 1 版。

軾任杭州太守，楊蟠爲通判，兩人既是同僚，又是詩友，公餘唱和甚多。二人以常平米招募饑民疏濬西湖，並利用挖出的湖泥葑草，築成今著名的蘇堤。紹聖二年（1095），以承議郎知溫州，在任二年，頗得百姓好評。楊蟠生平詩作甚多，《宋史》本傳說他「爲詩數千篇」，有《章安集》二十卷，已佚。今有後人輯錄的《章安集》一卷，及《錢塘百詠》、《西湖百詠》，僅爲原來的百分之一。他的人品和詩作爲歐陽修、王安石、蘇軾等文壇名宿所賞識，與著名詩人蘇舜欽、梅堯臣並列。《宋史・文苑傳》稱其「平生爲詩數千篇」，可稱爲北宋臨海第一詩人。佚文其《朝宗門》詩「郭外簫笙逐土風」一句中的「逐土風」，《全宋詩》中作「逐上風」，並注出處爲《永樂大典》，檢《大典》原文，亦爲「逐土風」，因知《全宋詩》錄入有誤。

　　《報恩光孝寺新沙記》：自浮圖氏入中國，千有餘歲，道盛徒縣，天下名山勝地盡爲所有。大剎千楹，眾至敷百人，魚鼓之聲鏜然，圓頂方袍，雁行麕至，趺坐展鉢，不問所從來，充足飽滿而後去。其米鹽細碎，用物眾多，與巨室等。爲住持者，責在一身，非道行憚學足以服人，智慮才幹足以集事，未易勝其任。兼是二者，吾於長老洽公見之。乾道元年，洽公來往寺事，宗風既振，檀施雲萃，興利補壞，庶務畢舉。唯是樵爨，日市於郊，時遇乏絕，人苦旰食，思所以爲長久之計。會實池鄉有沙漲出江中，乃請於官，願準甲令撥以入寺。郡既從之，眾大歡喜，合辭來告，欲紀其事，勒之堅瑉，傳示不朽。客有過而撼曰：「利之所在，人爲貪有。數十年後，漲沙日廣，土毛日增，得無動於斯者？小人囂訟侵攘，士大夫依執豪紐，師有遠慮，當及是哉！」洽公輾然應之曰：「我佛以不貪化人，使之樂施錢財珍寶、肢節手足，一無所吝。若反侵之，以饑僧眾，是不仁之甚者，即我教中，得輕垢罪。矧寺以報恩光孝名，是惟徽廟薦嚴香火道場，爲臣子者，尚忍爭乎？法不可行，義不容犯，雖歷千萬年，其何慮之有！」余聞其說而善之，謂其合於天理而當於人心，乃爲之書。三年閏月既望，左從事郎充江陰軍軍學教授章洽記並書。【冊六十卷五七七〇頁六】（《輯佚》五七九頁）

　　宋代乾道間，報恩光孝寺廟的洽公長老隨緣說法，申明佛教好施不貪之理，義正辭嚴，江陰軍軍學教章洽善其說而爲之記。佚文中報恩光孝寺，嘉靖《江陰縣志・外記》中載：「報恩光孝禪寺，在君山麓。唐天祐時，知縣張琮建，名永寧，宋淳化改壽寧。紹興間，爲高宗追福之地，賜之額。元至正壬辰毀，國朝洪武元年再建，尋廢，宣德十年重建。」〔註23〕由此可知，報恩光孝寺建於唐天祐年間，原名永寧寺，宋紹興間，高宗改名爲報恩光孝寺，位於君山麓。嘉靖《江陰縣志・提封記第二下》載：「君山，在縣治北二里。

〔註23〕　（明）趙錦修、張袞等纂：《江陰縣志》卷十九，《天一閣藏明代方志選刊》，上海古籍書店據寧波天一閣藏明嘉靖刻本影印，1963 年 7 月版。

枕江之濱。舊名瞰江山。後以春申君易今名。江流迴洄，其下淵瀦漰溶，水光如練。山半有亭曰松風，其巔有廳曰翠煙，廳之後有堂曰浮遠。正德八年重建，蘇人都穆記北向有堂曰時雨，並堂而右爲如斯亭。山之麓西向爲東嶽行宮，左爲光孝禪寺，右折而西爲張公祠。從北而上，當山正中，眞武廟在焉，突然高出。跂而望之，山氣青縹，杳乎神明。攸居而靈颷顯景，懷納川渠。曲而阿，復而磴，舂而崗層出而崖叢石積，比巒峰墜秀，巋然之巨瞻，信佳勝云。」（同前，卷三）此篇記文明嘉靖《江陰縣志》，清道光《江陰縣志》以及光緒《江陰縣志》中均未見記載，咸淳《毗陵志》、成化《重修毗陵志》以及康熙《常州府志》亦未收錄，說明《大典》本佚文《報恩光孝寺新沙記》還是有其難得的文獻價值的。

《慈幼局記》：江陰本膏沃，而遠鄉曠土有不耕者，民不足也；人類常生息，而窮櫚窶戶有不育者，力不足也。不足而坐視之，彼芻牧之心者然歟！余咸淳乙丑秋至郡，賙祈而雪，率屬謝群祀，詣龍祠，出澄江門。歸聞戶曹趙君汝訥言：出門外有補茅綴葦而廬者，闃無炊煙，嬰孩啼戶，飢寒之色不勝，問之，則凍殍所餘裁此耳。活之不及，爲廢食轉枕累日。念昔先公尹輦下，創慈幼，收孤棄，凡十有二年，男女襁褓藉存養者不知其幾。守吳門亦如之，後皆相仍至今。滕雖小，宜遵用故事。乃度地，視官舍可改者，得醋庫。庫舊有権額，歲取糟酒務斤數千，徵民糠麴以釀，官費而寡利，民擾而苦禁。遂弛摧醋，以庫爲慈幼局。公未有以給，輒俸先之，置乳嫗，日予糜食，月予紉浣費。男女齒二以上十、以下皆養，養及十二而能出就衣食者聽。寒暑予衣，坐臥什器帳被具，戶曹庀之。郡博士提其要，咸定爲例。起於丑之冬，成於寅之春，遣弁踵收，抱哺以時。昔之夭瘠傷鳥者，大略減矣！雖然，捐俸，私無以繼也；剖廩，公無以充也，則來者有憚而已爾。利城鎮，故置官罷省久，餘職田畝百三十有奇，地畝五十有奇，民賕吏縮賦，釐而復之，刻町步歲入與支之數於石，且爲籍隸之局。業定而利專，費給而惠遠，蓋於是乎在。按《周禮·大司徒》，以保息六養萬民，獨首慈幼。民產子三人與之母，二人與之饩。昔人措意於幼者，若此其密也，渠非保之而使之蕃息者，無最於是歟！當時井田均，無甚富甚貧之眥，其望於上者猶狹也。今貧富之相絕者，不翅十指然矣，奈何坐視其不足於耕，不足於育，而弗之救乎？凡余之所圖者，亦庶幾芻牧之思而已。若夫人情之不足者無窮，余顧以不足之才智應之，而欲滿其望，則寧無思哉！因鑱石泮宮，非將以局事隸，他日尚惟縫掖議然否也。咸淳二年七月記。【冊一百七八卷一九七八一頁四　一屋】（《輯佚》五八四頁）

這篇記文記述了北宋咸淳初江陰設立慈幼局以收養孤棄的經過，明嘉靖《江陰縣志》、清道光、光緒《江陰縣志》中均未見收錄此篇記文。對後志有一定的補闕價值。記中稱「余咸淳乙丑秋至郡」，由《江陰縣志·官師表》可知，此江陰知軍應是趙孟奎。由記可知其將原來官府的醋庫改造爲慈幼局，

咸淳元年冬天開始籌建，二年春天即已完成。知軍趙孟奎，參見《和豐倉記》條佚文考釋，其人《宋史》、明嘉靖《江陰縣志》、清道光、光緒《江陰縣志》中均無傳，但從上文《和豐倉記》中其重修倉庫，以及此條佚文中其上任伊始即設立慈幼局這樣的慈善機構來看，其在江陰任職期間應是作了不少勤政惠民的事情。

　　慈幼局爲宋代收養棄嬰的機構，《宋史・理宗三》中載：「（淳祐九年春正月癸亥），詔給官田五百畝，命臨安府創慈幼局，收養道路遺棄初生嬰兒，仍置藥局療貧民疾病。」〔註24〕景定《建康志・城闕四》載：「慈幼局，咸淳元年正月，馬公光祖鈞判參政眞公創慈幼局。當使將漕時，嘗增月給，而本府前此乃欠舉。行街間，有遺棄小兒，合立規模收養。仍委官提督，令具條式如後。」〔註25〕由《景定志》可知馬光祖創慈幼局的時間是在咸淳元年正月，而趙孟奎於江陰創辦慈幼局的時間是在咸淳元年的冬天。從現存的記載來看，最早設立的慈幼局，應是理宗淳祐九年於臨安府所創。此後，馬光祖在建康、趙孟奎在江陰亦先後設立了慈幼局。

第四節　《大典》本《宜興風土舊志》、《宜興舊志》及其佚文研究

一、宜興建置沿革與方志編修源流

　　《明一統志》載：「宜興縣，在府城南一百二十里，本吳荊溪地，秦置陽羨縣。漢初屬會稽郡，後屬吳郡。三國吳時屬吳興郡，晉置義興郡。隋廢郡，改縣曰義興。以義鄉、國山、臨津三縣省入，屬常州。唐初改鵝州，尋改南興州，後仍爲義興，屬常州。宋改宜興縣，元升爲府，尋罷爲縣。後復升爲州。本朝復爲縣，編戶三百五十七里。」〔註26〕《明史・地理一》載：「宜興，府南。元宜興州。太祖戊戌年十月曰建寧州，尋復曰宜興州。洪武二年降爲縣。西南有荊南山，又有國山，又有龍池山。又東南有香蘭山，臨太湖。又有唐貢山，產茶。西北有㧖山，有長蕩湖。北有運河。南有荊溪。西南有百

〔註24〕《宋史》卷四十三，中華書局 1977 年 11 月第 1 版。

〔註25〕（宋）馬光祖修，周應合纂：景定《建康志》卷二十三，《中國方志叢書》據清嘉慶六年刊本影印，臺北成文出版社 1983 年 3 月臺一版。

〔註26〕（明）李賢等纂：《明一統志》卷十，文淵閣《欽定四庫全書》本。

瀆，疏荊溪之下流，注於太湖，後多堙廢。東北有下邾、北有鍾溪、東南有湖父、西南有張渚四巡檢司」〔註 27〕宜興春秋本吳荊溪地，秦置陽羨縣，漢屬會稽郡，後屬吳郡，晉置義興郡。隋改為義興縣，屬常州。唐為鵝州、南興州，後仍為義興。宋為宜興縣，元升為府，為州，明復為縣。

清代嘉慶年間阮升基等修纂的《宜興縣志》中收錄有宜興舊志的序，其中記載了宜興縣舊志編修的一些情況。其明代正統年間危山《序》中稱：「舊志作於周子隱，今所存百中之一二，後有續者而譜帙散亂，傳至於今，又多缺訛。縣令樂安鄒君旦，丞鄱陽李君晅，皆有學識者也。顧是書之敝，屬予修之。又得丞上虞竺君龠，廬山趙君良簿，新城王君能，幕賓樂平朱君輝，僚佐一心，亟欲成之，因取舊時抄卷重加修飾，其事物有缺失者，又命邑人王文輩遍搜備取。於是，繁者去之，訛者正之，缺者增之。編集成帙，分為十卷，以授鋟梓。」〔註 28〕

萬曆《重修宜興縣志》主修者陳遴瑋在其《序》中云：「宜興縣志創自子隱，而二單嗣之，厥後未有間及。」邑人徐顯卿為該志所作的《序》中記載的較為詳細一些：「宜興為江表名區，故無紀述，自晉周孝侯有《風土記》，宋單氏續之。正統間，鄒令旦以屬訓導危山因舊編而節成之。縣志更七十年，正德之季韓令儒以屬教諭林文聰重修。又七十年，為萬曆初韓令容延揚別駕皋、李學諭謐暨諸文學分人參考垂成。……」（同前）從這些舊志的序中可知，在明代以前，宜興志書創始於晉代周子隱，即周處。《序》中提到周子隱撰《風土記》，以後有「二單」繼其後。「二單」指的是宋代人單錫和其從子單子發。

道光《重刊續纂宜荊縣志》之《宜興荊溪藝文合志》首曰：「風土作記，肇始周侯，紛然著述，志競千秋。佳士相酬，富於篇詠。藏之名山，其傳必永，續藝文志。」其收錄的文獻中，有四庫存目中的三十八種。宋代文獻中記錄有：「單錫《宜興風土記》。」又載「單子發《續風土記》：史問和曰，單公續周孝侯修本邑《風土記》，明正統危司訓志，得藉為粉本。」〔註 29〕

單錫續晉代周孝侯（子隱）撰《宜興風土記》，《明一統志》中記載：「單錫，宜興人，明陰陽圖緯星辰曆之學，與蘇軾同年進士。軾愛其賢，以其女兄之

<hr>

〔註 27〕 《明史》卷四十，中華書局 1974 年 4 月第 1 版。

〔註 28〕 （清）阮升基等修，寧楷等纂：《宜興縣志》卷首，《中國方志叢書》據清嘉慶二年刊本影印，臺北成文出版有限公司 1970 年 5 月臺一版。

〔註 29〕 （清）顧名等修、吳德旋纂：《重刊續纂宜荊縣志》卷九，《中國方志叢書》據道光二十年刊本影印，臺北成文出版社 1983 年 3 月臺一版。

子妻之。來宜興，每寓其家。從子子發舉起八行科。有《風土記》傳世。世孫時，亦舉進士，擢監察御史。」〔註30〕

據上述記載，單子發爲單錫從子。他所撰《續風土記》，應當是續單錫《宜興風土記》而作。在乾隆《江南通志》卷一九一《藝文》中也有著錄。紹定《吳郡志》卷十九《水利》引該志一條，咸淳《毗陵志》中的《地理·坊市》、《風土·土貢》、《祠廟》、《山水》、《古蹟》諸章中共引用該志二十三條。

從上述記載可知，故明永樂以前，宜興方志有三部，即晉代周處的《陽羨風土記》、宋代單錫的《宜興風土記》和其從子單子發所撰之《續風土記》，此三志現均已佚。

二、《大典》本《宜興風土舊志》、《宜興舊志》及其佚文研究

1、《大典》本《宜興風土舊志》、《宜興舊志》的纂修情況

張氏《輯本》對《大典》本《宜興風土舊志》考釋如下：

案：《大典》引《宜興風土舊志》凡一條。晉周處有《陽羨風土記》。漢陽羨縣，隋改義興，至宋始改宜興。此曰「宜興舊志」，知非周處記。據紹定《吳郡志》十九：「元祐中宜興人單諤作《陽羨風土記》」。咸淳《毗陵志》十七，人物：「宜興單錫有《風土記》」，未知此《舊志》與單氏《記》是一書否？〔註31〕

張氏亦疑此《宜興風土舊志》與單氏《記》爲一書，但未作定論。其案語中提到的單諤爲單錫之弟，嘉慶《宜興縣志·文苑》載：「單諤，字季隱。錫之弟，嘉祐四年進士，博學明經。嘗乘小舟遍歷蘇常湖，三州水道。經二十年，一溝一瀆，無不周覽，著《吳中水利書》，……著有《續風土記》。」〔註32〕單諤與單錫同時，別爲一《陽羨風土記》不太可能，其所撰《風土記》與其兄單錫所撰當爲一書，或是續修其兄之書。

馬氏《輯佚》與張氏《輯本》均收錄《宜興風土舊志》佚文1則，即「太湖」。而晉代宜興爲義興郡，隋朝改爲義興縣，宋太平興國初又改爲宜興縣。故此志不會是周處所撰之《風土記》。又據上文編修源流可知，單子發所撰名爲《續風土記》，故知《大典》本《宜興風土舊志》應是單錫所作之《宜興風土記》。

〔註30〕（明）李賢等纂：《明一統志》卷十九，文淵閣《欽定四庫全書》本。
〔註31〕 張國淦：《永樂大典方志輯本》，《張國淦文集四編》，北京燕山出版社2006年5月第1版，第867頁。
〔註32〕（清）阮升基等修、寧楷等纂：《宜興縣志》卷八，《中國方志叢書》據清嘉慶二年刊本影印，臺北成文出版社1970年□月臺一版。

　　撰者單錫，嘉慶《宜興縣志・文苑》載：「字君賜，世居邑東南鄉湖父，嘉祐二年進士，明陰陽圖緯，星曆諸書無不該貫。嘗修《宜興風土記》傳於世，與蘇軾爲同年進士，軾愛其賢，以女兄之子妻之。來宜興每寓其家。」（同前）蘇軾愛其賢與其結爲親戚，據咸淳《毗陵志》其傳記中記載，單錫去世後，蘇軾以文祭之。蘇軾卒於徽宗建中靖國元年（1101），則單錫必卒於建中靖國元年以前，因此，初步推斷《大典》本《宜興風土舊志》即《宜興風土記》應當撰於宋徽宗建中靖國元年以前。

　　馬氏《輯佚》中還收錄了一部《宜興舊志》，收錄宋代【人物】2 則，爲張氏《輯本》所無。該志中一條佚文云：「慕容彥連，義興人。崇寧三年，中詞學兼茂科。」（《輯佚》五八七頁）

　　佚文所記之「慕容彥連」，咸淳《毗陵志》、成化《重修毗陵志》、嘉慶《宜興縣志》諸書均不見載。咸淳《毗陵志・學校》「元祐三年李常寧榜」下有「慕容彥逢詞科」的記載。成化《重修毗陵志・選舉》「舉宏詞」載：「瀛洲防禦推官，知鄂州崇陽縣慕容彥達」〔註33〕嘉慶《宜興縣志・徵辟》載：「慕容彥逢，舉宏詞，崇寧進士，王升《志》作彥達。吳紱本作元祐戊辰李常寧榜，崇寧誤。」〔註34〕同書《選舉》「元祐戊辰李常寧榜」下有「慕容彥逢又中詞科」的記載。

　　又《宋史・選舉二》載：「紹聖初，哲宗謂：『制科試策，對時政得失，進士策亦可言。』因詔罷制科。既而三省言：『今進士純用經術。如詔誥、章表、箴銘、賦頌、赦敕、檄書、露布、誡諭，其文皆朝廷官守日用不可闕，且無以兼收文學博異之士。』遂改置宏詞科，歲許進士及第者詣禮部請試，如見守官則受代乃請，率以春試上舍生附試，不自立院也。……大觀四年詔：『宏詞科格法未詳，不足以致文學之士，改立詞學兼茂科，歲附貢士院試，取毋過三人。』政和增爲五人。」〔註35〕

　　據宋史記載可知，大觀四年（1110）年科舉始由宏詞科改立詞學兼茂科，崇寧三年（1104）尚無詞學兼茂科；另外，上述宜興、常州志書中均無崇寧三年的科舉記錄。佚文稱崇寧三年「慕容彥連」中詞學兼茂科，顯然有誤。因

〔註33〕（明）朱昱等纂：《重修毗陵志》卷十五，《中國地方志叢書》據明成化二十年刊本影印，臺北成文出版社 1983 年 3 月臺一版。

〔註34〕（清）阮升基等修、寧楷等纂：《宜興縣志》卷七，《中國方志叢書》據清嘉慶二年刊本影印，臺北成文出版社 1970 年□月臺一版。

〔註35〕《宋史》卷一百五十六，中華書局 1977 年 11 月第 1 版。

此,《大典》佚文「慕容彥連」當爲「慕容彥逢」之誤（或作慕容彥達,亦誤）,其人應爲元祐三年進士,佚文「崇寧三年」當爲「元祐三年」之誤。

據此可知《大典》本《宜興舊志》當撰於北宋元祐三年以後,上文張氏按語中曰:「據紹定《吳郡志》十九:『元祐中宜興人單諤作《陽羨風土記》。』」當即指此志。單諤即單錫之弟,結合上文對《大典》本《宜興風土舊志》、《宜興風土記》、和《陽羨風土記》的考證,知此單諤所作之《陽羨風土記》實際上是續修其兄單錫之《宜興風土記》。據此可以推斷此《大典》本《宜興舊志》當即單錫之《宜興風土記》,或者是其弟單諤所續修之《宜興風土記》（紹定《吳郡志》稱之爲《陽羨風土記》）,該志編纂時間當在北宋元祐三年（1088）至元祐八年（1093）五年之間,從而,單錫纂《宜興風土記》當在元祐三年（1088）前後至元祐八年（1093）的這段時間內。

2、《大典》本《宜興風土舊志》、《宜興舊志》佚文研究

據上文的分析,這裡將《大典》本《宜興風土舊志》、《宜興舊志》佚文合併研究。

《大典》本《宜興風土舊志》中收錄【湖泊】佚文 1 條,內容如下:

太湖,在縣東南四十五里,周回計六百五十里三百步。南接長興,古以義鄉山爲界,今以董塘嶺爲界。經縣界八十里,北入晉陵,東際蘭山,西環以百瀆。在《禹貢》爲震澤,在《爾雅》爲具區,《史記》通謂之五湖。桓玄爲義興太守,郁郁不得志,常登高望震澤,歎曰:「父爲九州伯,兒爲五湖長。」乃棄官歸國,正以地臨湖故也。《越絕書》云:太湖周回三萬六千頃,中有包山,下有洞庭穴,潛行水底,無所不通。《十道四蕃志》云:包山洞庭,其下潛通琅琊東武山,吳大帝使人行二十餘里而返亡,上聞波濤之聲。昔毛萇由張公洞入,東行,從此穴出,蓋即林屋洞天,今有毛公壇、煉丹井存焉。【冊十八卷二二六○　六模】(《輯佚》五八七頁)

太湖當晉陵、宜興、無錫三地界,故常州、無錫、宜興志書均有記載。此湖又名震澤、具區、笠澤、五湖,嘉慶《宜興縣志·川》載:「太湖在縣東四十五里,南踰蘭山,至董塘嘴,入長興界。北趣竹山,抵百瀆口,分水墩入陽湖界。其占本邑東境百里而遙納七十四瀆之水,由湖注三江以達海,《禹貢》震澤,《爾雅》具區,《左傳》笠澤,《史記》五湖,皆謂此。」(同前,卷一) 佚文所記太湖之界至亦甚詳,可與他《志》相參考。佚文中「恒玄爲義興太守」云云,見《晉書·桓玄傳》。其引《十道四蕃志》內容,則可補他志之闕。

《大典》本《宜興舊志》【人物】2條，考釋如下：

慕容彥連，義興人。崇寧三年，中詞學兼茂科。〖冊二卷五三九頁十三　一東〗（《輯佚》五八七頁）

由上文可知，「慕容彥連」實爲「慕容彥逢」之誤，嘉慶《宜興縣志·文苑補遺》載：「慕容彥逢，字淑遇，元祐三年進士。調銅陵主簿，復中詞科，遷淮南節度推官。崇寧元年，除秘書省校書郎，歷官刑部尚書，卒諡文定。《永樂大典》載所著文集二十卷，外制二十卷，內制十卷，奏議五卷，講解三卷。其孫編稱兵火散失，訪得三十卷目曰《摛文堂集》。彥逢受知徽宗，列禁近官侍從者十五年。一時典冊多出其手，榮遇甚至。文章雅麗，製詞典重渾厚，尤爲得體。今存詩二卷，雜文十三卷，而以諡議墓誌銘終焉。（同前，卷八）從縣志記載可知，慕容彥逢受到徽宗的知用，榮遇甚至，其文章製詞雅麗渾厚，典冊多出自其手，故而縣志錄於《文苑》下。

慕容暉，陽羨人，嗜酒好吟，不務進取。家於城內，所居有雙楠，並植如蓋。東坡訪之，目曰雙楠居士。王平甫亦寄以詩曰：「坐嘯月華青嶂外，徐吟帆起白雲邊。」〖同前〗

咸淳《毗陵志·遺逸》載：「慕容暉，父惟良，領州刺史，因家陽羨。嗜酒好吟，不務進取。所居有雙楠，軒聳如蓋。嘗從蘇文忠遊，自謂雙楠居士，王平甫寄詩云：『坐嘯月華青嶂外，行吟帆起白鷗邊。』從子彥逢。」〔註36〕嘉慶《宜興縣志·僑寓》載：「慕容暉，父惟良，領州刺史，因家陽羨。嗜酒好吟，不務進取。所居有雙楠，並植樅樅如蓋。嘗從蘇軾遊，軾目爲雙楠居士，題其軒曰：『南軒前頭兩佳木，先生撫玩常不足，尤愛薰風五月初，白銀花開光照屋。』」〔註37〕

慕容暉，因其居所有雙楠木，因此稱爲雙楠居士，亦是散淡不羈之士，與蘇軾相友善。佚文中王平甫，即王安國，爲王安石、王安禮之弟，《宋史》本傳載：「幼敏悟，未嘗從學，而文詞天成。年十二，出所爲詩、銘、論、賦數十篇示人，語皆警拔，遂以文章聞於世，士大夫交口譽之。於書無所不通，數舉進士，又舉茂材異等，有司考其所獻序言爲第一，以母喪不試，廬於墓三年。熙寧初，韓絳薦其材行，召試，賜及第，除西京國子教授。官滿，至

〔註36〕　（宋）史能之纂：咸淳《毗陵志》卷十九，《中國方志叢書》據清嘉慶二十五
　　　　　年刊本影印，臺北成文出版社 1983 年 3 月臺一版。

〔註37〕　（清）阮升基等修、寧楷等纂：《宜興縣志》卷十五，《中國方志叢書》據清
　　　　　嘉慶二年刊本影印，臺北成文出版社 1970 年□月臺一版。

京師，上以安石故，賜對。帝曰：『卿學問通古今，以漢文帝爲何如主？』對曰：『三代以後未有也。』帝曰：『但恨其才不能立法更制爾。』對曰：『文帝自代來，入未央宮，定變故俄頃呼吸間，恐無才者不能。至用賈誼言，待群臣有節，專務以德化民，海內興於禮義，幾致刑措，則文帝加有才一等矣。』帝曰：『王猛佐苻堅，以蕞爾國而令必行，今朕以天下之大，不能使人，何也？』曰：『猛教堅以峻刑法殺人，致秦祚不傳世，今刻薄小人，必有以是誤陛下者。願顓以堯、舜、三代爲法，則下豈有不從者乎。』又問：『卿兄秉政，外論謂何？』曰：『恨知人不明，聚斂太急爾。』帝默然不悅，由是別無恩命，止授崇文院校書，後改秘閣校理。屢以新法力諫安石，又質責曾布誤其兄，深惡呂惠卿之奸。先是，安國教授西京，頗溺於聲色，安石在相位，以書戒之曰：『宜放鄭聲。』安國覆書曰『亦願兄遠佞人。』惠卿銜之。及安石罷相，惠卿遂因鄭俠事陷安國，坐奪官，放歸田里。詔以諭安石，安石對使者泣下。既而復其官，命下而安國卒，年四十七。」〔註38〕

《宋史》稱王安國文詞天成，於書無所不通，而恪守於孝道。又以漢文帝、王猛之政正反兩面，曉喻君主，勸以三代德政爲法，是其才德之體現。又不諱其兄之失，惡姦佞之人，亦可見其人品之質直無僞，然其於西京溺於聲色之時，亦爲其兄王安石所規誡。史論有曰：「安石惡蘇軾而安禮救之，昵惠卿而安國折之，議者不以咎二弟也，惟其當而已矣。安禮爲政，有足稱者。安國早卒，故不見於用云。」（同前）

佚文內容與咸淳《志》基本相同，咸淳《志》王平甫詩「行吟帆起白鷗邊」一句，《大典》本《宜興舊志》作「徐吟帆起白雲邊」，《全宋詩》亦輯錄於《大典》，當以《大典》佚文爲正。

蘇軾、王安國皆當時名士，而皆與慕容暉有詩文往來，其人雖嗜酒好吟，不務進取，但亦是風格不俗之文人學士。

〔註38〕《宋史》卷三百二十七，中華書局1977年11月第1版。

第九章 蘇州地區《大典》本佚志及其佚文研究

馬氏《輯佚》中收錄的蘇州及屬縣方志有《平江府志》、《蘇州志》、《吳縣志》和《長洲縣志》4 種方志。張氏《輯本》僅收錄有《長洲縣志》1 種。

第一節 蘇州府建置沿革和方志編纂源流（兼辨《大典》本《蘇州志》非佚志）

一、蘇州建置沿革和方志編纂源流

關於蘇州的建置沿革，《明一統志》載：「《禹貢》揚州之域，天文斗分野，周泰伯、仲雍始居之地，武王封仲雍曾孫於此，爲吳國。自闔閭以後並都焉，戰國時屬越。後屬楚，秦置會稽郡治吳，漢初因之，尋改屬江都。東漢順帝，始分此爲吳郡，三國屬吳，晉宋齊梁皆爲吳郡。陳置吳州，隋開皇中改曰蘇州，因姑蘇山爲名。大業初復曰吳州，尋找改吳郡。唐武德中，復爲蘇州，置都督；天寶初，改吳郡；乾元初，復爲蘇州，尋分置長洲軍；大曆中，軍廢。南唐升爲中吳軍。宋太平興國中改爲平江軍，屬於浙西路；政和中改平江府，元至元中，改平江路，隸江浙行省。本朝吳元年，改爲蘇州府，直隸京師，領州一縣七：吳縣、長洲縣、崑山縣、常熟縣、吳江縣、嘉定縣、太倉州、崇明縣。」〔註1〕《明史》其於地理沿革僅曰：「蘇州府，元平江路，屬江浙行省。太祖吳元年九月曰蘇州府。領州一，縣七。」〔註2〕不若《明一

〔註 1〕（明）李賢等纂：《明一統志》卷八，文淵閣《欽定四庫全書》本。
〔註 2〕《明史》卷四十，中華書局 1974 年 4 月第 1 版。

統志》詳細，因此，蘇州方志，大抵以吳地、吳郡、蘇州、姑蘇、平江府、平江路、蘇州府等命名。

關於蘇州志的編纂源流，明洪武間盧熊撰《蘇州府志》卷首宋濂所撰《序》中載：「吳在周末爲江南小國，秦屬會稽郡縣。及漢中世，人物財賦爲東南最盛。歷唐越宋以至於今，遂稱天下大郡。然其因革盛衰之際，紀載於簡冊者，自《吳越春秋》、《越絕書》以下，若晉張勃、顧夷隨、虞世基，唐陸廣微等所述，及《元和郡縣志》、《寰宇記》各有所明。迨宋之時，羅處約有《圖經》，朱長文有《續記》，范成大、趙與籌，皆撰類成書。厥後有章惇者，病其未完，作《吳事類補》，宋人書頗散佚。元趙鳳儀爲總管，嘗集諸儒論次遺闕，會改官不果成。入國朝吳縣教諭盧熊閔前志之乖紛，以爲苟不合而一之，恐不足示來者。乃覽眾說，摭遺事，芟繁取要，族別類分。爲志以述地理、都邑、文學、祠祀、食貨、兵衛之屬。爲列傳以見古昔人物之美。其目曰名宦、名臣、儒林、文藝、良吏、忠義、孝友、高行、隱逸而列女之節、方技之良，及其事有不可棄附焉。前爲畫圖以著疆域之異同，後有集文以備古今之製作。總之爲五十卷。於是數百里之內，二千載之間。其事可按書而得矣。洪武十一年知府廬陵李侯亨嘉是書之有繫於政也，將命工刻版以傳。丁內艱去，已而高郵湯侯德來繼其職遂替成之。」〔註3〕從宋濂序中可知，蘇州在宋、元、明時均修有志書，但因序中所記僅至明洪武初，洪武十二年以後的蘇州方志尚賴後志記載得知。

在諸家考訂蘇州方志的著述中，以張國淦《中國方志考》中所列「舊蘇州府」志目比較完備，共列出蘇州府志書三十七部。其中宋代至明永樂年間的方志有九部，其著錄如下：「《蘇州圖經》六卷，宋大中祥符四年，饒陽李宗諤纂修。《直齋書錄解題》，佚。《吳郡圖經續記》十卷，元豐七年，吳縣朱長文纂。《宋史‧藝文志》二，《四庫》著錄。天一閣萬曆刊本，《學津討原》本，《得月簃叢書》本，《琳琅秘室叢書》本，《榕園叢書》本，江蘇書局本，《密韻樓叢書》本。《吳志類補》十三卷，吳縣章惇纂。洪武《府志》盧熊序引，佚。《平江府五縣正圖經》二卷，《宋史‧藝文志》二，佚。《吳郡志》五十卷，紹熙三年，吳縣范成大纂。《四庫》著錄，《汲古閣》本、《墨海金壺》本，《守山閣叢書》本。《續吳郡志》五十卷，知府趙興籌纂。洪武《府志》盧熊序引，佚。《吳郡廣記》五十卷，元楊譓纂。乾隆《府志》七十

〔註3〕（明）盧熊撰：《蘇州府志》卷首，《中國方志叢書》據洪武十二年抄本影印，臺北成文出版社1983年3月臺一版。

六，佚。《蘇州府志》五十卷，明洪武十二年，教諭盧熊纂。北平圖書館，江安傅氏，顧氏洪武刊本。《蘇州府並屬縣志》，《文淵閣書目》十九《新志》，佚。」〔註4〕

二、《大典》本《蘇州志》非佚志辨

馬氏《輯佚》收錄有一部《蘇州志》，張氏《輯本》未輯，爲什麼會出現這種情況？現考析如下。中華書局《永樂大典》殘卷影印本，其中除了收錄有《蘇州志》佚文外，還收錄有一部《蘇州府志》的佚文。整段內容收錄於《永樂大典》卷之二千三百六十七、二千三百六十八、二千三百六十九，屬模字韻「蘇」字下，內容分別爲《蘇州府志》冢墓、貢舉題名、封爵三節內容。馬氏《輯佚》收錄的 8 條《蘇州志》佚文分別見載於《永樂大典》卷之二千二百七十、二千五百三十六、二千六百零三、二千九百四十九、三千一百五十、三千五百八十、七千二百三十九和七千五百零六中。看來《永樂大典》除收錄了一部《蘇州府志》外，還錄有一部《蘇州志》。

清人金吳瀾等編修的《昆新兩縣續修合志‧著述目上》載：「殷奎，《強齋集》十卷見四庫書目，《道學統緒圖》一卷，《渭城寱語》、《家祭儀》、《關陝圖經》、《咸陽志》、《法寶誌》一卷，《關中名勝集》一卷，《婁曲叢稿》、《支離稿》以上諸書門人余熿彙集爲《強齋先生集》，以原志所載故仍之、《蘇州志》、《兗州志》、《崑山志》八卷。」同卷還載有：「盧熊，《說文字原章句》、《鹿城隱書》、《孔顏世系譜二卷》、《兗州志》、《清溪集》、《石門集》、《蓬蝸集》、《幽憂集》、《吳郡廣記》五十卷即《蘇州府志》，舊志另列誤。」〔註5〕從上述著錄可知，殷奎著有《蘇州志》，而盧熊亦著有《蘇州府志》（即《吳郡廣記》）。此外，乾隆《江南通志‧藝文志》中除了載有《蘇州府志》五十卷外，也另外著錄有《蘇州志》。〔註6〕

張國淦《中國方志考‧舊蘇州府》敘論云：「洪武十二年，吳縣教諭盧熊纂《蘇州府志》十二卷，首圖十八。其爲類凡三十五：起沿革、迄集文。書中徵考極富，自晉顧夷至唐陸廣微《吳地記》，幾於無書不引，而《祥符圖經》援據尤多。蓋是志以元豐《續記》、紹熙《郡志》兩書爲依據，而收採諸書以

〔註4〕張國淦：《中國方志考‧舊蘇州府》，《張國淦文集三編》176 頁，北京燕山出版社，2004 年 10 月北京第 1 版。

〔註5〕（清）金吳瀾等修，汪堃等纂：《昆新兩縣續修合志》卷四十九，《中國方志叢書》據清光緒六年刊本影印，臺北成文出版社 1970 年 10 月臺一版。

〔註6〕（清）趙宏恩等監修：《江南通志》卷一百九十一，文淵閣《欽定四庫全書》本。

成之。……《文淵目‧舊志‧蘇州府志》十九冊,當即是書(今存)。乾隆《通志》又有殷奎《蘇州志》,奎與盧熊同從楊維楨受學,熊於奎復推崇備至,似奎是志即與熊同修,或又爲一書,莫可考矣。《文淵目‧新志》有《蘇州府並府縣志》十六冊,當是永樂年修(今佚)。」〔註7〕其中亦曰:乾隆《通志》又有殷奎《蘇州志》,奎與盧熊同從楊維楨受學,熊於奎復推崇備至,似奎是志即與熊同修。

《永樂大典》以及《昆新兩縣續修合志》、乾隆《江南通志》中收錄的《蘇州府志》和《蘇州志》究竟是不是一部志書?是一個值得探討的問題。

據《昆新兩縣續修合志》所載殷奎事蹟,其洪武四年調任爲咸陽教諭,在任四年後,因病而卒,時間應在洪武八年或洪武八年後不久。因此,其所撰《蘇州志》,編纂時間應在洪武八年之前,志書名爲《蘇州志》,應撰成於太祖吳元年(1367)以後。而上節宋濂序曰《蘇州府志》成書於洪武十一年以前。兩志成書時間大體相當,在如此鄰近的時間內,蘇州府編有兩部志書,似不合常理。

張國淦先生雖未確言《蘇州志》與《蘇州府志》爲同一書,但其還是有明顯的傾向性的。我們知道其《輯本》只錄佚志,不錄傳世志書。《永樂大典》第二十冊《平江府志》之「麃湖」,《(江陰)舊經》之「暨陽湖」,《溧陽志》中之「朱湖」、「上湖」、「三塔湖」、「千里湖」,《大德毗陵志》之「五瀉湖」等,張氏《輯本》皆加輯錄。而同在《大典》第二十冊有著錄爲《蘇州志》的「鴛脰湖」(且與上述《溧陽志》的「三塔湖」,「千里湖」和《大德毗陵志》的「五瀉湖」同在二二七〇卷),張先生未因此而輯《蘇州志》;《大典》七十九冊有《毗陵志》之「宜興縣常平倉」,張氏《輯本》輯錄之。而同冊亦有《蘇州志》之「太倉」,張先生亦未輯。其餘《蘇州志》之「般若臺」,「烏夜村」條均與此類似。顯然,張先生並非未見《大典》中之《蘇州志》,其之所以不輯,應是他認爲此《蘇州志》即現存世之盧熊《蘇州府志》。

《蘇州志》撰者殷奎,清《崑山縣志》、《蘇州府志》、《昆新兩縣續修合志》中均有其傳。《昆新兩縣續修合志‧卓行》所載較詳:「殷奎,字孝章,一字孝伯。祖子諲,自華亭從崑山。父庠,處士。奎生數歲,與盧熊同受小學,長從楊維禎受《春秋》,盛德瑞受《易》。篤志古學,應浙江鄉試不利,

〔註7〕張國淦:《中國方志考‧舊蘇州府》,《張國淦文集三編》,北京燕山出版社2004年10月第1版,第181頁。

廉僉字術魯昱舉主教席不赴。至正丙申州治復，有司聘奎訓導州學，便養母，謁廟即正配享位。與知州費復初立賢守令、鄉賢先生二祠。建劉龍洲墓祠，奎割田三十六畝助祀事。知州侯斯創婁侯，修治先賢王葆、李衛墓，表節婦茅氏，葬郭翼顧權於馬鞍山陽，皆奎所經畫。洪武四年以薦赴京師試高等。例授州縣職，母老請近地，忤旨，調咸陽教諭。邑甫罹兵革，民未知學。奎孳孳訓迪文教。復興修纂《陝西圖經》諸書，在任四年，念母不置，作陳情詩，讀者悲之。病卒，年四十六。門人私祀文懿先生。奎文章原本經術，皆有關世故。尤闡揚程朱之學，力追往哲。所著書，門人余熿編輯曰《強齋先生集》。」〔註8〕

　　殷奎與盧熊曾同從學於楊維楨，亦是見諸於志傳的學者，張國淦先生稱其甚爲盧熊所推崇。如果殷奎在盧熊《蘇州府志》外，又另外撰有《蘇州志》，且時間在明初，前文宋濂爲盧熊《蘇州府志》所撰序中，應當不會不提此事。從《大典》本《蘇州志》佚文與現存之《蘇州府志》的比較來看，二者基本相同，而《蘇州志》略異之處，或《大典》抄手撮錄所致。

　　但爲何大學士宋濂沒有提到有關殷奎與盧熊同修《蘇州府志》的情況呢？從上文殷奎的傳記可知，至正丙申有司曾聘殷奎訓導崑山州學，洪武四年其以薦赴京師試高等，例授州縣職。因母老請近地而忤旨，調爲咸陽教諭。其「忤旨」，即不聽從大明新政權的調用，故被發配至遙遠的陝西咸陽任教諭，這可能是宋濂在序中未及其名的原因。而此志蓋是殷奎至正間在崑山州任職時，就已開始編纂。殷奎調離崑山州後，而由盧熊續成。蘇州學人不欲淹埋殷奎之功，又承認盧熊續成之功，故各於兩人名下列之。因此，《蘇州志》與《蘇州府志》當爲同一部志書，盧熊之洪武《蘇州府志》當是殷奎《蘇州志》之續寫本。

　　《蘇州志》的撰者殷奎，嘉靖《崑山縣志》載：「盧熊謂其處家爲孝子，飭身爲名士，典教爲良師。陳潛夫謂其學行出處，死生可謂瑩然無瑕者也。門人謚曰文懿先生。所著《道統圖緒》、《家祭儀》、《崑山志》、《咸陽志》、《關中名勝集》、《婁曲叢稿》、《支離稿》、《渭城寢語》，總若干卷。」〔註9〕可見其一生著述頗豐，且學問人品人所稱道，故《崑山縣志》於「節行」下錄其生平。

〔註8〕　（清）金吳瀾等修，汪堃等纂：《昆新兩縣續修合志》卷四十六，《中國方志叢書》據清光緒六年刊本影印，臺北成文出版社1970年10月臺一版。
〔註9〕　（明）楊逢春修、方鵬纂：《崑山縣志》卷十，《天一閣藏明代方志選刊》，上海古籍書店1963年據明嘉靖17年刻本影印。

盧熊，同治《蘇州府志》載其至正末任吳縣訓導，洪武初以元故官薦任吳縣教諭，升兗州知州。〔註10〕嘉靖《崑山縣志》載：「盧熊，字公武。父觀，見『隱逸』。熊元季爲吳縣教諭。洪武初，以故官迫遣赴京。母卒竟歸，復起爲工部照磨，尋擢中書舍人，遷兗州知州，政務愷悌不求赫赫名，俄以簿錄刑人家屬事坐累死。熊博學工文詞，尤精篆籀。所著有《說文字原章句》、《鹿城隱書》、《蓬蝸幽憂》、《石門清溪》等集，別有《蘇州志》、《兗州志》、《孔顏氏世系譜》若干卷。」〔註11〕志載其「博學工文詞，尤精篆籀」，且不乏著述，故於「文學」下錄其生平，知其亦爲博學專精之士。

前文宋濂《序》稱其：「閱前志之乖紛，以爲苟不合而一之，恐不足示來者。乃覽眾說，摭遺事，芟繁取要，族別類分。爲志以述地理、都邑、文學、祠祀、食貨、兵衛之屬。爲列傳以見右昔人物之美。……於是數百里之內，二千載之間。其事可按書而得矣。」洪武《蘇州府志》是在殷奎《蘇州志》的基礎上續成的，其廣摭芟取，族別類分之功，其於鄉邦文獻，亦可謂頗有貢獻。

由殷奎發軔，盧熊續成的《蘇州府志》（《永樂大典》又著錄爲《蘇州志》），是一部傳世方志，常見版本有洪武十二年抄本（《中國方志叢書》本）。今將馬氏《輯佚》所錄 8 條佚文與傳世的《蘇州府志》比對，發現除《大典》本佚文因抄纂者撮錄稍簡以外，並無異文。本文意在研究《大典》本佚志，故不將此《蘇州志》佚文列入研究範圍。

第二節　《大典》本《平江府志》及其佚文研究

一、《大典》本《平江府志》的編纂情況

據蘇州府建置沿革，北宋太平興國三年（978）立平江軍，政和三年（1113）升爲平江府，元至元十三年昇平江路，此志稱《平江府志》，當爲宋志，成書於政和三年以後。又「湖泊」類佚文一條曰：「鹿湖。《輿地紀勝》：《東漢志》吳縣下有鹿湖。」《輿地紀勝》成書於理宗寶慶三年（1227），佚文中轉引《輿地紀勝》，則又說明《平江府志》應當纂於寶慶三年以後，元至元十三年以前。

〔註10〕（清）李銘皖，譚鈞培修、馮桂芬纂同治《蘇州府志》卷五十四，《中國地方志集成 7》，江蘇古籍出版社 1991 年 6 月第 1 版。

〔註11〕（明）楊逢春修、方鵬纂《崑山縣志》卷十，《天一閣藏明代方志選刊》，上海古籍書店 1963 年據明嘉靖 17 年刻本影印。

　　張國淦先生的《中國古方志考》中著錄有《平江府五縣正圖經》二卷，結合同治《蘇州府志・藝文四》所載，宋志中有《平江府五縣正圖經》二卷，除此並未見有其他以「平江府」命名的志書。《輿地紀勝・五》記載：平江府，政和三年昇平江府，舊領縣五，後又分崑山置嘉定縣，凡領縣六。〔註12〕《宋史・地理志四》：「嘉定。上。嘉定十五年析崑山縣置，以年爲名。」〔註 13〕志稱《平江府五縣正圖經》，應當撰於嘉定十五年（1217）析置嘉定縣以前。《大典》本《平江府志》纂於而寶慶三年之後，去嘉定十五年不遠，或與此《平江府五縣正圖經》爲一書，或寶慶三年後別有一《平江府志》，且存疑之。該志編纂時間的下限當在元至元十三年（1276）平江府改路以前。

二、《大典》本《平江府志》佚文研究

　　《大典》本《平江府志》僅收錄 2 條佚文，現考釋如下：

【湖泊】：

　　鹿湖，《輿地紀勝》：《東漢志》吳縣下有鹿湖。〔冊二十卷二二六七頁二　六模〕（《輯佚》五八八頁）

　　此湖明、清蘇州府方志及民國《吳縣志》均不見記載，今本《輿地紀勝》、《太平寰宇記》及《後漢書・郡國志》亦不見載。佚文曰《東漢志》（此或指另一種《後漢書》佚文）載，是此湖於東漢以前即已存在，而後世已經不存。

【宮室】：

　　五賢堂，在講堂之左。五賢謂陸贄、范仲淹、范純仁、胡瑗、朱長文也。〔冊六九卷七二三六頁二十七　十八陽〕（《輯佚》五八八頁）

　　此條佚文與王象之所撰《輿地紀勝》卷五中「五賢堂」下所載完全相同。應當也是引自《輿地紀勝》一書。

　　五賢堂中的五位賢人，正史皆有傳，陸贄爲唐賢相，另外四賢皆爲北宋名賢。陸贄，是唐代賢相，其學養才能和品德風範，深得當時和後代稱讚。其關於時政的奏議、制誥等文章，傳誦古今，被稱爲「經世有用之言」、「昭昭然與金石不朽」、「於古今政治得失之故，無不深切著明，有足爲萬世龜鑒者」。《舊唐書》載：「陸贄，字敬輿，蘇州嘉興人。父侃，溧陽令，以贄貴，

〔註12〕　（宋）王象之纂：《輿地紀勝》卷五，《續修四庫全書》584-85 冊，上海古籍出版社 2004 年據北京圖書館清影宋抄本（清抄本配補）影印。
〔註13〕　《宋史》卷八十八，中華書局 1977 年 11 月第 1 版。

贈禮部尚書。贄少孤，特立不群，頗勤儒學。年十八登進士第，以博學宏詞登科，授華州鄭縣尉。」史臣對其評價曰：「近代論陸宣公，比漢之賈誼，而高邁之行，剛正之節，經國成務之要，激切仗義之心，初蒙天子重知，末塗淪躓，皆相類也。而誼止中大夫，贄及臺鉉，不爲不遇矣。昔公孫鞅挾三策說秦王，淳于髡以隱語見齊君，從古以還，正言不易。昔周昭戒急論議，正爲此也。贄居珥筆之列，調飪之地，欲以片心除眾弊，獨手遏群邪，君上不亮其誠，群小共攻其短，欲無放逐，其可得乎！《詩》稱「其維哲人，告之話言」，又有「誨爾」、「聽我」之恨，此皆賢人君子，歎言不見用也。故堯咨禹拜，千載一時，攜手提耳，豈容易哉！贊曰：良臣悟主，我有嘉猷。多僻之君，爲善不周。忠言救失，啓沃曰讎。勿貽天問，蒼昊悠悠。」唐權德輿比之爲漢代的賈誼，蘇軾認爲他是「王佐」、「帝師」之才，良有以也。〔註14〕

范仲淹，《宋史》本傳載：「其先邠州人也，後徙家江南，遂爲蘇州吳縣人。」其少年時期即勤學苦讀，既長，「晝夜不息，多月憊甚，以水沃面；食不給，至以糜粥繼之，人不能堪，仲淹不苦也。」〔註15〕頗有顏回簞食瓢飲之風，曾作《睢陽學舍書懷》一首：「白雲無賴帝鄉遙，漢苑誰人奏洞簫？多難未應歌鳳鳥，薄才猶可賦鷦鷯．瓢思顏子心還樂，琴遇懂君恨即銷。但使斯文天未喪，澗松何必怨山苗。」〔註16〕表達了其安貧樂道，心慕聖賢之學的情懷。其爲官後，興水利、辦教育、定邊患、積極推行新政，同時與奸佞權臣不懈鬥爭，以行動書寫其先憂後樂的人生觀，堪稱一代名臣。《宋史》載其：「內剛外和，性至孝，以母在時方貧，其後雖貴，非賓客不重肉。妻子衣食，僅能自充。而好施予，置義莊里中，以贍族人。泛愛樂善，士多出其門下，雖里巷之人，皆能道其名字。死之日，四方聞者，皆爲歎息。爲政尚忠厚，所至有恩，邠、慶二州之民與屬羌，皆畫像立生祠事之。及其卒也，羌酋數百人，哭之如父，齋三日而去。」（同前）知其不僅一生政績頗豐，且爲人好善樂施，恪守孝道，深服民心，足爲後世作出表率。

純仁爲范仲淹子。《宋史》稱其：「資警悟，八歲能講所授書。……仲淹門下多賢士，如胡瑗、孫復、石介、李覯之徒，純仁皆與從遊。晝夜肄業，至夜分不寢，置燈帳中，帳頂如墨色。」知其亦爲好學不倦之士。又載：「純

〔註14〕《舊唐書》卷一百四十三，中華書局 1975 年 5 月第 1 版。
〔註15〕《宋史》卷三百一十四，中華書局 1974 年 11 月第 1 版。
〔註16〕北京大學古文獻研究所編：《全宋詩》卷一六六，北京大學出版社 1991 年第 1 版。

仁性夷易寬簡，不以聲色加人，誼之所在，則挺然不少屈。自爲布衣至宰相，廉儉如一，所得奉賜，皆以廣義莊；前後任子恩，多先疏族。沒之日，幼子、五孫猶未官。嘗曰：『吾平生所學，得之忠恕二字，一生用不盡。以至立朝事君，接待僚友，親睦宗族，未嘗須臾離此也。』每戒子弟曰：『人雖至愚，責人則明；雖有聰明，恕己則昏。苟能以責人之心責己，恕己之心恕人，不患不至聖賢地位也。』又戒曰：『《六經》，聖人之事也。知一字則行一字。要須『造次顛沛必於是』，則所謂『有爲者亦若是』爾。豈不在人邪？』弟純粹在關陝，純仁慮其於西夏有立功意。與之書曰：『大輅與柴車爭逐，明珠與瓦礫相觸，君子與小人鬥力，中國與外邦校勝負，非唯不可勝，兼亦不足勝，不唯不足勝，雖勝亦非也。』親族有請教者，純仁曰：『惟儉可以助廉，惟恕可以成德。』其人書於坐隅。有文集五十卷，行於世。」〔註17〕其爲人平易寬簡，爲官爲民廉儉如一，一生不僅勸人以忠恕之道，且自己亦身體力行之。

范仲淹爲北宋大賢，及諸子亦皆賢能，並載史冊，令人稱讚。史論曰：「自古一代帝王之興，必有一代名世之臣。宋有仲淹諸賢，無愧乎此。仲淹初在制中，遺宰相書，極論天下事，他日爲政，盡行其言。諸葛孔明草廬始見昭烈數語，生平事業備見於是。豪傑自知之審，類如是乎！考其當朝，雖不能久，然先憂後樂之志，海內固已信其有弘毅之器，足任斯責，使究其所欲爲，豈讓古人哉！純仁位過其父，而幾有父風。元祐建議攻熙、豐太急，純仁救蔡確一事，所謂謀國甚遠，當世若從其言，元祐黨錮之禍，不至若是烈也。仲淹謂諸子，純仁得其忠，純禮得其靜，純粹得其略。知子孰與父哉！」（同前）

朱長文，《宋史·文苑六》載：「字伯原，蘇州吳人。年未冠，舉進士乙科，以病足不肯試吏，築室樂圃坊，著書閱古，吳人化其賢。長吏至，莫不先造請，謀政所急，士大夫過者以不到樂圃爲恥，名動京師，公卿薦以自代者眾。元祐中，起教授於鄉，召爲太學博士，遷秘書省正字。元符初，卒。哲宗知其清，賻絹百。有文三百卷，《六經》皆爲辨說。又著《琴史》而序其略曰：『方朝廷成太平之功，制禮作樂，比隆商、周，則是書也，豈虛文哉！』蓋立志如此。」（同前）范成大《吳郡志》載：「朱長文，字伯原，光祿卿公綽之子。公綽居鳳凰鄉集祥里，園亭甚古。長文擢弟，號其居曰樂圃，時俊咸師

〔註17〕《宋史》卷三百一十四，中華書局1974年11月第1版。

仰之，號樂圃先生。」〔註 18〕其築室樂圃，著書閱古，吳人皆化其賢，且名動公卿，天子褒其清。又著有《琴史》，以期有裨教化，知其亦為吳地名賢者，《宋史・藝文三》尚載有其《吳郡圖經續記》三卷。

　　胡瑗，《宋史・儒林二》載：「字翼之，泰州海陵人。以經術教授吳中，年四十餘。」〔註 19〕因世居陝西路安定堡，世稱安定先生。慶曆二年至嘉祐元年（1042～1056）歷任太子中舍、光祿寺丞、天章閣侍講等。後以太常博士致仕，歸老於家。胡瑗與孫復、石介並稱宋初三先生，是宋代理學醞釀時期的重要人物。胡瑗精通儒家經術，以「聖賢自期許」，講「明體達用之學」。認為儒家的綱常名教是萬世不變的「體」，而儒家的詩書典籍是垂法後世的「文」；把體、文付諸實際，可以「潤澤斯民，歸於皇極」，達到民安國治、維護封建統治的目的，這是「用」。他的「明體達用之學」，對宋代理學有較大影響。胡瑗講學分經義、治事二齋，治事包括講武、水利、算術、曆法等，表現了重視經世治用的特點。

　　蘇州所祠五賢，惟胡瑗非蘇州人，盧熊《蘇州府志・名宦》載：「范仲淹知蘇州，奏請立學，延瑗為教授，瑗以經術首居師席。」〔註 20〕其以經術在吳中教學四十餘年，且為一代名儒，故而蘇州之五賢堂祠之。《宋史》本傳載其：「教人有法，科條纖悉備具，以身先之。雖盛暑，必公服坐堂上，嚴師弟子之禮。視諸生如其子弟，諸生亦信愛如其父兄，從之遊者常數百人。慶曆中，興太學，下湖州取其法，著為令。」〔註 21〕其教弟子學，嚴整而有法度，朝廷以其法著為令，足見其影響教育思想和方法之大。

第三節　《大典》本《吳縣志》、《長洲縣志》及其佚文研究

一、《大典》本《吳縣志》及其佚文研究

　　明代吳縣與長洲縣均為蘇州屬縣，《明一統志》中載有其建置沿革：「吳

〔註18〕（宋）范成大纂：《吳郡志》卷二十六，《中國方志叢書》據宋紹定二年重刊吳興張氏擇是居叢書藏本影印，臺北成文出版社 1970 年 11 月臺一版。

〔註19〕《宋史》卷四百三十二，中華書局 1974 年 11 月第 1 版。

〔註20〕（明）盧熊纂：《蘇州府志》卷二十六，《中國方志叢書》據洪武十二年抄本影印，臺北成文出版社 1983 年 3 月臺一版。

〔註21〕《宋史》卷四百三十二，中華書局 1974 年 11 月第 1 版。

縣，附郭。本吳國，秦置吳縣，爲會稽郡治，東漢永建中置吳郡，治此。晉宋齊因之，陳於縣置吳州，隋唐屬蘇州。宋爲平江府治，元仍舊（至元十三年爲平江路治），本朝因之（太祖吳元年爲蘇州府治）。編戶五百十二里。」〔註22〕嘉靖《吳邑志》卷首《吳縣總說》中云：「吳縣與長洲附郭雖同，而所轄各異，吳之所分轄者，西南二方也，多山少田，半爲大湖。」〔註23〕

　　張國淦《中國方志考》考述了歷代吳縣志書，其志目後《敘論》云：「吳縣：秦置，爲會稽郡治理；西漢因之，東漢分置吳郡，爲郡治；晉、宋以後相沿不改；至宋代初仍爲吳郡治，政和三年爲平江府治；元爲平江路；明、清爲蘇州府治。故吳縣事蹟，並載《吳郡志》、《蘇州府志》、《姑蘇志》。其縣志今可考者，三國吳有顧微《吳縣記》（微亦作徵，亦作徽之），《昭明文選注》引之。至宋雍熙□年，有知縣羅處約《吳縣圖經》，洪武《府志》宋濂序引之。（今俱佚）。」〔註24〕

　　從上述記載可知，明代嘉靖以前吳縣方志存目的只有兩部，即三國時吳顧微的《吳縣記》與北宋羅處約的《吳縣圖經》，《江蘇舊方志提要》所載與張國淦同，皆失考《大典》本《吳縣志》。

　　張氏《輯本》無《吳縣志》，馬氏《輯佚》僅收錄《吳縣志》佚文一則：

【詩文】：

「袁起岩《麥三歧詩》：用過其才愧弗宜，但於牧養要張馳。未應拙政才兼月，森出來车過兩歧。長短異形垂美穗，青黃間色拾新枝。懸知瑞應由明主，自是豐年屬盛時。」〖冊一百八八卷二二一八二頁六　八陌〗（《輯佚》五九三頁）

　　袁起岩，《宋史》有載而無傳。《全宋詩》載其生平較詳：「袁說友（1140～1204），字起岩，號東塘居士，建安（今福建建甌）人。僑居湖州。孝宗隆興元年（1163）進士，調溧陽簿。歷主管刑工部架閣文字、國子正、太常寺主簿、樞密院編修官、秘書丞。淳熙間知池州（《宋會要輯稿》瑞異二之二五），改知衢州。光宗紹熙元年（1190）年，由提點浙西刑獄改提舉浙西常平茶鹽（《金石補正》卷一一六）。二年知平江府（《宋會要輯稿》食貨七〇之八三）。三年，知臨安府（同上書刑法四之九〇）。寧宗慶元元年（1195）年遷戶部侍郎（《宋史》卷一七五），權戶部

〔註22〕　（明）李賢纂：《明一統志》卷八，文淵閣《欽定四庫全書》本。
〔註23〕　（明）蘇祐、楊循吉纂修、圖說曹自守纂：《嘉靖吳邑志》卷首，《天一閣藏明代方志選刊續編》，上海書店據明嘉靖刻本影印，1990年12月版。
〔註24〕　張國淦：《中國方志考》，《張國淦文集三編》，北京燕山出版社2004年10月第1版，第198頁。

尙書。三年，爲四川制置使兼知成都府（《宋會要輯稿》職官七四之一）。召爲吏部尙書兼侍讀，出知紹興府兼浙東路安撫使。嘉泰二年（1202），同知樞密院事，三年遷參知政事（《宋史》卷三八、二一三）尋加大學士致仕。四年卒，年六十五。有《東塘集》，已佚。清四庫館臣據《永樂大典》輯爲二十卷。事見本集附錄《家傳》」〔註25〕

洪武《蘇州府志・牧守題名》載：「袁說友，朝議大夫直秘閣，紹熙元年三月到，二年五月赴召。」〔註26〕《全宋詩》據《宋會要輯稿》記袁說友「（紹熙）二年知平江府」，而范成大《吳郡志》與盧熊《蘇州府志》均記載其紹熙元年三月到任，《宋會要輯稿》與《全宋詩》記載恐有誤，「二」字當爲「元」字之訛，《麥三歧詩》當爲袁起岩知平江府時所作。大典本《吳縣志》當是編修於南宋紹熙元年以後至明永樂六年以前，迄今學者皆未提到這部佚志。

《四庫全書》中載有袁起岩《東塘集》二十卷，卷首《提要》云：「臣等謹案《東塘集》二十卷，宋袁說友撰，友字起岩。建安人流寓湖州，登隆興元年進士第，嘉泰中官至同知樞密院參知政事。……非惟詩文散佚，並其集名亦湮沒不傳矣。今據《永樂大典》所載收羅排纂得詩七卷，文十三卷，又《家傳》一篇，不知誰作，後半文已殘缺，而前半所敘仕履頗詳，亦並存之，以備考證。」〔註27〕其《家傳》載：「公諱說友，字起岩。生於紹興庚申歲，治周易。年二十有四登隆興進士丙科。……嘉泰甲子歲，薨於德清寓第，享年六十有五。官至宣奉大夫，爵至郡公，食邑至三千二百戶，眞食至六百戶。贈少傅卹典如儀，累贈太師魏國公。初公寓居湖城號東塘居士。」（同前《附錄》）

《永樂大典》中收錄的這首《麥三歧詩》亦見載於《四庫全書》本袁起岩《東塘集》卷四，題爲《麥秀三歧》，與《大典》本此詩名稱略異，《全宋詩》以《四庫》爲底本。馬氏《輯佚》「但於牧養要張弛」一句，《大典》原文爲「但於牧養要張施。」，《全宋詩》所錄與《大典》原文相同，因知《輯佚》錄入佚文有誤。「張施」者，施惠、關心民生之謂，乃爲吏者所當行也。

又《吳興備志》載：「袁說友，字起岩，建安人。隆興元年登第，文辭豐蔚。嘗爲四川安撫使，輯《成都文類》一書。楊廷秀有和袁起岩詩一首云：『道

〔註25〕北京大學古文獻研究所編：《全宋詩》卷二五七四，北京大學出版社1991年7月第1版。

〔註26〕（明）盧熊纂：《蘇州府志》卷二十，《中國方志叢書》據洪武十二年抄本影印，臺北成文出版社1983年3月臺一版。

〔註27〕（宋）袁說友纂：《東塘集》卷首，文淵閣《欽定四庫全書》本。

場山下弄山泉，飡菊紉蘭萬物先。『魏華父挽袁詩云：『靈輀送無路，淚灑雪溪風。』說友之寓苕審矣。參《八閩通志》、《成都文類》、《四川總志》、《誠齋集》、《鶴山集》五書。」〔註28〕其中稱其文辭豐蔚，嘗輯《成都文類》，知其亦是文才飽學之士。

袁起岩爲南宋孝宗隆興元年（1163）進士，民國《吳縣志》與張國淦《中國方志考》均記載宋代吳縣志書僅有羅處約《吳縣圖經》，撰成時間在北宋太宗雍熙年間。《大典》本《吳縣志》佚文中收錄有隆興元年進士袁起岩詩，說明此《吳縣志》並非羅處約所撰《吳縣圖經》。由於《大典》本《吳縣志》佚文內容僅一則，因此，僅能據此推斷出此志的編纂大約應在南宋隆興前後至明永樂六年之前的這段時間內。但此志卷數與纂修人均不可考。

《大典》本《吳縣志》，《民國吳縣志》、張國淦《中國方志考》及《江蘇舊方志提要》等書均未記載。馬氏《輯佚》雖僅收錄佚文一條，但對研究吳縣方志史也是一條重要的資料。

二、《大典》本《長洲縣志》及其佚文研究

《明一統志》中載長洲縣建置沿革曰：「長洲縣，附郭，本吳之長洲苑。漢爲吳縣地，自晉至隋，皆因之，唐萬歲通天初，析置長洲縣。乾元間，置長洲軍，大曆間，復爲縣。宋元仍舊，本朝因之，編戶七百四十一里。」〔註29〕張國淦《中國方志考》載：「長洲，秦、漢爲吳郡地；唐萬歲通天元年置縣，與吳縣並爲蘇州治；元爲平江路治；明、清爲蘇州府治，民國併入吳縣。故長洲事蹟並載《吳郡志》、《姑蘇志》、《蘇州府志》，又民國《吳縣志》。」〔註30〕

《民國吳縣志·藝文考八》其所列長洲縣志書有：「孫應時《長洲縣志》十卷慶元初，楊循吉《長洲縣志》十卷，錢穀《長洲縣志》，皇浦汸《長洲縣志》十四卷，伍卿忠《長洲野志》，歸聖□《長洲縣志》，沈德潛《長洲縣志》三十四卷乾隆十八年，沈德潛《長洲縣志》三十四卷乾隆三十一年。」〔註31〕

〔註28〕（明）董斯張撰：《吳興備志》卷十三，文淵閣《欽定四庫全書》本。

〔註29〕（明）李賢纂：《明一統志》卷八，文淵閣《欽定四庫全書》本。

〔註30〕張國淦：《中國方志考》，《張國淦文集三編》，北京燕山出版社 2004 年 10 月第 1 版，第 198 頁。

〔註31〕曹允源修、李根源纂：《民國吳縣志》卷五十八下，《中國地方志集成·江蘇府縣志輯11》，江蘇古籍出版社 1991 年 6 月第 1 版。

關於歷代《長洲縣志》的編纂，張國淦《中國方志考》記載：「其縣志今可考者，宋慶元□年，知縣孫應時修《長洲縣志》十卷。(今佚) 明凡四修，嘉靖□年，吳縣楊循吉纂《長洲縣志》十卷，循吉於嘉靖八年纂《吳縣志》，是志纂時，不知在《吳邑志》前後。又有吳縣錢穀纂《長洲志》□卷，穀嘗編《續吳都文萃》若干卷，蓋亦留心吳中故實者 (以上今俱未見)。更四十年 (據顧存仁序) 爲隆慶五年，知縣張德夫延縣人皇甫汸等纂《長洲縣志》十四卷，首圖一。其爲類起地理志，訖藝術 (據萬曆增訂隆慶本)。是志皇甫汸外，如周天球、張鳳翼、顧彬、張龍翼、同時復、劉鳳、歸大寶、陸經、吳成、黃姬水，皆分類纂輯。據顧存仁《序》：『長洲故無記述。』其《凡例》亦言：『與《吳邑志》出自楊公循吉一人，長洲闕焉無聞。』則以是志爲張德夫所創纂，未及嘉靖楊循吉《志》，何也？更二十六年爲萬曆二十五年，知縣江盈科延縣人張鳳翼等纂《長洲縣志》十四卷，又《長洲藝文志》四卷。據申時行：「江侯考覽舊志，獨紬藝不傳，乃重加纂輯，益以《藝文志》。」是《志》乃依據隆慶《志》而作，故而卷目一同前《志》(惟『義田』注明續增)，其《藝文志》則爲前志所無。《藝文志》署張鳳翼等，張鳳翼曾與修隆慶《志》者也。卷末有補刊《盧孝子傳》，據崇禎涂必泓序，則是志於崇禎又一度修補。」〔註32〕

從張先生的考證中可以看出，明代最早編修的《長洲縣志》爲嘉靖時楊循吉所纂，隨後有吳縣錢穀的《長洲志》，至隆慶五年及萬曆二十五年又有張德夫與張鳳翼等人兩次修纂《長洲縣志》，有明一代，共四次修纂《長洲縣志》。

上述明代方志最早的纂修於明嘉靖年間，《永樂大典》中所收錄的《長洲縣志》顯然不是上述四部方志之一。據《大典》佚文，高斯得應縣學教諭宋楚才所撰的這篇《尊賢堂記》中有「鶴山執政於端平而卒見逐」的記載，這說明《永樂大典》中的《長洲縣志》作於宋端平以後，應當也不是慶元□年知縣孫應時修的《長洲縣志》。而是另外的一部志書，且此志作於明代永樂六年以前。還有一種可能就是此志爲慶元孫應時《志》的續志，這篇記文爲後人所補入，由於佚文內容有限，因而無法確定其更多的編纂情況。

張氏《輯本》案曰：「《大典》引《長洲縣志》凡一條，茲據錄作明志。」〔註33〕由後面引文知，《尊賢堂記》是景定三年長州縣儒學教諭宋楚材委高斯

〔註32〕張國淦：《中國方志考》，《張國淦文集三編》，北京燕山出版社 2004 年 10 月第 1 版，第 209 頁。

〔註33〕張國淦：《永樂大典方志輯本》，《張國淦文集四編》，北京燕山出版社 2006 年 5 月第 1 版，第 856 頁。

得撰，則此志當修於景定三年以後至永樂六年以前，張國淦斷為明志，今姑從其說。

　　馬氏《輯佚》僅輯出《長洲縣志》一則佚文，即宋代高斯得所撰的《尊賢堂記》，其文如下：

　　高斯得《尊賢堂記》：眉山宋仲可楚材，主長洲縣學。既創邑庠，群百里之士而教之，復辟一堂，館先賢而祠焉。以書來曰：「昔者王元之令於斯，范文正生於斯，蘇內翰遊於斯，魏鶴山寓於斯，四賢相望，三百年間大節犖犖，交相輝映，吾欲合而祠之，使國人弟子想其高風，有所矜式，為我記之。」予始疑焉，以為古者旌別淑慝，彰善癉惡，所以崇植風聲，底厲州黨，教莫先焉！然必鄉之父師乃在此位。今自范公之外，三君子皆異邦之人也，於義何居？穆然以思，乃得其說。古者有道有德之人，祭於瞽宗，學校之尚賢也久矣。夫賢者在天地之間，如景星鳳凰，無間遠近，莫不頃慕，而況嘗居是邦，遺風餘烈，耿其未沫，則社祠尸祝，以儀國人，其為旌淑彰善也大矣！且四賢皆以正學直道立人之廟，三尺之童知之，有不待論。予獨歎其詘信之度，若合符節，其天之所為邪，抑偶然而相似邪！元之賦三黜以見志，其窮甚矣！若文正之厄於夷簡，內翰之困於荊舒，鶴山之抑於權倖，凡皆棲遲十有餘年，而不得伸，其流落不耦，四人而一身也。元之遇太宗，得其時矣，其用少貶，竟以不用。然文正大用於慶曆而不能久，內翰被遇於元祐而不獲安，鶴山執政於端平而卒見逐，皆非不得時也，而終不得有所成就，其用之不盡，四人而一身也。嗚呼！天之生之甚難，而人之棄之甚易，豈天之與人果異見耶！《易曰》：「君子之道，或出或處，或默或語。二人同心，其利斷金。」四賢之迹，雖不盡同，而其不遇，大致則一。予知四賢之居是堂也，明靈合德，上下同流，以其遺直孤忠，啟祐後學，俾為君子之歸矣！學者而登斯堂，其亦慨慕乎其人，自責其身，「高山仰止，景行行止」，何患力之不足。嗚呼，其亦懋勉之哉！〔冊七十卷七二三七頁七　十八陽〕（《輯佚》五九三頁）

　　《大典》本《長洲縣志》收錄的這篇《尊賢堂記》是南宋末年主長洲縣儒學教諭宋仲可請高斯得為縣學之尊賢堂所作。宋楚才仲可，其生平事蹟不詳，同治《蘇州府志・職官三》僅記其景定三年任長洲縣儒學教諭。盧熊《蘇州府志・學校》載：「長洲縣學在府城東北，先是縣未有學，附於郡庠曰麗澤齋。咸淳元年（1265）主學宋楚才率邑人請於知府陳均，始以廣化寺藏室改創，俞杕作記，講堂曰禮堂。因魏文靖公所篆舊扁四齋曰富文、貴德、廣業、博學，又作景文堂，因企慕鄉賢范文正公命名。八年。提刑洪起畏拓地闢門為南面，後毀未有專所。」〔註34〕其中雖未提於縣學設尊賢堂一事，不過以情理推之，尊賢堂當是在祠范仲淹的景文堂基礎上擴建而成。宋楚才請高斯得作《尊賢堂記》當在咸淳元年以後不久。

〔註34〕　（明）盧熊：《蘇州府志》卷十二，《中國方志叢書》據洪武十二年抄本影印，
　　　　臺北成文出版社 1983 年 3 月臺一版。

　　《尊賢堂記》作者高斯得，《宋史‧高斯得傳》載：「字不妄，授利州路觀察推官。利州路提點刑獄、知沔州稼之子也。少從李坤臣學，坤臣瞽，斯得左右扶持之。中成都路轉運司試，補入太學。紹定二年舉進士，授利州路觀察推官。……度宗即位，召為秘書監，又論罷。復遷秘書監，屢辭不許，擢起居舍人兼國史院編修官、實錄院檢討官兼侍講。……度宗崩後，因忤丞相留夢炎，為其所罷。所著有《詩膚說》、《儀禮合抄》、《增損刊正杜佑通典》、《徽宗長編》、《孝宗繫年要錄》、《恥堂文集》行世。」〔註35〕由《宋史》記載可知，高斯得亦為宋晚期之良臣。其《恥堂文集》現有四庫本存世，係從《永樂大典》中掇拾編次而成文五卷、詩三卷，名《恥堂存稿》。其中有收錄記文數篇，卻未見此《尊賢堂記》，應是四庫本所漏輯，佚文可補現存《恥堂存稿》之缺。

　　長洲縣學的尊賢堂祠王禹偁（元之）、范仲淹（文正）、蘇軾（內翰）、魏了翁（鶴山）四人。記文稱四人皆一時名賢，平生際遇皆有不得志之時。嘗居於是邦，而以正學直道立人之廟，可以其遺直孤忠，化導後學，為君子之歸。此四賢，王禹偁曾於長洲縣任職；范仲淹曾任蘇州知府；蘇軾未有在蘇州任職經歷，但曾遊於蘇州；魏了翁寓於蘇州長洲縣；下文對四賢及其在蘇州事蹟略作考述。

　　王禹偁，《宋史》本傳載：「王禹偁，字元之，濟州鉅野人。世為農家，九歲能文，畢士安見而器之。太平興國八年擢進士，授成武主簿。徙知長洲縣，就改大事評事。同年生羅處約時宰吳縣，日相與賦詠，人多傳誦。……禹偁詞學敏贍，遇事敢言，喜臧否人物，以直躬行道為己任。嘗云：『吾若生元和時，從事於李絳、崔群間，斯無愧矣。』其為文著書，多涉規諷，以是頗為流俗所不容，故屢見擯斥。所與遊必儒雅，後進有詞藝者，極意稱揚之。如孫何、丁謂輩，多遊其門。有《小畜集》二十卷、《承明集》十卷、《集議》十卷、詩三卷。子嘉祐、嘉言俱知名。」（同前，卷二百九十三）正德《姑蘇志‧宦績五》載：「其自敘云：禹偁名利之流也，一身之計有親族妻子焉。雖內無妾，外無僕，不可去者凡百。指晨有吹爨，夕有脂燭，伏臘慶弔居其外。月得俸金太半長物，是以從官三年，徒行而已。一邑之政有稅傭，稅調焉。土甚瘠而民不懈，吏好欺而賦愈重。廉其身而濁者忌之，直其氣而曲者惡之。懇無知音，動有變畏。去年多稼不登，編戶艱食，賦斂之數，有乖其期。而

〔註35〕《宋史》卷四○九，中華書局 1977 年 11 月第 1 版。

民部都成於郡，郡侯歸罪於縣鞭笞之人日不下百。數輩荣色在面，而血流於膚，讀書爲儒，胡寧忍此。因出吏部考課，歷納質於巨商，得錢一萬七千，市白粲而代輸之，始可免責。春夏以來，民有歸其直者，蓋三分有其二焉。時同年生羅處約宰吳縣，相與賦詠，人多傳誦。太宗召試，擢右拾遺，直史館賜緋，故事給銀帶，上特命以文犀代賜之，屢遷翰林學士。元之在朝嘗上疏曰：臣舊知蘇州長洲縣七千餘家，自錢氏納土以來，朝廷命官七年無有縣尉，使主簿兼領之，未嘗闕事。三年增置尉，未嘗立一功。以臣詳之，天下大率如此，誠能省尉之千員，減俸數千萬以供邊備、寬民賦，亦大利也。出知滁陽二州，咸平初，預修《太祖實錄》，與宰相意不協，出知黃州，作三黜賦以見志。卒章云，屈於身而不屈於道，雖百謫其何虧。四年，徙蘄州，卒年四十八。」〔註36〕

　　元之雖自謙爲名利之流，然爲官憂恤民情，爲百姓減輕賦斂之苦；又據自己長洲縣的爲官經驗，上疏直陳省尉減俸之策以供邊備，寬民賦，知其是利國利民之臣。《宋史》稱其詞學敏贍，遇事敢言，以直躬行道爲己任，良有以也。

　　范仲淹，同治《蘇州府志·職官一》載：「景祐元年六月自睦州徙任，八月徙明州，九月復改蘇州。」〔註37〕其爲蘇州本地人，前文蘇州五賢堂亦祠之，事蹟參見上節《平江府志》佚文考釋。

　　蘇軾雖未曾在蘇州任職，但曾遊於蘇州，並與蘇州名士多有往來，《江南通志·古蹟二》：「閭丘孝終宅，在吳縣馬步橋北，蘇軾謫黃州，孝終爲太守，往來甚密。軾嘗云：蘇有二丘，不到虎丘即到閭丘，今猶名閭丘巷。」〔註38〕正德《姑蘇志·名臣》：「閭丘孝終字公顯，嘗知黃州作棲霞樓，爲野中勝絕。未幾，掛冠歸與崇大年輩，以耆德著稱鄉里。蘇軾稱蘇州有二丘，不到虎丘即到閭丘，其爲名流推重如此。」〔註39〕蘇軾謫黃州時，閭丘孝終爲黃州太守，對蘇軾禮遇有加，往來甚密。後歸蘇州，蘇軾與其友情如故。《全宋詩》錄其《蘇州閭丘江君二家雨中飲酒二首》，詩曰：「小圃陰陰遍灑塵，方塘瀲瀲欲生紋。已煩仙袂來行雨。莫遣歌聲使駐雲。肯對綺羅辭白酒，試將文字

〔註36〕　（明）王鏊纂：正德《姑蘇志》卷四十一，文淵閣《欽定四庫全書》本。
〔註37〕　（清）李銘皖、譚鈞培修，馮桂芬纂：同治《蘇州府志》卷五十二，《中國地方志集成·江蘇府縣志輯7》，江蘇古籍出版社1991年6月第1版。
〔註38〕　（清）趙弘恩等監修：《江南通志》卷三十一，文淵閣《欽定四庫全書》本。
〔註39〕　（明）王鏊：正德《姑蘇志》卷四十九，文淵閣《欽定四庫全書》本。

惱紅裙。今宵記取醒時節，點滴空街獨自聞」，「五紀歸來鬢未霜，十眉環列坐生光。喚船渡口迎秋女，駐馬橋邊問泰娘。曾把四弦娛自傳，敢將百草鬥吳王。從今卻笑風流守，畫戟空凝宴寢香。」〔註40〕蘇軾在蘇州於二人家宴中雨中飲酒賦詩，可見是比較親密的朋友，方能如此情投意合。又曾作《浣溪沙贈閭丘朝議，時還徐州》，詞曰：「一別姑蘇已四年，秋風南浦送歸船，畫簾重見水中仙。霜鬢不須催我老，杏花依舊駐君顏，夜闌相對夢魂間。」〔註41〕其與閭丘孝終等人的友誼，堪稱東坡與蘇州人往來的一段佳話。

蘇州虎丘曾是蘇軾流連賦詩之地，其《虎丘寺》詩曰：「入門無平田，石路細傳嶺。陰風生澗壑，古木翳潭井。湛盧誰復見，秋水光耿耿。鐵花繡岩壁，殺氣噤蛙蠅。幽幽生公堂，左右立頑礦。當年或未信，異類服精猛。胡爲百歲後，仙鬼互馳騁。窈然留清詩，讀者爲悲哽。東軒有佳致，雲水麗千頃。熙熙覽生物，春意破淒冷。我來屬無事，暖日相與永。喜鵲翻初旦，愁鳶蹲落景。坐見漁樵還，新月溪上影。悟彼良自詒，歸田行可請。」《江南通志‧壇廟二》：載：「五賢祠在虎丘山平遠堂，祠唐韋應物，白居易、劉禹錫，宋王禹偁、蘇軾，明萬曆中建。」〔註42〕知除長洲縣學外，明代蘇州虎丘山亦曾建五賢祠，蘇軾居五賢之一。（同前）別如定慧寺、桃塢等地均是東坡足迹曾到之處。

又《江南通志‧古蹟》載：「三瑞堂在長洲縣楓橋，宋孝子姚淳所居，蘇軾詩有「楓橋三瑞皆目見」，蓋其先墓有甘露、靈芝、瑞麥之異。」（同前，卷三十一）「宋龍圖學士滕元發，墓在長洲縣陽山栗塢，蘇軾有誌銘。」（同前，卷三十八）知其與長洲縣人士亦有往來。東坡爲北宋名賢，不僅文辭才學，爲世所稱歎，且一生憂國愛民，頗爲當時士民所愛戴。其與蘇州如此有緣，故長洲縣學祠之，實在情理之中。

尊賢堂四賢之魏了翁，《宋史‧儒林七》載：「字華父，邛州蒲江人。年數歲，從諸兄入學，儼如成人。少長，英悟絕出，日誦千餘言，過目不再覽，鄉里稱爲神童。年十五，著《韓愈論》，抑揚頓挫，有作者風。……會史彌遠入相專國事，了翁察其所爲，力辭召命。丁生父憂，解官心喪，築室白鶴山下，以所聞於輔廣、李燔者開門授徒，士爭負笈從之。由是蜀人盡知義理之

〔註40〕北京大學古文獻研究所編：《全宋詩》卷七九四，北京大學出版社 1991 年 7 月第 1 版。

〔註41〕唐圭章編：《全宋詞》，中華書局 1965 年 6 月第 1 版，第三一七頁。

〔註42〕（清）趙弘恩等監修：《江南通志》卷三十八，文淵閣《欽定四庫全書》本。

學。」〔註43〕魏了翁為人正直，不阿權貴，雖處偏僻之地仍講學著述不輟，並創立鶴山書院。史載：「初，了翁再入朝，彌遠欲引以自助，了翁正色不撓，未嘗私謁。故三年之間，循格序遷，未嘗處以要地。了翁至靖，湖、湘、江、浙之士，不遠千里負書從學。乃著《九經要義》百卷，訂定精密，先儒所未有」（同前）

　　其所創之鶴山書院後由其後人移建蘇州，正德《姑蘇志·學校》：「鶴山書院在南宮坊內，宋魏文靖公了翁之賜第也。公蜀人，仕至參知政事。學者稱為鶴山先生，端平三年理宗親書鶴山書院四字賜之，元至順元年曾孫起即故教奉祠。」〔註44〕又《江南通志·古蹟二》載：「魏了翁宅在長洲縣南宮坊，宋端平中都督江淮，理宗賜第吳中，復親書鶴山書院四大字賜之，即今巡撫治所。」〔註45〕

　　其一生於國事可謂鞠躬盡瘁，卻淡泊祿位，「累章乞骸骨，詔不允。疾革，復上疏。門人問疾者，猶衣冠相與酬答，且曰：『吾平生處己，澹然無營。』復語蜀兵亂事，蹙額久之，口授遺奏，少焉拱手而逝。後十日，詔以資政殿大學士、通奉大夫致仕。遺表聞，上震悼，輟視朝，歎惜有用才不盡之恨。詔贈太師，諡文靖，賜第宅蘇州，累贈秦國公。所著有《鶴山集》、《九經要義》、《周易集義》、《易舉隅》、《周禮井田圖說》、《古今考》、《經史雜抄》、《師友雅言》。」（同前）去世後，葬於蘇州，正德《姑蘇志·冢墓》載：「魏文靖公了翁墓在高景山金盆塢，嘉熙元年葬，直寶章閣史繩祖撰神道碑。」〔註46〕除尊賢堂外，後移至長洲縣之鶴山書院歷受官方重視，所祠魏文靖公神位，至明清時更是推崇有加。

〔註43〕　《宋史》卷四百三十七，中華書局1977年11月第1版。
〔註44〕　（明）王鏊纂：正德《姑蘇志》卷二十四，文淵閣《欽定四庫全書》本。
〔註45〕　（清）趙弘恩等監修：《江南通志》卷三十八，文淵閣《欽定四庫全書》本。
〔註46〕　（明）王鏊：正德《姑蘇志》卷三十四，文淵閣《欽定四庫全書》本。

主要參考文獻

一、《永樂大典》及相關典籍、著述類

1、（明）解縉、姚廣孝、王景、鄒輯等奉敕編撰：《永樂大典》，中華書局
1986 年 10 月第 1 版（據現存殘卷影印）。

2、《永樂大典》十七卷，中華書局 2003 年 8 月版。

3、郭伯恭：《永樂大典考》，中華書局，1938 年版。

4、馬蓉、陳抗等：《永樂大典方志輯佚》，中華書局 2004 年 4 月第 1 版。

5、張國淦：《永樂大典方志輯本》，北京燕山出版社 2006 年 5 月第 1 版。

6、《永樂大典》編纂 600 週年研討會論文集，北京圖書館出版社 2003 年版。

二、正史、政書類

1、（東漢）班固：《漢書》，中華書局 1962 年 6 月第 1 版。

2、（西晉）陳壽：《三國志》，中華書局 1959 年 12 月第 1 版。

3、（唐）房玄齡等：《晉書》，中華書局 1974 年 11 月第 1 版。

4、（南朝梁）沈約：《宋書》，中華書局 1974 年 10 月第 1 版。

5、（南朝梁）蕭子顯：《南齊書》，中華書局 1972 年 1 月第 1 版。

6、（唐）姚思廉：《梁書》，中華書局 1973 年 5 月第 1 版。

7、（唐）姚思廉：《陳書》，中華書局 1972 年 3 月第 1 版。

8、（唐）魏徵：《隋書》，中華書局 1973 年 8 月第 1 版。

9、（唐）李延壽：《南史》，中華書局 1975 年 6 月第 1 版。

10、（唐）李延壽：《北史》，《中華書局》1975 年第 1 版。

11、（後晉）劉昫等：《舊唐書》，中華書局 1975 年 5 月第 1 版。

12、（宋）歐陽修：《新唐書》，中華書局 1975 年 2 月第 1 版。

13、（宋）歐陽修：《新五代史》，中華書局 1972 年第 1 版。

14、（宋）馬令撰《南唐書》，文淵閣《欽定四庫全書》本

15、（元）脫脫等：《宋史》，1977 年 11 月第 1 版。

16、（明）宋濂等：《元史》1976 年 4 月第 1 版。

17、（清）張廷玉等：《明史》，1974 年 4 月第 1 版。

18、（宋）司馬光：《資治通鑒》，中華書局元刊胡注本，1956 年 6 月第 1 版。

19、（清）畢沅撰《續資治通鑒》，《續修四庫全書》第 343～346 冊，上海古籍出版社影印。

20、（宋）鄭樵：《通志》浙江古籍出版社，1988 年 11 月第 1 版。

21、（宋）鄭居中等奉敕撰：《政和五禮新儀》，文淵閣《欽定四庫全書》本。

22、（元）不著撰人：《廟學典禮》，文淵閣《四庫全書》版。

23、（元）馬端臨：《文獻通考》，中華書局 2006 年 11 月版。

24、（明）徐一夔等撰：《明集禮》，文淵閣《四庫全書》版。

25、（明）申時行等修：《大明會典》，萬曆朝重修本，中華書局，1989 年 10 月第 1 版。

26、《明實錄》，臺灣「中央」研究院歷史語言研究所影印本。

27、（清）龍文彬：《明會要》，中華書局，1956 年 10 月第 1 版。

28、（清）顧祖禹：《讀史方輿紀要》，上海古籍出版社 2002 年版。

三、方志類

1、（唐）李吉輔纂：《元和郡縣志》，文淵閣《欽定四庫全書》本。

2、（宋）朱長文纂：《吳郡圖經續記》，文淵閣《欽定四庫全書》本。

3、（宋）歐陽忞纂：《輿地廣記》，文淵閣《欽定四庫全書》本。

4、（宋）樂史纂：《太平寰宇記》，文淵閣《欽定四庫全書》本。

5、（宋）王象之纂：《輿地紀勝》，《續修四庫全書》584～85 冊，上海古籍出版社 2004 年據北京圖書館清影宋抄本（清抄本配補）影印。

6、（宋）祝穆纂：《方輿覽勝》，文淵閣《欽定四庫全書》本。

7、（宋）盧憲纂：嘉定《鎮江志》，《中國方志叢書》據道光二十二年刊本影印，臺北成文出版 1983 年 3 月臺一版。

8、（宋）胡矩修、方萬里、羅濬纂：寶慶《四明志》卷八，國家圖書館藏清抄本。（數字方志庫）

9、（宋）馬光祖修、周應合纂：景定《建康志》，《中國方志叢書》據清嘉慶六年刊本影印，臺北成文出版社 1983 年 3 月臺一版。

10、（宋）史能之纂：咸淳《毗陵志》，《中國方志叢書》據清嘉慶二十五年
重刊本影印，臺北成文出版社 1983 年 3 月臺一版。

11、（元）馬澤修，袁桷纂：延祐《四明志》，國家圖書館藏清抄本（數字方
志庫）。

12、（元）劉大彬：《茅山志》，《續修四庫全書》723 冊，上海古籍出版社 2004
年據北京圖書館藏元刻本配明刻本影印。

13、（元）脫因修，俞希魯纂：至順《鎮江志》，《中國方志叢書》據民國十
二年丹徒冒廣生重刊本影印，臺北成文出版社 1975 年□月臺一版。

14、（元）張鉉纂：至正《金陵新志》，《中國方志叢書》據元至正四年刊本
影印，臺北成文出版社有限公司 1983 年 3 月臺一版。

15、（明）李賢等纂：《明一統志》，文淵閣《四庫全書》版。

16、（明）李賢等纂：《大明一統志》，三秦出版社 1990 年 3 月影印明天順刻
本。

17、（明）不著撰人：洪武《無錫縣志》，文淵閣《欽定四庫全書》本。

18、（明）盧熊纂：《蘇州府志》，《中國方志叢書》據洪武十二年抄本影印，
臺北成文出版社 1983 年 3 月臺一版。

19、（明）朱昱纂：《重修毗陵志》，《中國方志叢書》據明成化二十年刊本影
印，臺北成文出版社 1983 年 3 月臺一版。

20、（明）莫旦纂：《吳江志》，《中國方志叢書》據明弘治元年刊本影印，臺
北成文出版社 1983 年 3 月臺一版。

21、（明）王僖、杜磐修，程文纂：弘治《句容縣志》，《天一閣藏明代方志
選刊》，上海古籍書店 1964 年影印本。

22、（明）王鏊：正德《姑蘇志》，文淵閣《欽定四庫全書》本。

23、（明）王誥修、劉雨纂：正德《江寧縣志》，《北京圖書館古籍珍本叢刊
24》，書目文獻出版社 1998 年版。

24、（明）蘇祐修、楊循吉纂、圖說曹自守纂：嘉靖《吳邑志》，《天一閣藏
明代方志選刊續編》，上海古籍書店 1990 年 12 據明嘉靖刻本影印。

25、（明）聞人詮修、宋佐纂：嘉靖《寶應縣志略》，《天一閣藏明代方志選
刊》，1962 年 4 月上海古籍書店據寧波天一閣藏明嘉靖刻本影印。

26、（明）朱懷幹修，盛儀纂：嘉靖《惟揚志》，《天一閣藏明代方志選刊》，
1963 年 9 月上海古籍書店據明寧波天一閣藏嘉靖藏本影印。

27、（明）趙錦修、張袞等纂：嘉靖《江陰縣志》，《天一閣藏明代方志選刊》，
1963 年 7 月上海古籍書店據寧波天一閣藏明嘉靖刻本影印。

28、（明）申嘉瑞修，李文、陳國光等纂：隆慶《儀眞志》，《天一閣藏明代
方志選刊》，1963 年 9 月上海古籍書店據寧波天一閣藏明隆慶藏本影印。

29、（明）程嗣功修、王一化纂：萬曆《應天府志》，《四庫存目叢書·史部二○三》，齊魯書社 1996 年 8 月第 1 版。

30、（明）楊端雲修、夏應星纂：萬曆《鹽城縣志》，《中國方志叢書》據明萬曆十一年刊本影印，臺北成文出版社 1983 年 3 月臺一版。

31、（明）楊洵修、徐鑾纂：萬曆《揚州府志》，《北京圖書館古籍珍本叢刊·史部·地理類》，書目文獻出版社 1998 年版。

32、（明）董斯張撰：萬曆《吳興備志》，文淵閣《欽定四庫全書》本。

33、（清）于琨修，陳玉璂纂：康熙《常州府志》，《中國地方志集成·江蘇府縣志輯 36》，江蘇古籍出版社 1991 年 6 月第一版。

34、（清）余光祖修，孫超宗纂：雍正《淮安府安東縣志》，中國國家圖書館藏清抄本（數字方志庫）。

35、（清）尹會一修、程夢星等纂：雍正《揚州府志》，《中國方志叢書》據雍正十一年刊本影印，臺北成文出版社 1957 年□月臺一版。

36、（清）五格、黃湘修，程夢星等纂：《江都縣志》，《中國方志叢書》據乾隆八年刊本影印，光緒七年叢刊本影印臺北成文出版社 1983 年 3 月臺一版。

37、（清）衛哲治等纂修：《淮安府志》，《中國方志叢書》據清乾隆十三年修，咸豐二年重刊本影印，臺北成文出版社 1983 年 3 月臺一版。

38、（清）金秉祚修、丁一燾纂：《山陽縣志》，國家圖書館藏乾隆 14 年刻本（數字方志庫）。

39、（清）伍煒纂修：《永定縣志》，乾隆 22 年刻本（數字方志庫）。

40、（清）阮升基等修，寧楷等纂：《宜興縣志》，《中國方志叢書》據清嘉慶二年刊本影印，臺北成文出版有限公司 1970 年□月臺一版。

41、（清）楊受延等修，馬汝州等纂：《嘉慶如皋縣志》，《中國方志叢書》據嘉慶十二年刊本影印，臺北成文出版社 1970 年臺一版。

42、（清）阿克當阿等修，姚文田等纂：《揚州府志》，《中國方志叢書》據清嘉慶十五年刊本影印，臺北成文出版社 1974 年 6 月臺一版。

43、（清）劉誥等修，徐錫麟等纂：《重修丹陽縣志》，《中國方志叢書》據清嘉慶十五年刊本影印，臺北成文出版社 1983 年 3 月臺一版。

44、（清）呂燕昭修，姚鼐纂：嘉慶《新修江寧府志》，《中國地方志集成·江蘇府縣志輯 1》嘉慶十六年刻本影印，江蘇古籍出版社 1991 年第 1 版。

45、（清）李景嶧等修，史炳等纂：《溧陽縣志》，中國方志從書據嘉慶十八年修、光緒二十二年重刻本影印，臺北成文出版社 1983 年 3 月臺一版。

46、（清）陳杖等纂：道光《上元縣志》，《中國方志叢書》據道光四年刊本影印，臺北成文出版社 1983 年 3 月臺一版。

47、（清）陳廷恩等修，李兆洛等纂：《江陰縣志》，《中國方志叢書》據道光二十年刊本影印，臺北成文出版社 1972 年 3 月臺一版。

48、（清）顧名等修、吳德旋纂：《重刊續纂宜荊縣志》，《中國方志叢書》據道光二十年刊本影印，臺北成文出版社 1983 年 3 月臺一版。

49、（清）楊宜崙修，夏之蓉、沈之本纂：嘉慶《高郵州志》，《中國方志叢書》據道光二十五年刻本影印，臺北成文出版社版社 1970 年 8 月臺一版。

50、（清）楊宜崙修，夏之蓉、沈之本纂：嘉慶《高郵州志》，《中國地方志集成·江蘇府縣志輯 46》，據道光二十五年刻本影印，江蘇古籍出版社 1991 年 6 月第 1 版。

51、（清）王檢心修、劉文淇、張安保纂：道光《儀徵縣志》，《中國地方志集成·江蘇府縣志輯 45》，江蘇古籍出版社 1991 年 6 月第 1 版。

52、（清）梁園修，鄭之僑，趙彥俞纂：《重修興化縣志》，國家圖書館藏咸豐 2 年刻本（數字方志庫）。

53、（清）梁園隸等纂修：《重修興化縣志》，《中國方志叢書》據咸豐二年刊本影印，臺北成文出版社 1970 年 8 月臺一版。

54、（清）張兆棟、文彬修，丁晏、何紹基纂：同治《重修山陽縣志》，《中國地方志集成·江蘇府縣志輯 55》江蘇古籍出版社 1991 年 6 月第 1 版。

55、（清）莫祥芝、甘紹盤修，汪士鐸等纂：同治《上江兩縣志》，《中國地方志集成·江蘇府縣志輯 4》，江蘇古籍出版社 1991 年 6 月第 1 版。

56、（清）李銘皖、譚鈞培修，馮桂芬纂：同治《蘇州府志》，《中國地方志集成·江蘇府縣志輯 7》，江蘇古籍出版社 1991 年 6 月第 1 版。

57、（清）梁悅馨等修、季念詒等纂：《通州直隸志》，《中國方志叢書》據清光緒元年刊本影印，臺北成文出版社 1970 年□月臺一版。

58、（清）盧思誠等修、季念詒等纂：《江陰縣志》，《中國方志叢書》據清光緒四年刊本影印，臺北成文出版社 1983 年 3 月臺一版。

59、（清）何紹章等修，楊履泰等纂：《丹徒縣志》，《中國方志叢書》據清光緒五年刊本影印，臺北成文出版社 1970 年 5 月臺一版。

60、（清）金吳瀾等修，汪堃等撰：《昆新兩縣續修合志》，《中國方志叢書》據清光緒六年刊本影印，臺北成文出版社 1970 年 10 月臺一版。

61、（清）斐大中等修，秦緗業等纂：《無錫金匱縣志》，《中國方志叢書》據光緒七年刊本影印，臺北成文出版社 1970 年 6 月臺一版。

62、（清）傅觀光等修，丁維揚誠等纂：《溧水縣志》，《中國方志叢書》據光緒九年刊本影印，臺北成文出版社有限公司 1970 年 5 月臺一版。

63、（清）孫雲錦等修、吳昆田等纂：《淮安府志》，《中國方志叢書》據清光緒十年刊本影印，臺北成文出版社 1983 年 3 月臺一版。

64、（清）丁兆基修，汪國鳳纂：《金壇縣志》，國家圖書館藏清光緒 11 年本（數字方志庫）。

65、（清）劉崇照修，陳玉樹纂：光緒《鹽城縣志》，《中國地方志集成·江蘇府縣志輯 59》，江蘇古籍出版社 1991 年 6 月第 1 版。

66、（清）楊家驊等修、馮煦等纂：《溧陽縣續志》，《中國方志叢書》據光緒二十三年刊本影印，臺北成文出版社 1983 年 3 月臺一版。

67、（清）曹冀先纂修：《句容縣志》，《中國方志叢書》據清光緒二十六年重刊本影印，臺北成文出版社 1974 年 6 月臺一版。

68、（清）俞麟年等纂：光緒《海門廳圖志》，《中國地方志集成·江蘇府縣志輯 54》，江蘇古籍出版社 1991 年 6 月第 1 版。

69、（清）張紹堂修，蕭穆纂：《續纂句容縣志》，《中國方志叢書》據光緒三十年刊本影印，臺北成文出版，1974 年 6 月臺一版。

70、（民國）周鈞修，段朝瑞等纂：《續纂山陽縣志》，《中國方志叢書》據民國十年刊本影印，臺北成文出版社 1983 年 3 月臺一版。

71、（清）戴邦楨等修，馮煦等纂：《寶應縣志》，《中國方志叢書》據民國二十一年鉛印本影印，臺北成文出版社 1970 年□月臺一版。

72、（民國）曹允源修、李根源纂：民國《吳縣志》，《中國地方志集成·江蘇府縣志輯 11》，江蘇古籍出版社 1991 年 6 月第 1 版。

73、（民國）劉偉纂：《海門縣圖志》，《中國地方志集成·江蘇府縣志輯 54》，江蘇古籍出版社 1991 年 6 月第 1 版。

四、筆記、文集類

1、（梁）釋慧皎：《高僧傳》，中華書局 1992 年 10 月版。

2、（梁）陶弘景：《真誥》，文淵閣《欽定四庫全書》本。

3、（唐）釋道宣：《續高僧傳》，《大正藏》（電子佛典）。

4、（唐）徐堅：《初學記》，文淵閣《欽定四庫全書》本。

5、（唐）牛僧孺：《幽怪錄》，《叢書集成新編》，臺北新文豐出版公司 1985 年版。

6、（唐）范攄：《雲溪友議》，文淵閣《欽定四庫全書》本。

7、（五代）王定保：《唐摭言》，《叢書集成新編》，臺北新文豐出版公司 1985 年版。

8、（宋）李昉等：《太平廣記》，文淵閣《欽定四庫全書》本。

9、（宋）李攸《宋朝事實》，《叢書集成新編》，臺北新文豐出版公司 1985 年版。

10、（宋）王讜《唐語林》，《叢書集成新編》，臺北新文豐出版公司 1985 年版。

11、（宋）崔敦禮：《宮教集》，文淵閣《欽定四庫全書》本。

12、（宋）錢易：《南部新書》，文淵閣《欽定四庫全書》本。

13、（宋）阮閱：《詩話總龜前集》，文淵閣《欽定四庫全書》本。

14、（宋）洪邁：《容齋隨筆》，文淵閣《欽定四庫全書》本。

15、（宋）趙令時：《侯鯖錄》，文淵閣《欽定四庫全書》本。

16、（宋）朱勝非：《紺珠集》，文淵閣《欽定四庫全書》本。

17、（宋）吳處厚：《青箱雜記》，文淵閣《欽定四庫全書》本。

18、（宋）龍袞：《江南野史》，《叢書集成新編》，臺北新文豐出版公司 1985 年版。

19、（宋）王令：《廣陵集》，文淵閣《欽定四庫全書》本。

20、（宋）葉夢得：《石林詩話》，《叢書集成新編》，臺北新文豐出版公司 1985 年版。

21、（宋）胡仔：《漁隱叢話前集》，文淵閣《欽定四庫全書》本。

22、（宋）崔子方：《春秋經解》，文淵閣《欽定四庫全書》本。

23、（宋）袁說友：《東塘集》，文淵閣《欽定四庫全書》本。

24、（宋）周密撰，吳企明點校《癸辛雜識》，中華書局 1988 年 1 月版。

25、（元）辛文房：《唐才子傳》，《叢書集成新編》，臺北新文豐出版公司 1985 年版。

26、（元）陳秀明：《東坡詩話錄》，《叢書集成新編》，臺北新文豐出版社 1985 年版。

27、（元）張翥：《張蛻庵詩集》，《四部叢刊》續編，上海涵芬樓影印常熟瞿氏鐵琴銅劍樓藏明刊本。

28、（元）念常：《佛祖歷代通載》，《北京圖書館珍本古籍叢刊》77，書目文獻出版社 2000 年 7 月版。

29、（明）佚名：《皇明本紀》，《四庫存目叢書》史部一一七，齊魯書社 1986 年第 1 版。

30、（明）李開先：《李中麓閒居集》，南京圖書館藏明嘉靖、隆慶刻本。

31、（明）王鴻儒：《王文莊公凝齋集》，首都圖書館藏民國十四年（1925）河南官書局刊本。

32、（明）居頂：《續傳燈錄》，《大正新修大藏經》第 51 冊。

33、（清）朱緒曾：《開有益齋讀書志》，江蘇廣陵古籍刻印社 1991 年 11 月第 1 版。

34、（清）厲鶚：《宋詩紀事》，文淵閣《欽定四庫全書》本。

35、（清）彭定求等：《全唐詩》，中華書局點校，1999 年 1 月第 1 版。

36、（清）董誥等輯：《全唐文》，續修四庫全書第 1634～50 冊，上海古籍出版社據清嘉慶內府刻本影印。

37、（清）趙翼：《陔餘叢考》，中華書局 2006 年 10 月版。

五、書目提要類

1、（宋）陳振孫：《直齋書錄解題》，文淵閣《欽定四庫全書》本。

2、（宋）晁公武：《郡齋讀書志》，文淵閣《四庫全書》本。

3、（明）楊士奇：《文淵閣書目》，文淵閣《欽定四庫全書》本。

4、（清）紀昀等：《欽定四庫全書總目》，文淵閣《欽定四庫全書》版。

5、朱士嘉編：《中國地方志綜錄》，商務印書館 1958 年 1 月增訂本。

6、中國科學院北京天文臺編：《中國地方志聯合目錄》，中華書局，1985 年 1 月版。

7、崔建英編：《日本見藏稀見中國地方志書錄》，中國文獻出版社 1986 年 9 月版。

8、陳光貽：《稀見地方志提要》，齊魯書社 1987 年 8 月第 1 版。

9、徐復，季文通主編：《江蘇舊方志提要》，江蘇古籍出版社 1993 年 10 月第 1 版。

10、駱兆平：《新編天一閣書目》，中華書局 1996 年 7 月版。

11、劉緯毅：《漢唐方志輯佚》，北京圖書館出版社，1997 年 12 月第 1 版。

12、林平、張紀亮：《明代方志考》，四川大學出版社 2001 年 1 月第版。

六、著述類

1、張舜徽：《中國古代史籍校讀法》，上海古籍出版社 1962 年 7 月版。

2、張國淦：《中國古方志考》，中華書局 1962 年 8 月第 1 版。

3、唐圭章編：《全宋詞》，中華書局 1965 年 6 月第 1 版。

4、丁傳靖：《宋人軼事彙編》，中華書局 1981 年 9 月第 1 版。

5、倪波：《江蘇方志考》，吉林省地方志編纂委員會，吉林圖書館學會 1985 年 2 月版。

6、傅振倫：《中國史志論叢》，浙江人民出版社，1986 年 12 月第 1 版。

7、陳光貽：《稀見地方志提要》，齊魯書社 1987 年 8 月第 1 版。

8、臺灣中央圖書館編：《明人傳記資料索引》，中華書局 1987 年 8 月第 1 版。

9、北京大學古文獻研究所編《全宋詩》，北京大學出版社 1991 年 7 月第 1 版。

10、劉緯毅：《中國地方志》，新華出版社，1991 年 12 月第 1 版。

11、陳尚君輯校：《全唐詩補編》，中華書局，1992 年 10 月第 1 版。

12、徐復，季文通主編：《江蘇舊方志提要》，1993 年 10 月第 1 版。

13、魏嵩山主編：《中國歷史地名大辭典》，廣東教育出版社 1995 年 5 月第 1 版。

14、來新夏：《中國地方志綜覽》，黃山書社會，1998 年 1 月版。

15、陳光貽：《中國方志學史》，1998 年 9 月第 1 版。

16、倉修良：《方志學通論（修訂本）》，方志出版社，2003 年 10 月第 1 版。

17、巴兆祥：《方志學新論》，學林出版社，2004 年 6 月第 1 版。

18、張國淦：《張國淦文集三編》，北京燕山出版社，2004 年 10 月第 1 版。

19、張國淦：《張國淦文集四編》，北京燕山出版社，2004 年 10 月第 1 版。

20、張英聘《明代南直隸方志方志研究》，社會科學文獻出版社，2005 年 11 月第 1 版。

21、《中國行政區劃通史》宋、元、明各卷，復旦大學出版社，2007 年 8 月版。

七、主要參考論文

1、蒲霞「《永樂大典》所輯《新安志》研究」，《史學月刊》2006 年第 6 期，第 119～121 頁。

2、蒲霞「《大典》本《徽州府志》的編修時間和佚文訂誤」，《福建廣播電視大學學報》2007 年第 3 期，第 25～27 頁。

3、黃燕生「《永樂大典》徵引方志考述」，《中國歷史文物》2002 年第 3 期，第 74～82 頁。

4、黃燕生「《永樂大典》湖州方志輯考」，《浙江方志》1990 年第 6 期，第 26～31 頁。

5、葉舟「永樂《常州府志》考」，《中國地方志》2007 年第 8 期，第 38～42 頁。

6、曹之「《永樂大典》編纂考略」，《圖書館》2000 年第 5 期，第 69～71 頁。

後　記

　　在安徽大學歷史系的學習生涯中，每當我想到能有如此系統學習歷史文獻學和研究傳世文獻的機會，心中便充滿感激之情，倍加珍惜。在浩繁的歷史典籍中，選擇有價值並且切合實際而又激發興趣的研究課題，並非易事。但這恰是一個歷史文獻的研究者，要解決的關鍵問題。在王鑫義教授的幫助下，通過一段時間的摸索，最終決定將《永樂大典》本江蘇佚志及其佚文的研究作爲一個長期的研究方向。

　　《永樂大典》以及方志於我是新的領域，但隨著研究的進行，愈來愈發現這是一個頗有價值的課題。《永樂大典》是一部頗具影響力的文獻，而方志也是古代典籍的重要組成部分，被稱爲「一方之全史」，文獻價值很高。對此進行研究的過程，也就是瞭解和學習文獻學、方志學並熟悉相關文獻和史料的過程。在這個過程中，逐步摸索出並且掌握了此類歷史文獻的研究方法，提高了解決有關學術問題的能力。應當說，對《永樂大典》中江蘇方志的探研，爲今後在這個領域的持續研究打下了一定的基礎，也可以爲從事相關地方志、歷史文獻研究的工作者提供有價值的參考和借鑒。

　　在本書的寫作過程中，各位老師和專家的不斷鼓勵、指導和協助，增強了我對於這個課題研究的信心。在此特別要感謝王鑫義教授在研究過程中給予的悉心指教和幫助！同時，還要眞誠感謝歷史系的劉信芳、張子俠、張金銑、周懷宇、吳春梅、卞利、陸勤毅等諸位老師所給予的無私協助與支持！學無止境，我將始終保持對專業的熱愛，繼續探研中國古代文獻，爭取不斷取得新成績，我想這應是表達感謝的最好方式！

崔偉

2014 年 9 月 3 日